MySQL 数据库工作手册教程

主 编	任 华	雷 静	张 可
副主编	卢 威	胡道容	张 霞
	尹华国	丁 莲	佴 佳
参 编	孙银明	谢忠敏	张书玮

北京理工大学出版社

BEIJING INSTITUTE OF TECHNOLOGY PRESS

内 容 简 介

本书以实际项目为驱动，结合智能农商系统开发案例，系统讲解 MySQL 数据库的设计、开发、管理与应用，旨在帮助读者掌握数据库技术核心知识与实践技能。

全书采用"项目+任务"模式共 5 个项目 18 个任务。前 4 个项目以"智能农商系统"为贯穿案例，依次介绍数据库基础知识、设计及环境配置，系统中数据库与数据表开发知识，数据访问技术，以及数据管理（含视图、存储过程等）；第 5 个项目则讲解 PHP+MySQL 综合项目的分析与开发全流程，助力读者全面掌握应用流程。

本书特色鲜明：采用工作手册式设计，实用高效，案例源于真实场景；内容全面且层次分明，涵盖多方面知识，形成完整学习路径；注重实践，每个任务含多环节，理论与实践结合，配有丰富示例代码与截图；由校企合作编写，贴近行业需求；配套资源丰富，含电子教案、源码等；融入课程思政，培养职业素养。

本书适用于高职高专院校计算机相关专业学生，也可作为数据库初学者的自学用书及工程技术人员的参考手册。

图书在版编目（CIP）数据

MySQL 数据库工作手册教程／任华，雷静，张可主编.

北京：北京理工大学出版社，2025．8.

ISBN 978-7-5763-5788-2

Ⅰ. TP311. 132. 3

中国国家版本馆 CIP 数据核字第 202559BH52 号

责任编辑：李海燕　　　文案编辑：李海燕
责任校对：周瑞红　　　责任印制：施胜娟

出版发行 ／ 北京理工大学出版社有限责任公司

社　　址 ／ 北京市丰台区四合庄路 6 号

邮　　编 ／ 100070

电　　话 ／ (010) 68914026 (教材售后服务热线)

　　　　　　　(010) 63726648 (课件资源服务热线)

网　　址 ／ http://www.bitpress.com.cn

版 印 次 ／ 2025 年 8 月第 1 版第 1 次印刷

印　　刷 ／ 三河市天利华印刷装订有限公司

开　　本 ／ 787 mm×1092 mm　1/16

印　　张 ／ 17.5

字　　数 ／ 390 千字

定　　价 ／ 80.00 元

图书出现印装质量问题，请拨打售后服务热线，负责调换

前言

随着信息技术的飞速发展，数据库技术已成为现代信息系统的核心组成部分。MySQL作为一款开源、高效、可靠的关系型数据库管理系统，被广泛应用于各类企业级应用和互联网服务中。为满足高职高专院校计算机相关专业学生对数据库技术的学习需求，同时衔接行业实际岗位对数据库技能的要求，我们联合高校教师与企业专家共同编写了这本《MySQL数据库工作手册教程》，旨在帮助读者掌握数据库技术的核心知识与实践技能。

本书主要面向高职高专院校计算机相关专业的学生，也可作为数据库初学者的自学用书，或从事数据库开发与管理的工程技术人员的参考手册。

本书采用"项目 + 任务"的实用编写逻辑，通过 5 个项目 18 个任务构建学习体系：前4 个项目围绕"智能农商系统"展开，将数据库理论与农业信息化场景深度结合，从环境配置、表结构开发到数据访问、管理工具应用，逐步夯实基础；第 5 个项目聚焦 PHP+MySQL综合开发，通过真实业务需求拆解，帮助读者理解前后端数据交互的完整链路。在内容设计上，每个任务均包含【知识讲解】【任务实施】【拓展练习】等模块，既保证理论深度，又强化动手能力，尤其针对初学者设置了清晰的步骤指引与截图说明，降低学习门槛。

本书主要特色如下：

1）工作手册式设计，实用高效

采用工作手册式编写方式，每个任务都包含清晰的步骤指导和操作示例，学生可以边学边练，快速掌握 MySQL 数据库的各项操作技能。书中的案例均来自真实项目场景，确保学习内容与实际工作需求无缝衔接。

2）内容全面，层次分明

涵盖了 MySQL 数据库的基础知识、设计范式、SQL 语言、数据操作、备份恢复、查询优化、事务管理、存储过程、触发器等内容，并逐步深入，适合不同层次读者的学习需求。从数据库安装配置到高级应用开发，形成完整的学习路径。

3）注重实践，学以致用

每个任务均包含【知识讲解】【任务内容】【任务实施】【任务拓展】【思考与练习】5 个环节，通过理论讲解与动手实践相结合的方式，帮助读者巩固所学知识。同时，书中提供了丰富的示例代码和操作截图，便于读者快速上手。

4）校企合作，贴近行业

本书由高校教师与企业专家共同编写，内容紧密结合行业实际需求，引入了企业级数据库管理的最佳实践，如数据备份与恢复、权限管理等，为读者未来的职业发展奠定基础。

5）配套资源丰富

配有详细的电子教案、习题答案、项目源码，方便教师教学和读者自学。同时提供在线学习平台支持，读者可以随时获取最新的学习资源和行业动态。

6）融入课程思政，培养职业素养

在各项目中巧妙融入工匠精神、职业规范、安全意识等思政元素，帮助读者树立正确的职业价值观，培养严谨的工作态度和团队协作精神。

7）工作手册式教程，活学活用

即学即用：采用任务驱动的编写方式，每个知识点都配有对应的实践任务，读者可以立即将理论知识转化为实际操作能力。

步骤清晰：所有操作流程都以明确的步骤呈现，并配有详细的截图说明，降低了学习门槛，特别适合初学者。

重点突出：通过【项目目标】【任务实施】等栏目，帮助学生快速掌握核心内容，手把手教读者完成任务，避免学习误区。

灵活性强：各项目任务相对独立，教师可根据实际教学需求灵活调整教学内容和顺序。

此外，每个项目学习结束后，都配备了难度适中、不同类型的习题和实践操作题，既引导读者回顾知识和操作，又有利于教师课内测评或课后作业布置。

本书的编写得到了多位专家和同行的大力支持。任华完成项目二的任务 3、项目三的任务 2～任务 6，项目四的任务 2、任务 3；雷静完成项目三的任务 2、项目四的任务 1、任务 3、任务 4；胡道容完成项目二的任务 1、任务 2，项目三的任务 1；张霞完成项目五的任务 1、任务 2；尹华国完成项目一的任务 1；丁莲完成项目一和项目二的思考与练习、项目一的任务 2；谢忠敏完成项目三～项目五的思考与练习；孙银明（四川和芯微电子股份有限公司）完成项目一～项目三的知识拓展、项目目标；张书玮［龙芯中科（成都）技术有限公司］完成项目四和项目五的知识拓展、项目目标；卢威（四川农业大学）完成智能农商系统架构设计，并将其融入本书农业信息化相关内容；张可（电子科技大学）参与了全书的修改与完善，确保了全书的质量和一致性；佟佳（四川交通职业技术学院）完成教材结构规划设计，梳理全书知识框架与章节编排，确保内容体系完整。

本书在前期规划和调研中得到了四川农业大学、电子科技大学、四川交通职业技术学院、四川和芯微电子股份有限公司、龙芯中科（成都）技术有限公司的大力支持，感谢所有参与编写的教师和企业专家，他们的辛勤付出和宝贵经验为本书的质量提供了保障。同时，感谢出版社编辑团队的精心指导和细致工作。

由于编者水平有限，书中难免存在疏漏和不足之处，恳请广大读者和同行批评指正，以便我们在后续版本中不断完善。此外，编者还为广大一线教师提供了服务于本书的教学资源库，有需要者可以致电 18980587869 或联系邮箱 29424545@qq.com。

愿本书能为您的数据库学习之旅提供有力的支持，助您在信息技术的海洋中扬帆远航！

编　者

目 录

项目一

智能农商系统数据库设计

　　智能农商系统数据库设计项目的目标是构建一个高效、可靠和可扩展的数据库，支持农产品流通销售的数据管理。具体目标包括：

　　1. 需求分析与建模：深入了解智能农商系统业务流程，创建详细的实体关系图（E-R图），确保数据库结构准确反映业务需求。

　　2. 规范化设计：设计符合第三范式或更高范式的数据库结构，减少数据冗余，确保数据一致性。

　　3. 性能优化：优化索引和查询策略，提高数据访问效率，支持实时数据处理和大规模数据分析。

　　4. 可扩展性：设计具有良好扩展性的数据库架构，以支持业务增长和功能扩展。

知识目标：

　　1. 掌握数据库系统的基本术语、数据模型概念及分类。

　　2. 了解数据库管理技术的产生和发展。

　　3. 掌握数据库系统的特点，按照要求完成相关的需求分析、设计、物理实现和维护等工作。

　　4. 了解数据服务概念，初步使用 Navicat 进行服务连接、数据库操作等，掌握联机丛书的用法。

能力目标：

　　1. 具备熟练安装和应用 Navicat 平台的能力。

　　2. 具备正确简单配置 MySQL 和 Navicat 数据库的能力。

素质目标：

　　1. 具备规范化、标准化的操作习惯。

　　2. 具备良好的沟通、自学和信息收集能力。

　　3. 树立法律意识。

　　4. 培养创新思维。

任务 1　数据库入门

【知识讲解】

1.1　数据库基本知识

1. 数据（Data）与信息

数据与信息既有联系又有区别。

数据是事物特性的反映和描述，数据是符号的集合。从广义上讲，不仅包括文字、声音、图形等一切能被计算机接收且能被处理的符号，还包括图像、音频、视频等。它是数据库中存储的基本对象。

信息是人类进行各种活动所需要的知识。它是经过加工处理后所获取的有用知识，是以某种数据形式表现的且人们可以理解的内容。

2. 数据库（DataBase，DB）

数据库（DB）是存放数据的仓库，是把存在一定关联的数据按一定的格式长期存储在计算机内，有组织的、可共享的大量数据的集合。数据库中的数据按一定的数据模型组织、描述和存储，具有较小的冗余度、较高的数据独立性和易扩展性。

3. 数据库管理系统（DataBase Management System，DBMS）

数据库管理系统（DBMS）是位于用户与操作系统之间的一层数据管理软件，它是一个大型复杂的软件系统，按一定的数据模型来组织数据。DBMS 应提供以下功能：

（1）数据的定义功能：主要用于定义数据库中的数据对象。

（2）数据的操纵功能：具体表现为可对数据库表进行基本操作，如插入、删除、修改、查询等。

（3）数据完整性检查功能：确保用户输入的数据满足相应的约束条件。

（4）数据库安全保护功能：保证只有具有权限的用户才能访问数据库中的数据。

（5）数据库并发控制功能：使多个应用程序可在同一时刻并发地访问数据库的数据。

（6）数据库系统故障恢复功能：在运行出现故障时可恢复数据库，确保数据库可靠性。

（7）数据库资源共享功能：可在分布式环境下访问数据库，具有方便、有效地存取数据库信息的接口和工具。

4. 数据库系统（DataBase System，DBS）

数据库系统是指在计算机系统中引入数据库后的系统，一般由数据库、数据库管理系统（及其开发工具）、应用系统、数据库管理员和用户构成。数据库的建立、应用和维护等工作只靠一个 DBMS 远远不够，还要有专门的人员来完成，这些人被称为数据库管理员（DataBase Administrator，DBA）。数据、数据库、数据库管理系统与操作数据库的应用程序，加上支撑它们的硬件平台、软件平台和与数据库有关的人员一起构成了一个完整的数据库系统。其中的普通用户、数据库管理员、程序员各种不同角色在数据库系统中的关系如图 1.1 所示。

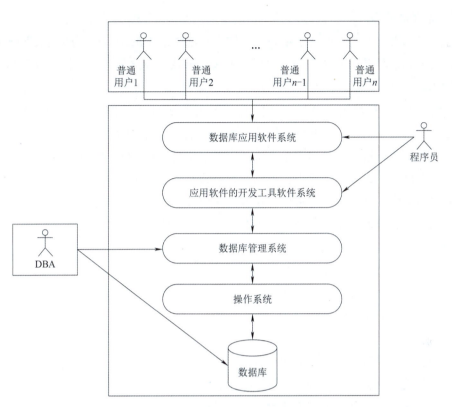

图 1.1　数据库系统角色关系图

普通用户在分布式状态下访问数据库的方式分为 C/S 和 B/S 模式，其中 C 代表客户端，S 代表服务器端，如图 1.2 所示。

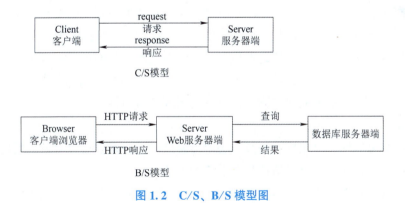

图 1.2　C/S、B/S 模型图

1.2　数据库技术的发展史

数据库技术的主要任务是数据处理，而数据处理的核心是数据管理，它包括数据组织、分类、编码、存储、检索和维护等操作。随着硬件、软件技术及计算机应用范围的发展，数据管理经历了以下 4 个阶段。

1. 人工管理阶段

在计算机出现之前，人们从事记录、存储和对数据加工的手段是利用纸张来记录，利用计算工具（算盘、计算尺）来进行计算的，并主要使用大脑来管理和利用这些数据。

2. 文件系统阶段

20 世纪 50 年代后期到 60 年代中期，随着计算机硬件和软件的发展，磁带、磁盘等直接存取设备开始普及，这一时期的数据处理系统是把计算机中的数据组织成相互独立的被命名的数据文件，并可按文件的名字来进行访问，对文件中的记录进行存取的数据管理技术。数据可以长期保存在计算机外存上，可以对数据进行反复处理，并支持文件的查询、修改、插入和删除等操作，这就是文件系统。在数据库出现之前，人们通过文档来存储数据就出现了容易丢失数据，数据重复、冗余，难于查阅、使用，维护成本高的情况。

3. 数据库系统阶段

数据库的特点是数据不再只针对某一个特定的应用，而是面向全组织，具有整体的结构性，共享性高，冗余度减小，具有一定的程序与数据之间的独立性，并且对数据进行统一的控制。此阶段有以下 4 个特点。

（1）数据结构化。

（2）数据共享性高、冗余少且易扩充。

（3）数据独立性高。

（4）数据由 DBMS 统一管理和控制。

4. 分布式数据库阶段

一个分布式数据库在逻辑上是一个统一的整体，分别存储在不同的物理节点上。分布性表现在数据库中的数据不是存储在同一场地，即不存储在同一计算机的存储设备上。这就是与集中式数据库的区别。分布式数据库系统是在集中式数据库系统的基础上发展起来的，是计算机技术和网络技术结合的产物。分布式数据库系统适合于部门分散的单位，允许各个部门将其常用的数据存储在本地，实施就地存放、本地使用，从而提高响应速度，降低通信费用。分布式数据库系统与集中式数据库系统相比具有可扩展性，通过增加适当的数据冗余，在不同的场地存储同一数据的多个副本，可提高系统的可靠性。

其原因是：

提高系统的可靠性、可用性：当某一场地出现故障时，系统可以对另一场地上的相同副本进行操作，不会因一处故障而造成整个系统的瘫痪；

提高系统性能：系统可以根据距离选择离用户最近的数据副本进行操作，减少通信代价，改善整个系统的性能。

此阶段主要有以下 6 个优点。

（1）具有灵活的体系结构。

（2）适应分布式的管理和控制机构。

（3）经济性能优越。

（4）系统的可靠性高、可用性好。

（5）局部应用的响应速度快。

（6）可扩展性好，易于集成现有系统。

此阶段的主要缺点有以下 3 点。

（1）系统开销大，主要花在通信部分。

（2）复杂的存取结构，原来在集中式系统中有效存取数据的技术，在分布式系统中不再适用。

（3）数据的安全性和保密性较难处理。

1.3　从现实世界到信息世界

首先要知道什么是模型？模型是指把事物抽象为特征或者过程的描述。

由于现实世界是客观存在的事物及其联系，而信息世界则是对现实世界的认识和抽象的描述，信息世界也称为概念模型。数据库模型是把现实世界抽象形成概念世界，再由概念世界到机器世界的过程。因此，数据模型是数据库系统的核心和基础。

1. 现实世界

用户使用、管理的对象存在于现实世界中。现实世界中不同的事物与事物之间是存在着联系的，这种联系是客观存在的，是由事物本身的性质决定的。现实世界、概念世界和机器世界的关系如图 1.3 所示。

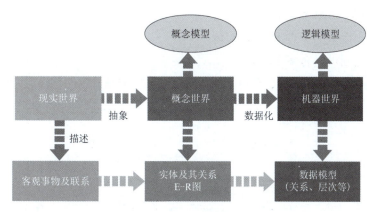

图 1.3　现实世界、概念世界和机器世界的关系

2. 概念世界

概念世界是人们的头脑中对现实世界的客观反映，是由对客观事物及其联系的一种抽象描述而产生的。概念模型是现实世界到机器世界必然经过的中间层次，是用数据模型来表示的。当前主流的数据库管理系统（DBMS）所支持的数据模型通常分为 3 种：层次模型、网状模型、关系模型。

这 3 种数据模型的具体特点如下。

1）层次模型

在层次模型中，具有以下特征：

①有且仅有一个根节点，其层次最高；

②一个父节点向下可以有若干子节点，而任何一个子节点向上只有一个父节点；

③同层次的节点之间没有联系。

下面以国家行政管理层级关系为例，国家、省、市、区之间是一个典型的按层次模型组织的数据，如图 1.4 所示。

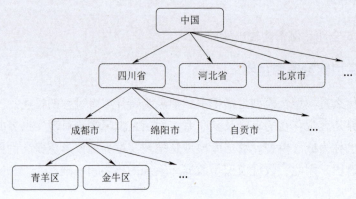

图 1.4　层次模型图

2）网状模型

网状模型具有以下特征：

①一个节点可以有多个父节点；

②可以有一个以上的节点无父节点；

③两个节点之间可以有多个联系。

以教师给不同班级授课为例，教师、班级之间存在的关系符合网状模型，如图 1.5 所示。

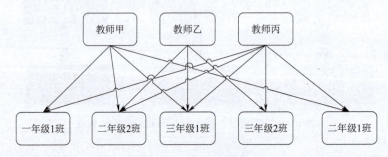

图 1.5　网状模型图

3）关系模型

所谓关系模型的结构是一张二维表，它由行和列组成，每一行称为一个元组，每一列称为一个字段。一张二维表构成一个关系模型的数据集合，是建立空间数据和属性数据之间关系的一种非常有效的数据组织方法。它是最重要的一种数据模型，建立在严格的数学概念的基础上。

它必须具备以下条件：

①表中不允许有重复的字段名；

②表中每一列的数据类型必须相同；

③在含有码的表中，不应有内容完全相同的数据行；

④表中，行或列的顺序不影响表中各数据项间的关系等。

下面以表1.1为例，介绍关系模型中的一些术语。

表1.1 "学生"表

学号	姓名	性别	年龄	电话号码
0001	张三	男	18	1391111111×
0002	李四	女	19	1332222222×
0003	王五	男	20	1373333333×
0004	赵六	女	19	1384444444×

（1）关系：一个关系通常对应一张表——学生（学号，姓名，性别，年龄，电话号码）。

（2）元组：表中的一行即为一个元组。

（3）属性：表中的一列即为一个属性，给每一个属性取一个名称即为属性名；如表1.1中有5列，即对应的有5个属性。

（4）码：也称为码键。表中的某个属性（组），它可以唯一确定一个元组，如表1.1中的学号可以唯一确定一名学生，也就成为本关系中的码。

（5）域：域是一组具有相同数据类型的值的集合。属性的取值来自某个域。如学生年龄域范围是15～35岁；性别的域是男与女；电话号码域是学生的所有电话号码的集合。

（6）分量：元组中的一个属性值。

关系模型要求关系必须是规范化的，这些规范条件中最基本的一条就是：关系的每一个分量必须是一个不可分的数据项。

3. 机器世界

所谓机器世界是指将概念世界中的事物进行数据化，然后存入计算机系统。为了能准确地反映现实世界中的事物本身及事物之间的各种联系，存放在数据库中的数据必须采用某个特定的结构，而这种结构就是用上面讲到的数据模型来表示的。数据模型将概念世界中的实体，及实体间的联系进一步抽象成便于计算机处理的方式。在计算机里，每一个实体用一条记录表示，实体的属性则用数据项来表示，现实世界中的事物及其联系就用数据模型表示。

1.4 数据库设计的方法

新奥尔良方法是数据库设计常用的方法，它将数据库设计分成四个阶段：需求分析、概念结构设计、逻辑结构设计和物理结构设计。数据库设计流程如图1.6所示。

图1.6 数据库设计流程

逻辑模型主要体现为层次模型、网状模型、关系模型等，它们是按计算机系统对数据进行的建模，主要用于数据库管理系统（DBMS）实现。

概念数据模型（Conceptual Data Model）是面向数据库用户的现实世界的模型，主要用来描述世界的概念化结构，它使数据库的设计人员在设计的初始阶段，摆脱计算机系统及DBMS 的具体技术问题，集中精力分析数据以及数据之间的联系等，与具体的数据管理系统无关。

概念数据模型需转换成逻辑数据模型，才能在 DBMS 中实现。概念数据模型用于信息世界的建模，一方面应该具有较强的语义表达能力，能够方便直接表达应用中的各种语义知识，另一方面它还应该简单、清晰，易于用户理解。

物理模型（Physical Model）是面向计算机物理表示的模型，它描述了数据在储存介质上的组织结构，每一种逻辑数据模型在实现时都有其对应的物理数据模型。DBMS 为了保证其独立性与可移植性，大部分物理数据模型的实现工作由系统自动完成，而设计者只设计索引、聚集等特殊结构。它属于底层实现环节。

1.5　概念模型表示方法

概念模型的表示范围有实体-联系（E-R）模型、扩充的 E-R 模型、面向对象模型及谓词模型等。在该概念模型表示中涉及以下的术语。

（1）实体：把客观存在并且可以相互区别的事物称为实体。实体可以是物理存在的事物，也可以是抽象事件，如供应商、客户、客户下了单后的订单等都是实体。

（2）属性：描述实体或者联系的特性或者性质的数据项称为属性，属于一个实体所有实例都具有的性质。利用属性便于区分每一个实体 A 是 A，不是 B，如实体农产品供应商的供应商法人、供应商名、供应商地址、供应商联系电话等是属性，通过供应商编号区分每一个学生，它能够唯一标识实体的属性或最小属性组合，称为实体的码，又称为候选码或关键字。

（3）联系：实体之间的对应关系称为联系，它反映现实世界事物之间的相互关联。联系分为两种，一种是实体内部各属性之间的联系。另一种是实体之间的联系。例如一个学校有多个班级，每个班级有一名班长，一个班级有多名学生，一门课程有多名学生选修，一名学生选修多门课程等，都是实体内部或者实体与实体之间存在的联系。联系表现具体形式有 $1:1$（一对一）、$1:n$（一对多）和 $m:n$（多对多）3 种情况。

通常，E-R 模型中用矩形框表示实体，用带半圆的矩形框表示属性，用线段连接实体集与属性，当一个属性或属性组合指定为主码时，在实体集与属性的连接线上标记一斜线，则可以用图 1.7 所示形式描述农产品产供销管理系统中的实体集及每个实体集涉及的属性。

联系用菱形表示，两个实体集 A 和 B 之间的联系可以是以下 3 种情况之一。

1. 一对一的联系（1:1）

A 中的一个实体至多与 B 中的一个实体相联系，B 中的一个实体也至多与 A 中的一个实体相联系。例如：一个供应商部门有一个经理，而每个经理只在一个部门任职，则部门与经理之间的联系就是一对一的。供应商部门和经理两个实体集的 E-R 模型如图 1.8 所示。

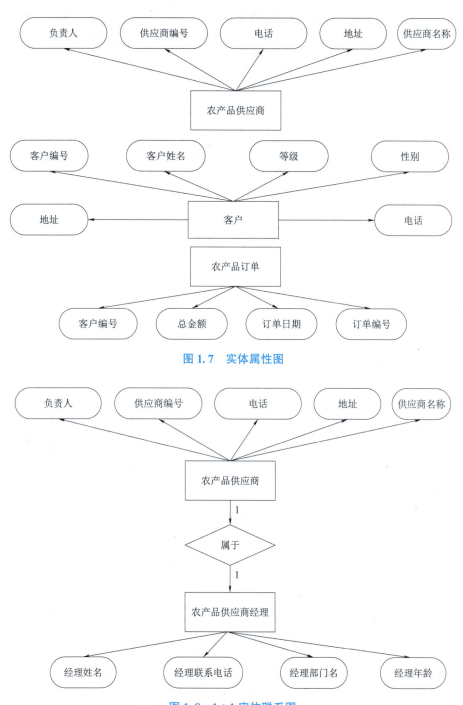

图 1.7　实体属性图

图 1.8　1∶1 实体联系图

2. 一对多的联系（1∶n）

客户是一个实体，订单也是一个实体，它们之间的联系是：一个客户可以购买多个货物，即生成多份订单，但一个订单只能对应一个客户，因此它们之间的联系是一对多的，如图 1.9 所示。

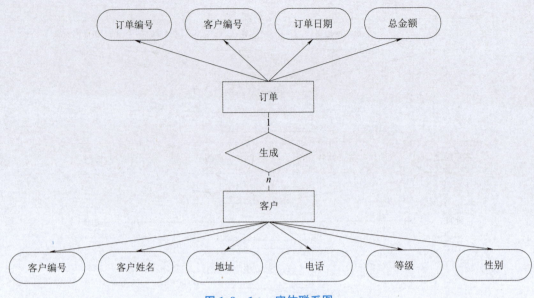

图 1.9　1 : *n* 实体联系图

3. 多对多的联系（*m* : *n*）

供应商是一个实体，客户也是一个实体，它们之间的联系是：一个供应商可以拥有多个客户，而一个客户可以从多个供应商处购买货物，因此它们之间的联系是属于多对多的，如图 1.10 所示。

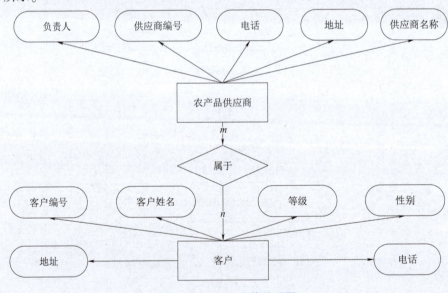

图 1.10　*m* : *n* 实体关系图

1.6　数据库设计范式分类

1. 第一范式（1NF）

第一范式（1NF）的核心是列的原子性，每一个列必须是一个不可分的数据项。

如一个农产品供应商有公司名、公司法人、联系电话和公司地址组成表农产品供应商（公司名，公司法人，联系电话，公司地址），那么这种表结构设计就没有达到1NF。要符合1NF需把列（联系电话）进行拆分，即农产品供应商（公司名，公司法人，固定电话，移动电话，公司地址），如表1.2所示。

表1.2 农产品供应商表

公司名	公司法人	联系电话		公司地址
		固定电话	移动电话	
生鲜一品	张三	028-12345678	1391234567×	成都市青羊区
……	……	……	……	……
……	……	……	……	……

2 第二范式（2NF）

第二范式除了符合1NF，另外还有两个要求，一是表必须有一个主键；二是没有包含在主键中的列必须完全依赖于主键，而不能只依赖于主键的一部分。

第二范式存在问题如下：

数据冗余：存在大量重复；

更新异常：冗余带来更新的不一致；

插入异常：主属性无值将不允许插入。

3. 第三范式（3NF）

第三范式除了符合2NF，另外非主键列必须直接依赖于主键，不能存在传递依赖。即不能存在：非主键列A依赖于非主键列B，非主键列B依赖于主键的情况。

【任务内容】

为了促进我校农产品智能化销售和产品溯源，实现智能农商系统的数据库设计。智能农商系统将为用户提供以下功能。

1. 为了实现溯源，每种农产品都有一个对应的供应商和供应商生产地址。

2. 每种农产品都有详细的产地、上市时间、过期时间、单价等。每种农产品可以由多个供应商提供，以便后期我们统计同一农产品，哪个供应商的产品更受用户喜爱。

3. 智能农商系统将为每个客户创建简单个人档案，查阅客户的购买情况。每个客户都可以买多种农产品，每类农产品都可以被多个用户购买。

4. 客户可以根据自己的账户查询订单详情，追溯购买产品的源头。

请根据以上内容，为该系统设计合适的E-R模型，并将该模型转换为关系模型。

【任务实施】

完成本任务，需要用到Visio软件，请大家先在微软官方网站下载并安装本软件。下载地址：https://www.microsoft.com/zh-cn/microsoft-365/visio/flowchart-software。

步骤1：分析实体。

根据上述描述和前面关于实体的概念，我们可以分析出智能农商系统的实体（实体一定是名词，但名词不一定是实体，实体是客观存在的）：农产品、供应商、供应商地址、产地、上市时间、过期时间、单价、客户、订单。

分析这些名词，发现供应商地址仅仅是对供应商的描述，因此它不是实体而是属性。同理产地、上市时间、过期时间、单价都只是描述产品的，因此也不是实体而是属性。

这样我们分析后保留的实体是：农产品、供应商、客户、订单。

步骤 2：分析属性。

在实际生活中，每个实体属性都可能有几十个甚至几百个，但对于不同的应用系统，只要把每个实体对于本系统应该需要的属性给出即可。绘制每个实体属性如图 1.11~图 1.15 所示。

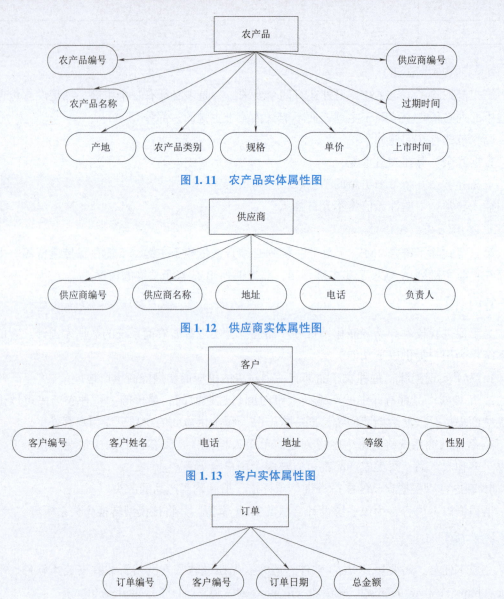

图 1.11   农产品实体属性图

图 1.12   供应商实体属性图

图 1.13   客户实体属性图

图 1.14   订单实体属性图

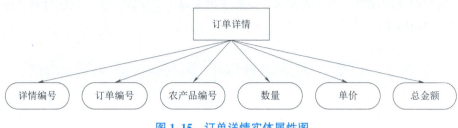

图 1.15 订单详情实体属性图

步骤 3：定义联系。

客户与订单之间：一个客户可以购买多种农产品，可以产生多个订单，一个订单只能对应一个客户。因此它们之间是 $1:n$ 的联系。

农产品和供应商：一种农产品可以由多个供应商提供，一个供应商也可以提供多个农产品，因此它们之间是 $m:n$ 的联系。

农产品和订单之间：一种农产品可以被多个用户购买，因此可以产生多张订单，一张订单上可以购买多种农产品，因此它们之间是 $m:n$ 的联系。

步骤 4：绘制智能农商系统 E-R 图，如图 1.16 所示。

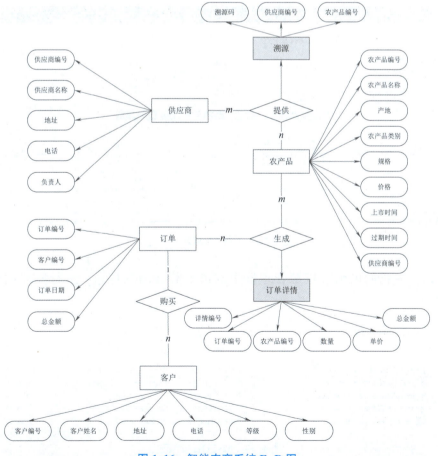

图 1.16 智能农商系统 E-R 图

根据前面的设计分析，当多对多时，需要单独生成一个实体。图中灰色背景实体就是多对多时产生的新的实体。

任务 2　安装、配置 MySQL 与 Navicat 工具软件

【知识讲解】

2.1　安装并配置 MySQL

首先是登录 MySQL 的官网，下载 MySQL 8.0.17 的安装包。官网地址：https://www.mysql.com/。

打开 MySQL 官网后，在出现的页面上，依次单击 MySQL.COM→Products→MySQL Standard Edition，如图 1.17 所示。

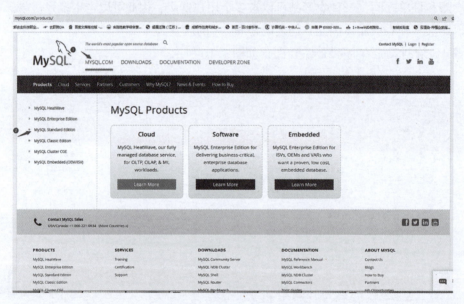

图 1.17　下载 MySQL 安装包

接下来，在我的电脑或资源管理器中双击下载好的软件包，运行安装包程序，如图 1.18 所示。

名称	修改日期	类型	大小
mysql-installer-comm.msi	2023/4/26 8:13	Windows Installer 程序包	408,444 KB
MySql数据库 项目一.docx	2023/5/7 9:54	Microsoft Word 文档	1,348 KB
mysql数据库二级考试大纲.pdf	2023/4/26 8:12	PDF Document	122 KB
MySql数据库框架.docx	2023/5/3 9:15	Microsoft Word 文档	19 KB
navicat for mysql 12.rar	2023/4/26 8:13	WinRAR 压缩文件	57,493 KB

MySql数据库教材编写

图 1.18　MySQL 安装包

弹出运行程序的对话框，单击"运行"按钮，如图 1.19 所示。

图 1.19 运行程序的对话框

安装程序自动安装 MySQL 软件，只需等待，如图 1.20 所示。

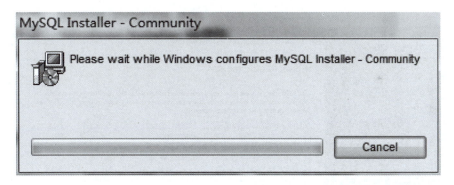

图 1.20 自动安装 MySQL 进度条

当出现下面的对话框时，选择缺省的开发者选项即可，如图 1.21 所示。

单击 Next（下一步）按钮，执行检查需求功能，如图 1.22 所示。

单击 Execute（执行）按钮，继续安装所需要的组件。接着会出现一个提示安装 Microsoft Visual C++ 2015–2019 的对话框，单击"确定"按钮就开始安装该程序了，如图 1.23 所示。

安装程序自动安装所需要的程序组件，提示对话框会动态显示执行进度，如图 1.24 所示。

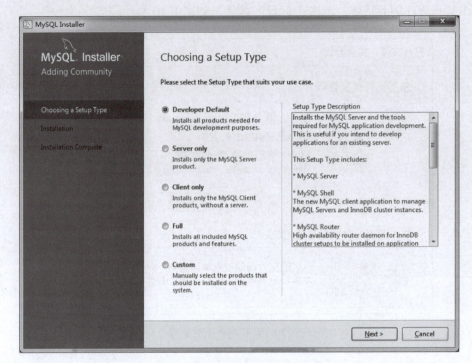

图 1.21 选择缺省的开发者选项

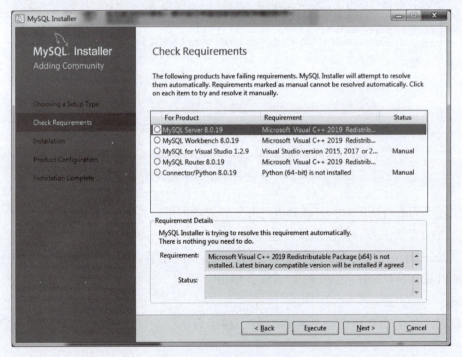

图 1.22 执行检查需求功能

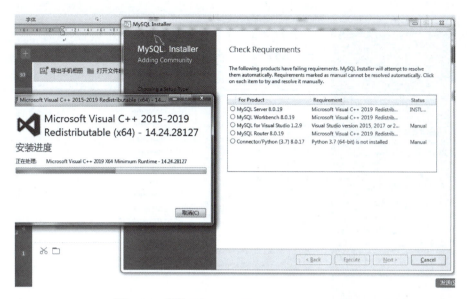

图 1. 23　安装 Microsoft Visual C++ 2015−2019

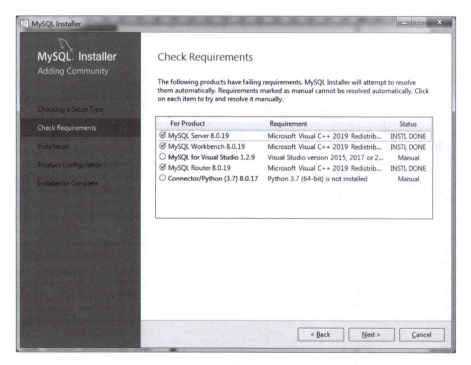

图 1. 24　自动安装所需要程序组件

单击 Next（下一步）按钮，开始安装，如图 1. 25 所示。

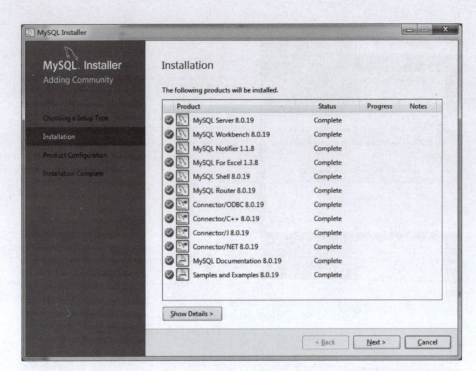

图 1. 25　开始安装

单击 Next（下一步）按钮执行数据库服务器的安装，如图 1.26 所示。

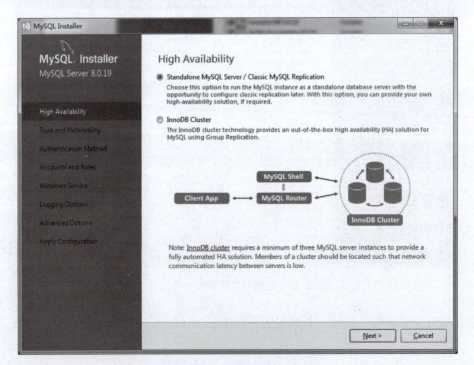

图 1. 26　安装数据库服务器

安装程序默认选择第一个选项，单击 Next（下一步）按钮设置连接数据库服务器的密码等信息，如图 1.27 所示，选择推荐的强密码加密方式，即第一项的单选按钮。

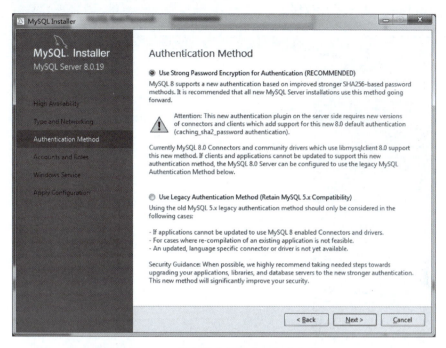

图 1.27　选择推荐的强密码加密方式

在密码框中输入相应的密码和重复密码，单击 Next（下一步）按钮，如图 1.28 所示。

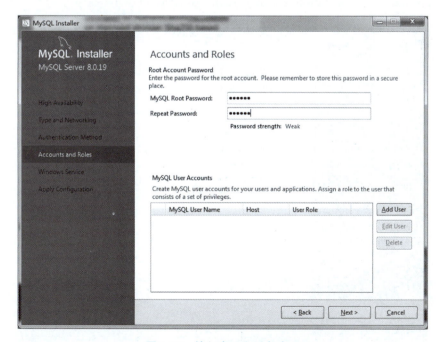

图 1.28　输入密码和重复密码

在 Windows 服务名称框中可以输入数据库服务器的名称，也可以是计算机默认的，如图 1.29 所示，安装程序这里默认的服务名是 MySQL80，其他单选按钮可以不设置，直接默认即可，单击 Next（下一步）按钮。

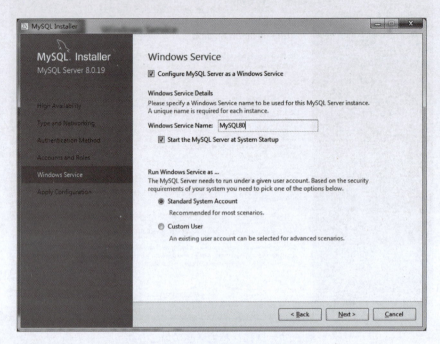

图 1.29　设置数据库服务器名称

计算机实现配置，单击 Finish（完成）按钮，如图 1.30 所示。

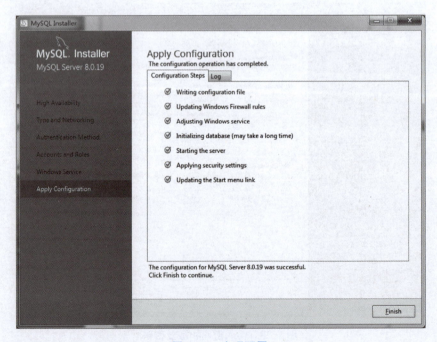

图 1.30　实现配置

执行服务器连接操作，如图 1.31 所示。输入用户名 root 及其密码，与前面的设置一样。单击 Check（检查）按钮进行检查，如果通过则会在按钮右边出现一个绿色的 ✔，同时会在 Status 显示连接成功的绿色提示。

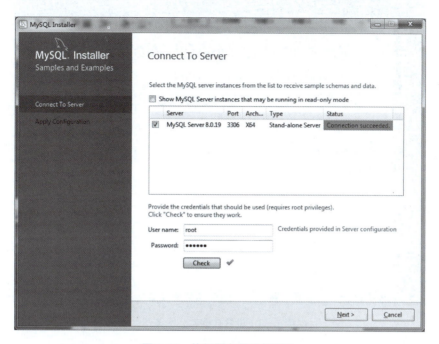

图 1.31　执行服务器连接操作

单击 Next（下一步）按钮，进行产品配置，如图 1.32 所示。

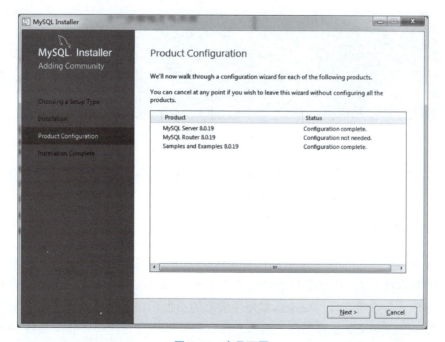

图 1.32　产品配置

产品配置完成后，单击 Next（下一步）按钮，安装程序进入完成阶段，运行 MySQL Workbench 程序，在该程序界面可以对数据库、服务器进行设置，如图 1.33 所示。

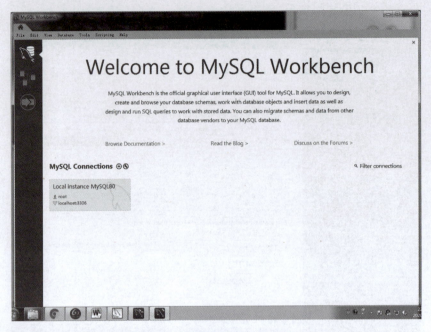

图 1.33　设置数据库、服务器

同时，弹出命令窗口，可以在该窗口输入命令进行操作，如 quit 为退出命令，如图 1.34 所示。

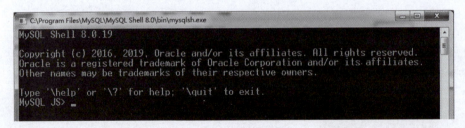

图 1.34　命令窗口

以上就是安装 MySQL 数据库服务及组件的全过程。为了高效、可视化管理和操作数据库，与之配套的工具软件就是 Navicat 软件。

2.2　获取并安装 Navicat

Navicat 是一个强大的 MySQL 数据库管理和开发工具。Navicat 为专业开发者提供了一套强大的足够尖端的工具，而且它对于新用户易于学，Navicat 已被誉为领导市场及最佳使用 MySQL 的用户界面管理工具。Navicat 使用了极好的图形用户界面（GUI），可以让你用一种安全和更为容易的方式快速地创建、组织、存取和共享信息。用户可完全控制 MySQL 数据库和显示不同的管理资料，包括一个多功能的图形化管理用户和访问权限的管理工具，方便将数据从一个数据库移转到另一个数据库中（Local to Remote、Remote to Remote、Remote to Local），进行档案备份。Navicat 支持 Unicode，以及本地或遥距 MySQL 伺服器多连线，用户可浏览数据库、建立和删除数据库、编辑数据、建立或执行 SQL queries、管理用户权限（安全设定）、将数据库备份/复原、汇入/汇出数据（支持 CSV、TXT、DBF 和 XML 档案种类）等。

在安装 Navicat 之前应该首先安装 MySQL，具体的安装过程如前面的内容所述。接下来就是把下载好的软件压缩包解压后，双击图 1.35 所示的 Navicat 安装包。

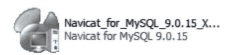

图 1. 35　Navicat 安装包

启动安装界面，如图 1.36 所示。

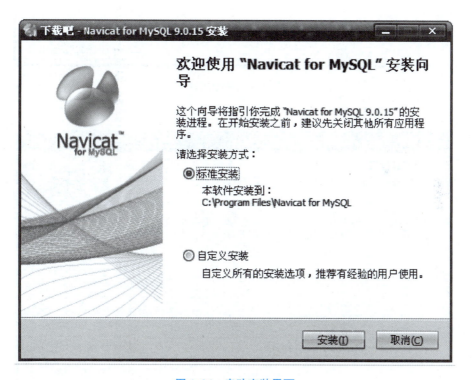

图 1.36　启动安装界面

它默认的安装路径是在 C 盘下面的，如果不习惯的话，可以选择"自定义安装"单选按钮，如图 1.37 所示。

单击"下一步"按钮，选择安装位置，如图 1.38 所示。

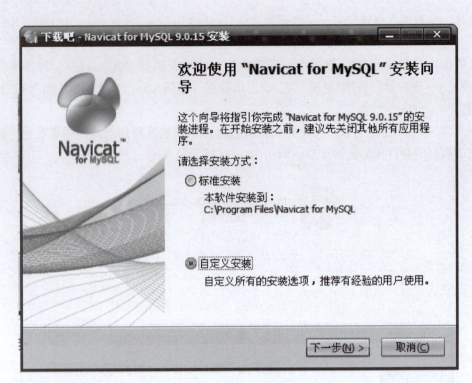

图 1.37 安装方式

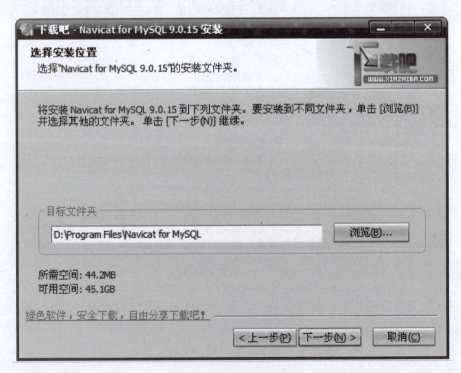

图 1.38 选择安装位置

单击"下一步"按钮选择安装的组件，如图 1.39 所示。

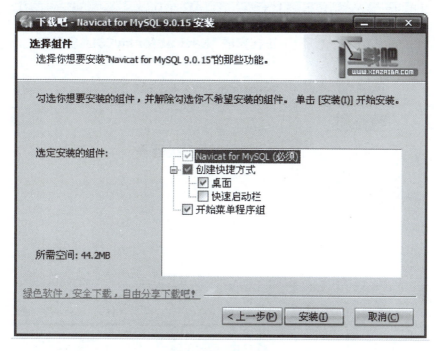

图 1.39　选择安装的组件

一般不作其他选择，使用默认设置，单击"安装"按钮，弹出安装进度界面，如图 1.40 所示。

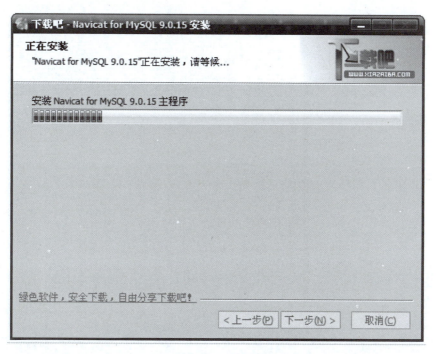

图 1.40　安装进度界面

稍等片刻，安装完毕，如图 1.41 所示。

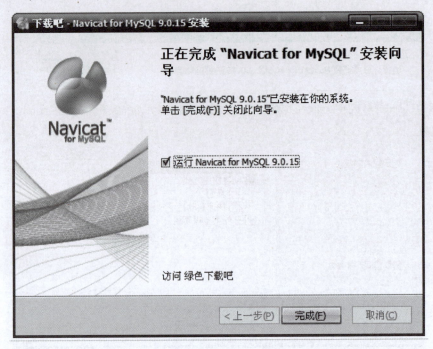

图 1.41　安装完毕

单击"完成"按钮，则自动启动刚才安装好的软件，现在你看到的是 Navicat 管理界面，如图 1.42 所示。

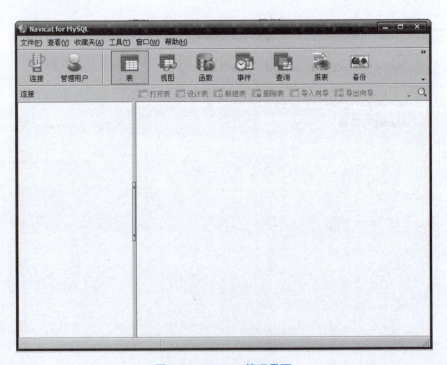

图 1.42　Navicat 管理界面

安装好 Navicat 软件后，该工具目前是没有任何连接的，所以我们需要新建一个连接。单击工具栏的"连接"按钮 ，打开"连接"对话框，如图 1.43 所示。

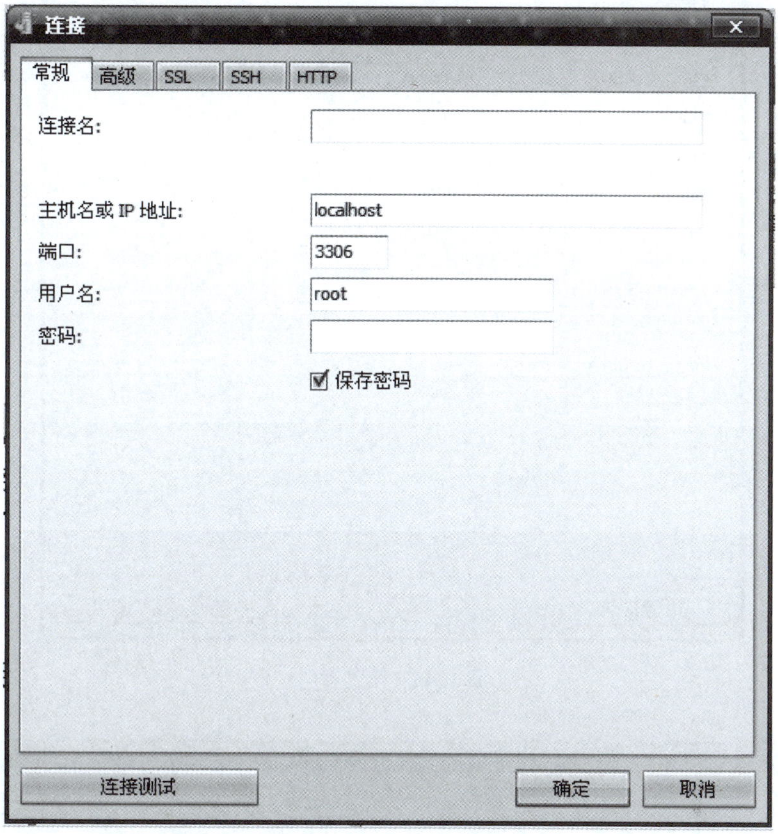

图 1.43 "连接"对话框

在密码文本框中输入安装 MySQL 时设置的密码，其他保持默认，如图 1.44 所示。

单击"确定"按钮，如果成功的话，在刚才的 Navicat 管理界面的左侧可以看到一个刚刚建立的连接，如图 1.45 中箭头标注的位置。

双击该连接打开，可以看到系统的两个默认数据库，如图 1.46 所示。

这两个是系统需要的数据库，你无须对它进行任何修改，因为任何修改都可能导致 MySQL 系统错误，Navicat 已经集成了几乎所有的数据库管理功能，并且提供了良好的用户界面，所以如果安装成功就能正常使用它。

到目前为止，你要使用 MySQL 数据库的工具就准备好了，下一步就可以对数据库、表、记录等进行操作了。

MySQL 数据库工作手册教程

图 1.44 输入密码

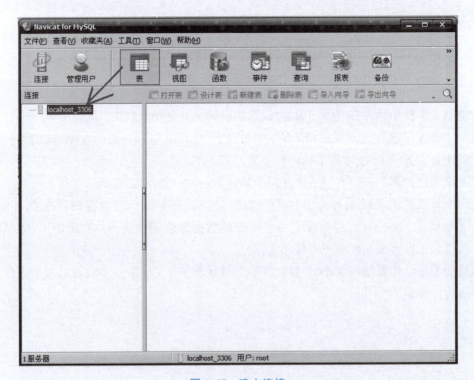

图 1.45 建立连接

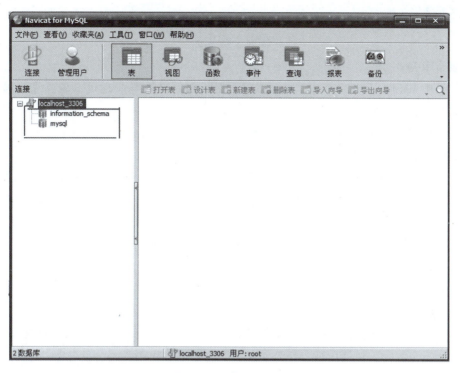

图 1.46 默认数据库

【任务内容】

请在电脑上完成软件的安装与配置，主要任务如下：

1. 安装 MySQL。

2. 配置 MySQL 环境。

3. 安装 Navicat。

4. 在 Navicat 中连接 MySQL。

【任务实施】

步骤 1：下载 MySQL。

步骤 2：安装 MySQL。

步骤 3：配置 MySQL 环境。

步骤 4：下载 Navicat。

步骤 5：安装 Navicat。

步骤 6：在 Navicat 中连接 MySQL。

【知识拓展】

华为云数据库

云数据库 MySQL

云数据库 MySQL 是稳定可靠、可弹性伸缩的云数据库服务。通过云数据库能够在几分钟内完成数据库的部署。

云数据库 MySQL 应用场景：IoT、电子商务应用、电子政务、移动游戏等。

云数据库 PostgreSQL

云数据库 PostgreSQL 是一种典型的开源关系型数据库，在保证数据可靠性和完整性方面表现出色，支持互联网电商、地理位置应用系统、金融保险系统、复杂数据对象处理等场景。

云数据库 PostgreSQL 应用场景：位置应用系统、科研项目信息系统、金融保险系统、互联网电商等。

云数据库 SQL Server

Microsoft SQL Server 是世界上广受欢迎的商用关系型数据库，能集成各类微软常用管理开发工具。云数据库 SQL Server 支持基于 Windows 架构下的应用程序，同时拥有即开即用、稳定可靠、安全运行、弹性伸缩、轻松管理、经济实用等特点。

云数据库 SQL Server 应用场景：金融、互联网、软件开发等。

云数据库 DDS

云数据库 DDS 兼容 MongoDB 协议，在华为云高性能、高可用、高安全、可弹性伸缩的基础上，提供了一键部署、弹性扩容、容灾、备份、恢复、监控等服务能力。目前支持分片集群（Sharding）、副本集（ReplicaSet）和单节点（Single）三种部署架构。

云数据库 DDS 应用场景：游戏、IoT、互联网等。

中国计算机之父——董铁宝

董铁宝（1916 年 8 月—1968 年 10 月 18 日），男，汉族，生于江苏省武进县，中国著名力学家、计算数学家，中国计算机研制和断裂力学研究的先驱之一，是中国早年真正大量使用过计算机的专家，被誉为"中国计算机之父"。

董铁宝于 1922 年迁居上海；1939 年毕业于交通大学土木工程系，就职于国民政府交通部桥梁设计处，历任实习生、公务员、工程师；1945 年抗战胜利后，途经印度乘船赴美留学；1946 年 1 月，在普渡大学土木系攻读研究生，并担任助教；1947 年至 1950 年，在伊利诺伊大学力学系攻读博士学位；之后留校任助理教授（1950.3—1952.8）、副教授（1952.9—1956.2），期间曾使用 Illiac-I 计算机解了大量题目；1956 年，毅然放弃在美国的优越生活，携全家辗转欧洲返回中国，在北京大学数学力学系固体力学教研室任教，同时在数学力学系计算数学教研室、中国科学院力学研究所、计算技术研究所、哈尔滨工程力学所等单位兼职从事教学与合作研究；1958 年，转入数学力学系计算数学教研室，并获美国土木工程协会 Moisseiff 奖。

要点：

1. 了解行业先驱故事。

2. 培养建设祖国的使命感。

【思考与练习】

一、单选题

1. 下列关于数据的描述中，错误的是（　　）。

A. 数据是描述事物的符号记录

B. 数据和它的语义是不可分的

C. 数据指的就是数字

D. 数据是数据库中存储的基本对象

2. 下列关于数据库的叙述中，错误的是（　　）。

A. 数据库中只保存数据

B. 数据库中的数据具有较高的数据独立性

C. 数据库按照一定的数据模型组织数据

D. 数据库是大量有组织、可共享数据的集合

3. DBS 的中文含义是（　　）。

A. 数据库系统　　　　　　　　　　B. 数据库管理员

C. 数据库管理系统　　　　　　　　D. 数据定义语言

4. 设有 E-R 图，含有 A、B 两个实体，A、B 之间的联系类型是 $m：n$，则将该 E-R 图转换为关系模式时，关系模式的数量是（　　）。

A. 3　　　　　　　B. 2　　　　　　　C. 1　　　　　　　D. 4

5. 常见的数据库系统运行与应用结构包括（　　）。

A. C/S 和 B/S　　　B. B2B 和 B2C　　　C. C/S 和 P2P　　　D. B/S

6. 数据库、数据库管理系统和数据库系统三者之间的关系是（　　）。

A. 数据库包括数据库管理系统和数据库系统

B. 数据库系统包括数据库和数据库管理系统

C. 数据库管理系统包括数据库和数据库系统

D. 不能相互包括

7. 下列关于数据库系统特点的叙述中，错误的是（　　）。

A. 非结构化数据存储

B. 数据共享性好

C. 数据独立性高

D. 数据由数据库管理系统统一管理控制

8. 下列不属于数据库管理系统主要功能的是（　　）。

A. 数据计算功能　　　　　　　　　B. 数据定义功能

C. 数据操作功能　　　　　　　　　D. 数据库的维护功能

9. 下列关于数据库的叙述中，不准确的是（　　　）。

A. 数据库中存放的对象是数据表

B. 数据库是存放数据的仓库

C. 数据库是长期存储在计算机内的，有组织的数据集合

D. 数据库中存放的对象可为用户共享

10. 以下关于 MySQL 的叙述中，正确的是（　　　）。

A. MySQL 是一种开放源码的软件

B. MySQL 只能运行在 Linux 平台上

C. MySQL 是桌面数据库管理系统

D. MySQL 是单用户数据库管理系统

二、填空题

1. 客户端/服务器（Client/Server）结构简称 C/S 结构，是一种网络架构，C 代表_____，S 代表_____。

2. 在 DOS 命令中登录 MySQL 服务器用的命令是"mysql-u root-p"，命令中"mysql"表示_____，"-u"表示_____，"root"表示_____，"-p"表示_____。

3. Navicat 适用于_____、_____及_____三种平台。

4. MySQL 服务器的配置文件名是_____。

5. 在 DOS 命令窗口中，启动 MySQL 服务的命令是_____，停止 MySQL 服务的命令是_____。

三、实践操作

1. 一个图书馆借阅管理数据库要求提供下述服务。

（1）可随时查询书库中现有书籍的品种、数量与存放位置。所有书籍由书号唯一标识。

（2）可随时查询书籍借还情况，包括借书人单位、姓名、借书证号、借书日期和还书日期。我们约定：任何人可借多种书，任何一种书可为多个人所借，借书证号具有唯一性。

（3）当需要时，可通过数据库中保存的出版社的出版编号、电话、邮编及地址等信息向相应出版社增购有关书籍。我们规定，一个出版社可出版多种书籍，同一教材仅为一个出版社出版，出版社名具有唯一性。

请根据以上情况和假设，设计满足需求的 E-R 模型。

项目二

智能农商系统数据库开发

数据库开发项目旨在帮助学生掌握数据库设计与实现的基本技能，具体目标如下：

1. 数据库创建：学习如何使用 SQL 语句创建和管理数据库。

2. 设计表结构：根据实际需求进行数据库表结构的设计，包括字段类型、主键和外键的设置。

3. 实现表创建：使用 SQL 语句创建表，确保表之间的关系和约束条件正确。

4. 插入测试数据：向表中插入示例数据，验证表结构的正确性。

5. 实践数据库规范：遵循数据库设计和实施的最佳实践，提升项目的规范性和可维护性。

项目目标

知识目标：

1. 了解数据库和数据库对象的相关知识。

2. 理解并掌握数据操作的基本概念。

3. 掌握 T-SQL 中的 CREATE DATABASE 语句的语法。

4. 掌握 T-SQL 中的 CREATE TABLE 语句的语法。

5. 掌握数据类型的作用。

6. 掌握常见数据类型在 MySQL 中的应用。

7. 了解字符集的概念。

8. 了解索引的分类和设计原则。

能力目标：

1. 具备利用命令创建和修改数据库的能力。

2. 具备利用 SSMS 进行数据库管理的能力。

3. 具备利用命令对数据单进行创建、修改、删除操作的能力。

4. 具备利用命令创建和删除索引的能力。

素质目标：

1. 具备规范化、标准化的代码编写习惯。

2. 具备学习和总结的能力。

3. 具备良好的沟通能力。

4. 树立正确的职业价值观。

任务 1　数据库开发

【知识讲解】

1.1　MySQL 数据库结构

1. 数据库的组成

数据库是在 MySQL 中存储数据的最高级别的容器。每个数据库都是一个独立的命名空间，包含一系列相关的表和其他对象。其作用是提供数据的逻辑分组，使数据管理更加有序，便于维护和访问控制。在数据库中有各种数据库关系图，以及使用 T-SQL 代码创建的视图、函数、存储过程等对象。

表是数据库中存储数据的基本单位，它由行（记录）和列（字段）组成。每列代表一个属性，每行则代表一个实体或记录。如图 2.1 所示，sys 数据库中有 sys_config 表，有视图、函数、查询、备份等。在表中还有其他对象，如字段、索引、外键、检查、触发器等。索引用于快速搜索需要的信息，而外键、检查用于保证数据的完整性。

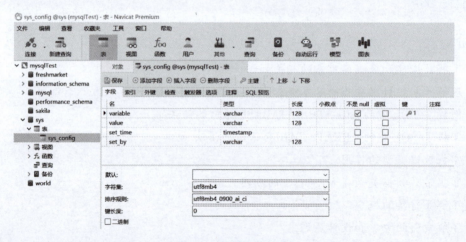

图 2.1　数据库的组成

2. 数据库的文件

存储引擎是数据库管理系统中负责存储、检索和更新数据的底层组件。在关系型数据库中，存储引擎实现了数据的存储机制、索引类型、锁定行为以及事务处理能力。存储引擎基于表而不是整个数据库，这意味着在同一个数据库中，不同的表可以使用不同的存储引擎。

MySQL 数据库的文件组织和存储方式依赖于所使用的存储引擎。MySQL 支持多种存储引擎，其中最常见的是 MyISAM 和 InnoDB（默认存储引擎）。每种存储引擎都有其特定的文件格式和存储方式。表 2.1 所示为 MySQL 数据库 InnoDB 存储引擎的文件类型及说明。

表 2.1　MySQL 数据库 InnoDB 存储引擎的文件类型及说明

文件类型	说明
. frm 文件	同样用于存储表的结构定义
. ibd 文件	InnoDB 存储引擎为每个表提供单独的数据和索引文件，这种文件包含表的数据和索引
ibdata1、ibdata2…文件	共享表空间文件，包含所有 InnoDB 表的数据和索引。InnoDB 也可以使用共享表空间存储数据，这意味着多个表的数据和索引存储在同一个文件中
ib_logfile0、ib_logfile1	重做日志文件，用于恢复未完成的事务
ib_undologfile0、ib_undologfile1…	用于存储 undo 信息的文件，支持事务的回滚

表 2.2 所示为 MySQL 数据库中其他常见的文件类型及说明。

表 2.2　MySQL 数据库中其他常见的文件类型及说明

文件类型	说明
ibtmp1	InnoDB 的临时表空间文件
ib_buffer_pool	InnoDB 的缓冲池文件
ib_checkpoint	InnoDB 的检查点文件
ib_page_cleaner	InnoDB 的页面清洗器文件
my. cnf 或 my. ini	MySQL 的配置文件，用于设置服务器的运行参数

MySQL 数据库文件的默认存储位置取决于操作系统和 MySQL 的安装配置。在 Windows 环境下，文件可能位于 C：\ProgramData\MySQL\MySQL Server<version>\Data 目录下，而在 Linux 系统中，通常位于/var/lib/mysql 目录下，确切位置可以通过查询 datadir 变量来确定，如图 2.2 和图 2.3 所示。

```
SHOW VARIABLES LIKE 'datadir';
```

图 2.2　使用命令查看数据文件存放位置

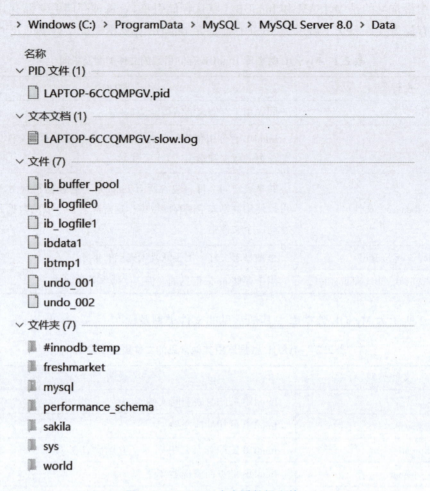

> Windows (C:) > ProgramData > MySQL > MySQL Server 8.0 > Data

名称
∨ PID 文件 (1)
    LAPTOP-6CCQMPGV.pid
∨ 文本文档 (1)
    LAPTOP-6CCQMPGV-slow.log
∨ 文件 (7)
    ib_buffer_pool
    ib_logfile0
    ib_logfile1
    ibdata1
    ibtmp1
    undo_001
    undo_002
∨ 文件夹 (7)
    #innodb_temp
    freshmarket
    mysql
    performance_schema
    sakila
    sys
    world

图 2.3　Windows 中查看数据文件

了解这些文件和它们的作用对于数据库管理、备份和恢复策略的制定非常重要。

3. 系统数据库和用户数据库

MySQL 中的数据库可以大致分为两类：系统数据库和用户数据库。

1) 系统数据库

系统数据库是由 MySQL 服务器自身管理和维护的数据库，主要用于存储与 MySQL 服务器操作相关的重要信息。以下是一些主要的系统数据库。

（1）information_schema：这是一个只读的数据库，包含了所有数据库、表、列和索引的元数据。它是用来查询数据库架构信息的主要来源。

（2）mysql：这个数据库包含了用户账户信息、权限、默认角色和其他系统级配置信息。它对于 MySQL 的正常运行至关重要，因此不应该随意修改。

（3）performance_schema：从 MySQL 5.6 开始，这个数据库提供了对服务器性能的实时监控，允许你查询有关线程、表、锁、内存和缓冲区等的性能指标。

（4）sys：这个数据库是从 MySQL 5.7 引入的，它通过视图结合 information_schema 和

performance_schema 的信息，提供更易于理解和分析的性能数据。

2）用户数据库

用户数据库是用户为了存储自己的数据而创建的数据库。这些数据库的命名和内容完全由用户决定，用于存储应用程序的数据。例如，本项目中需要创建的生鲜超市数据库 freshmarket，就是用来存放客户、订单、供应商等数据的。

4. 数据库对象

数据库对象是构成数据库系统的基本元素，它们共同协作以存储和管理数据。表 2.3 是 MySQL 数据库中一些主要的数据库对象概念与特点。

表 2.3　MySQL 数据库中一些主要的数据库对象概念与特点

数据库对象	概念与特点
表（Tables）	表是最基本的数据存储单元，由行和列组成，每行代表一条记录，每列代表一种属性。 表可以定义主键、外键、唯一索引和其他约束来确保数据的完整性和一致性。 表可以使用不同的存储引擎，如 InnoDB、MyISAM、MEMORY 等，以适应不同的性能需求和功能需求
视图（Views）	视图是基于 SQL 查询的结果集，可以看作是虚拟表，它们并不存储数据，而是从一个或多个表中动态提取数据。 视图可以简化复杂的查询，保护数据，或者提供一个更简单的数据接口给最终用户
索引（Indexes）	索引是用来提高数据检索速度的数据结构，类似于书籍的索引页。 索引可以是唯一的，可以基于单个列或多列，可以是全文索引或空间索引等。 索引虽然提高了查询性能，但也会影响写入性能，因为每次写入都需要更新索引
存储过程（Stored Procedures）	存储过程是一组预编译的 SQL 语句，可以接受输入参数，返回输出参数，甚至产生结果集。 它们可以在数据库服务器上执行，减少网络流量，提高安全性，以及封装复杂的业务逻辑
触发器（Triggers）	触发器是一种特殊类型的存储过程，当特定事件（如 INSERT、UPDATE 或 DELETE）发生时自动执行。 它们用于执行复杂的规则和数据完整性检查，例如在插入新记录前检查数据的有效性

续表

数据库对象	概念与特点
事件（Events）	事件是计划在将来某个时间点或定期执行的存储程序。 它们可以用来执行备份、清理临时数据等自动化任务
函数（Functions）	数据库函数类似于存储过程，但它们通常用于返回计算结果，可以嵌入到 SQL 查询中使用
用户定义的变量（User-Defined Variables）	这些变量可以在一个会话内保存值，用于在查询之间传递数据或在存储程序中使用
数据库（Databases）	数据库是存储和组织表、视图、存储过程和其他对象的容器。 每个数据库都有自己的权限和配置设置
权限（Privileges）	权限是授予用户对数据库对象的访问控制，可以精确到表、列或存储过程级别的细粒度控制

这些对象构成了 MySQL 数据库系统的核心，允许开发者和数据库管理员构建复杂的数据存储和管理解决方案。在设计数据库应用时，理解这些对象的特性和如何正确使用它们是非常重要的。

1.2 字符集和校对规则

字符集是用于存储和处理文本数据的编码系统。字符集定义了数据库中可以使用的字符集合，以及每个字符在计算机中的表示方式。MySQL 支持多种字符集，因为它决定了数据库可以存储和处理的字符范围，包括所支持的语言和特殊字符，如表 2.4 所示。

表 2.4　MySQL 数据库中常用的字符集

字符集	说明
latin1	也称为 ISO-8859-1，这是一个 8 位字符集，支持西欧语言
utf8	实际上是 utf8mb3 的别名，这是一个 3 字节编码的 Unicode 字符集，支持大部分现代语言，但不包括像 emoji 这样的增补字符
utf8mb4	这是一个 4 字节编码的 Unicode 字符集，支持几乎所有的 Unicode 字符，包括 emoji 和其他增补字符
ascii	这是一个 7 位编码的字符集，仅支持英文和一些控制字符
gbk	这是一个中文字符集，用于简体中文，基于 GBK 标准
big5	这是一个繁体中文字符集

续表

字符集	说明
euckr	这是一个韩文字符集
sjis	这是一个日文字符集，也称为 Shift_JIS

选择正确的字符集对于确保数据的正确存储和检索至关重要，尤其是在处理多语言环境下的数据时。字符集的选择不仅影响数据的存储方式，还会对字符串的比较、排序、索引等操作产生影响。

在 MySQL 中，可以为整个数据库、表、字段设置不同的字符集。此外，还有与字符集相关的校对规则（collation），它定义了字符集的排序和比较规则。

如果在 MySQL 中将校对规则设置为 utf8mb4_unicode_ci，那么在进行字符串比较时，"ABC" 和 "abc" 会被视为相同的字符串，因为在_ci 结尾的校对规则中，"ci" 代表 "case-insensitive"，即大小写不敏感。这意味着在查询或排序时，大小写字母会被认为是相等的。

如果在 MySQL 中将校对规则设置为 utf8mb4_unicode_cs，这里的_cs 结尾代表 "case-sensitive"，即大小写敏感。在这种情况下，"ABC" 和 "abc" 会被认为是不同的字符串。在大小写敏感的校对规则下，大小写字母会被区分开来，因此在进行比较时，A 和 a，B 和 b，C 和 c 将被视为不同的字符。

例如，如果使用 utf8mb4_unicode_cs 校对规则，以下 SQL 查询将返回不同的结果：

```
SELECT * FROM your_table WHERE your_column = 'ABC';
```

和

```
SELECT * FROM your_table WHERE your_column = 'abc';
```

在第一个查询中，只有确切匹配 "ABC" 的记录才会被返回；而在第二个查询中，只会返回那些匹配 "abc" 的记录。

因此，选择正确的校对规则对于确保数据按预期的方式进行排序和比较是非常重要的，特别是在需要区分大小写的情况下。如果你需要进行比较时大小写敏感，你应该使用_cs 结尾的校对规则；如果你希望比较时忽略大小写，那么应该使用_ci 结尾的校对规则。

要查看 MySQL 支持的所有字符集（见图 2.4），可以执行以下查询：

```
SHOW CHARACTER SET;
```

要查看 MySQL 支持的所有校对规则（见图 2.5），可以执行以下查询：

```
SHOW COLLATION;
```

信息　摘要　**结果 1**　剖析　状态

Charset	Description	Default collation	Maxlen
geostd8	GEOSTD8 Georgian	geostd8_general_ci	1
greek	ISO 8859-7 Greek	greek_general_ci	1
hebrew	ISO 8859-8 Hebrew	hebrew_general_ci	1
hp8	HP West European	hp8_english_ci	1
keybcs2	DOS Kamenicky Czech-S	keybcs2_general_ci	1
koi8r	KOI8-R Relcom Russian	koi8r_general_ci	1
▶ koi8u	KOI8-U Ukrainian	koi8u_general_ci	1
latin1	cp1252 West European	latin1_swedish_ci	1
latin2	ISO 8859-2 Central Europ	latin2_general_ci	1
latin5	ISO 8859-9 Turkish	latin5_turkish_ci	1
latin7	ISO 8859-13 Baltic	latin7_general_ci	1
macce	Mac Central European	macce_general_ci	1
macroman	Mac West European	macroman_general_ci	1
sjis	Shift-JIS Japanese	sjis_japanese_ci	2
swe7	7bit Swedish	swe7_swedish_ci	1
tis620	TIS620 Thai	tis620_thai_ci	1
ucs2	UCS-2 Unicode	ucs2_general_ci	2
ujis	EUC-JP Japanese	ujis_japanese_ci	3
utf16	UTF-16 Unicode	utf16_general_ci	4
utf16le	UTF-16LE Unicode	utf16le_general_ci	4
utf32	UTF-32 Unicode	utf32_general_ci	4
utf8	UTF-8 Unicode	utf8_general_ci	3
utf8mb4	UTF-8 Unicode	utf8mb4_0900_ai_ci	4

图 2.4　字符集

信息　摘要　**结果 1**　剖析　状态

Collation	Charset	Id	Default	Compiled	Sortlen	Pad_attribute
utf8_estonian_ci	utf8	198		Yes	8	PAD SPACE
▶ utf8_general_ci	utf8	33	Yes	Yes	1	PAD SPACE
utf8_general_mysql500_ci	utf8	223		Yes	1	PAD SPACE
utf8_german2_ci	utf8	212		Yes	8	PAD SPACE
utf8_hungarian_ci	utf8	210		Yes	8	PAD SPACE
utf8_icelandic_ci	utf8	193		Yes	8	PAD SPACE
utf8_latvian_ci	utf8	194		Yes	8	PAD SPACE
utf8_lithuanian_ci	utf8	204		Yes	8	PAD SPACE
utf8_persian_ci	utf8	208		Yes	8	PAD SPACE
utf8_polish_ci	utf8	197		Yes	8	PAD SPACE
utf8_romanian_ci	utf8	195		Yes	8	PAD SPACE
utf8_roman_ci	utf8	207		Yes	8	PAD SPACE
utf8_sinhala_ci	utf8	211		Yes	8	PAD SPACE
utf8_slovak_ci	utf8	205		Yes	8	PAD SPACE
utf8_slovenian_ci	utf8	196		Yes	8	PAD SPACE
utf8_spanish2_ci	utf8	206		Yes	8	PAD SPACE
utf8_spanish_ci	utf8	199		Yes	8	PAD SPACE
utf8_swedish_ci	utf8	200		Yes	8	PAD SPACE
utf8_tolower_ci	utf8	76		Yes	1	PAD SPACE
utf8_turkish_ci	utf8	201		Yes	8	PAD SPACE
utf8_unicode_520_ci	utf8	214		Yes	8	PAD SPACE
utf8_unicode_ci	utf8	192		Yes	8	PAD SPACE
utf8_vietnamese_ci	utf8	215		Yes	8	PAD SPACE

图 2.5　校对规则

要查看当前会话或数据库的字符集设置（见图2.6），可以执行：

```
SHOW VARIABLES LIKE 'character_set_%';
```

信息　摘要　**结果 1**　剖析　状态

Variable_name	Value
character_set_client	utf8mb4
character_set_connection	utf8mb4
character_set_database	utf8
character_set_filesystem	binary
character_set_results	utf8mb4
character_set_server	utf8mb4
character_set_system	utf8
character_sets_dir	C:\Program Files\MySQL\MySQL Server 8.0\share\charsets\

图 2.6　当前会话或数据库的字符集设置

数据库各个字符集变量说明如表2.5所示。

表 2.5　数据库各个字符集变量说明

字符集变量	说明
character_set_client	定义客户端向服务器发送数据时使用的字符集。它决定了客户端应用程序提交的数据在到达服务器之前的编码方式
character_set_connection	当连接建立时，此参数决定了服务器如何解释客户端发送的数据，以及如何将数据发送回客户端。它作为服务器和客户端之间的桥梁
character_set_database	指定了当前数据库的默认字符集。当创建新表时，如果没有显式指定字符集，那么将使用这个字符集
character_set_filesystem	表示服务器如何解释文件系统的字符集。在读取或写入文件时，这将影响服务器对文件名和内容的处理
character_set_results	当服务器向客户端发送数据时，这个参数定义了结果集的字符集。这决定了客户端接收数据时的编码方式
character_set_server	这是服务器端的默认字符集，影响服务器内部处理数据的方式。当没有其他字符集参数指定时，这个字符集会被用作默认值
character_set_system	定义了系统表（如 information_schema）使用的字符集，通常与 character_set_server 相同
character_sets_dir	字符集安装的目录

1.3　结构化查询语言

结构化查询语言（Structured Query Language，SQL）是一种标准化的语言，主要用于管理关系型数据库管理系统（RDBMS）。SQL 由美国国家标准学会（American National Standards Institute，ANSI）和国际标准化组织（International Organization for Standardization，ISO）定义和标准化，被广泛应用于各种数据库系统，包括 MySQL、PostgreSQL、Oracle、Microsoft SQL Server 等。

1. SQL 通用语法

虽然 SQL 的标准由 ISO/IEC 制定，但不同的数据库系统可能支持不同的 SQL 语法扩展。下面是 SQL 的一些通用语法元素。

SQL 语句可以写在一行或者多行，以分号（;）结尾。这意味着可以将一个 SQL 语句分成多行来提高可读性，或者使用多行来书写一个复杂的查询。

如下展示了一个单行的 SQL 语句，结果如图 2.7 所示。

```
SELECT VERSION();
```

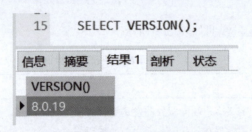

图 2.7　查看 MySQL 数据库版本

如下展示了一个多行的 SQL 语句，结果如图 2.8 所示。

```
SELECT VERSION(),
USER();
```

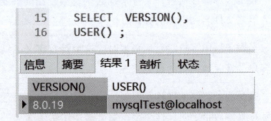

图 2.8　多行查询

SQL 语句中可以使用空格和缩进来增加语句的可读性。空格和缩进不会影响 SQL 语句的执行，但可以使代码更加整洁和易于理解。

下面的语句执行的结果和图 2.8 结果一样，但编写的 SQL 语句可读性更好，更易于理解，结果如图 2.9 所示。

```
SELECT VERSION(),
        USER();
```

图 2.9 缩进增加可读性

SQL 关键字通常不区分大小写，但为了可读性，通常将关键字写成大写，而表名和列名保持原有的大小写。

如下面 SQL 语句实质跟图 2.9 中的 SQL 语句一样，结果如图 2.10 所示。

```sql
select version(),
       user();
```

图 2.10 大小写不敏感

单行注释：使用两个连续的破折号（--）或者井号（#）来标记单行注释。这种注释在一行中的后续内容将被视为注释。

```sql
-- 这是一个单行注释
SELECT * FROM tables;
# 这也是一个单行注释
SELECT * FROM tables;
```

多行注释：使用 /* 和 */ 来标记多行注释的开始和结束。在这个标记之间的内容将被视为注释，可以跨越多行。

```sql
/*
这是一个
多行注释
*/
SELECT * FROM tables;
```

2. SQL 分类

SQL 主要分为以下几个类别：

数据定义语言（Data Definition Language，DDL）：用于定义数据库结构，包括创建（CREATE）、修改（ALTER）和删除（DROP）数据库对象，如表、索引、视图和存储过程。

数据操纵语言（Data Manipulation Language，DML）：用于操作数据库中的数据，包括插入（INSERT）、更新（UPDATE）和删除（DELETE）数据记录。

数据查询语言（Data Query Language，DQL）：主要用于检索数据库中的数据，最常用的是 SELECT 语句，用于从一个或多个表中选择数据。

数据控制语言（Data Control Language，DCL）：用于控制数据库的访问权限，包括授权（GRANT）和回收权限（REVOKE）。

事务控制语言（Transaction Control Language，TCL）：用于管理数据库中的事务，确保数据的完整性和一致性，包括提交（COMMIT）、回滚（ROLLBACK）和保存点（SAVEPOINT）。

SQL 的强大之处在于它的灵活性和表达能力。它允许用户以声明式的方式描述所需的操作，而不需要详细说明如何执行这些操作。例如，使用 SELECT 语句，用户可以指定要从哪些表中选择哪些列，以及任何过滤条件、排序要求和分组细节，而无须关心底层的实现细节。

由于 SQL 的标准化特性，掌握 SQL 意味着能够跨多种数据库系统进行操作，这极大地提高了数据管理的效率和通用性。无论是简单的数据检索还是复杂的业务逻辑实现，SQL 都是数据库管理的核心工具。

1.4 创建和管理数据库 SQL 语句

1. 创建数据库 SQL 语句

在 MySQL 中，创建数据库的语法格式如下：

```
CREATE DATABASE [IF NOT EXISTS] <数据库名>
    [[DEFAULT] CHARACTER SET <字符集>]
    [[DEFAULT] COLLATE <排序规则>]
    [...];
```

说明：

（1）中括号［］的内容表示可选项，其他的是必须项。如 CREATE DATABASE IF NOT EXISTS <数据库名>的代码健壮性就比 CREATE DATABASE <数据库名>强。其表示如果不存在<数据库名>数据库时才创建，如果已经存在就不创建。

（2）尖括号<>的内容表示可以根据实际情况进行修改。如用于存放测试数据的数据库名称可以设置为 test，用于智能农商系统的数据库可以设置为 freshmarket。并且，设计数据库名称时要遵守一些通用的规则，如最好不用中文名，名字不要太长，不要使用 MySQL 数据库的保留关键字，名字能够见名知义，避免使用特殊字符等。

（3）省略号…表示省略了多个选项或参数。

注意：后面涉及语法格式的地方，规则都一样，因此，后续不再赘述。

示例 1：创建数据库 test1，使用默认配置，结果如图 2.11 所示。

```
--切换到 information_schema 数据库
USE information_schema;
-- 创建数据库 test1
CREATE DATABASE test1;
-- 查看 test1 数据库的默认字符集和排序规则
SELECT default_character_set_name, default_collation_name
FROM information_schema.SCHEMATA
WHERE schema_name = 'test1';
```

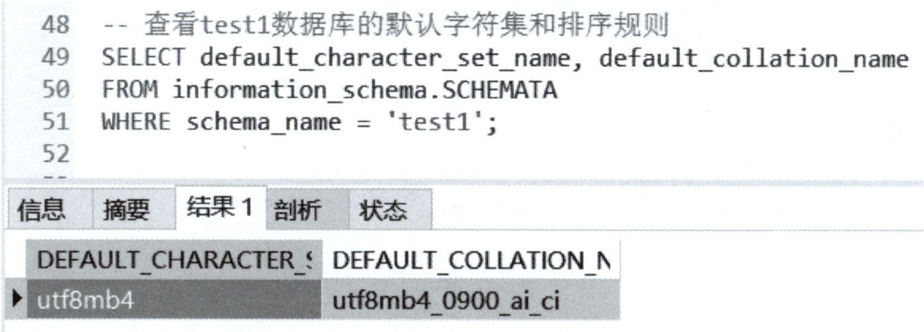

图 2.11　test1 数据库的默认字符集和字符规则

示例 2：创建数据库 test2，设置默认字符集为 utf8，结果如图 2.12 所示。

```
CREATE DATABASE test2
CHARACTER SET utf8;
-- 查看 test2 数据库的默认字符集和排序规则
SELECT default_character_set_name, default_collation_name
FROM information_schema.SCHEMATA
WHERE schema_name = 'test2';
```

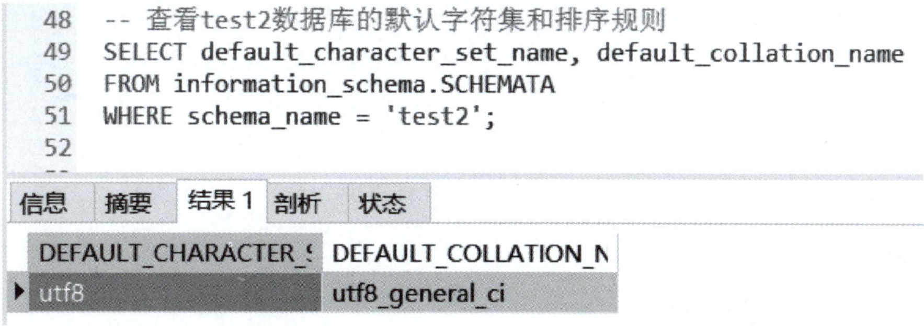

图 2.12　test2 数据库的默认字符集和字符规则

示例 3：创建数据库 test3，设置默认字符集为 gbk，且排序规则为 gbk_chinese_ci，结果如图 2.13 所示。

```
CREATE DATABASE test3
CHARACTER SET gbk
COLLATE gbk_chinese_ci;
-- 查看 test3 数据库的默认字符集和排序规则
SELECT default_character_set_name, default_collation_name
FROM information_schema.SCHEMATA
WHERE schema_name = 'test3';
```

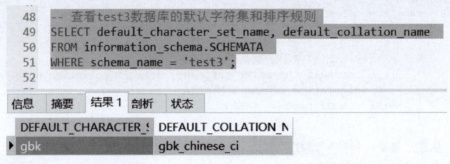

图 2.13 test3 数据库的默认字符集和字符规则

2. 修改数据库 SQL 语句

在 MySQL 中，修改数据库的语法格式如下：

```
ALTER DATABASE [数据库名称]
    [[DEFAULT] CHARACTER SET <字符集>]
    [[DEFAULT] COLLATE <排序规则>];
```

说明：

执行修改数据库 SQL 语句时，修改的是数据库的全局属性，用户必须要有对数据库进行修改的权限。如果 SQL 语句中数据库名称省略，则表示修改当前默认数据库。

3. 删除数据库 SQL 语句

在 MySQL 中，删除数据库的语法格式如下：

```
DROP DATABASE IF EXISTS <数据库名>;
```

说明：

删除数据库 SQL 语句会永久删除数据库中的所有数据，所以，一定要确定无误后再执行。

【任务内容】

1. 使用 Navicat 创建数据库。
2. 使用 Navicat 管理数据库。

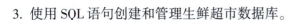

3. 使用 SQL 语句创建和管理生鲜超市数据库。

【任务实施】

1. 使用 Navicat 创建数据库

具体任务内容：

①使用 Navicat 图形化工具创建一个名称为 test 的数据库。

②使用 Navicat 创建数据库是一个直观的过程，以下是使用 Navicat 创建名为 Test 的数据库的一般步骤。注意：前提是已经建立了与 MySQL 服务器的连接。

步骤：

（1）打开 Navicat，如图 2.14 所示。

图 2.14　打开 Navicat

（2）连接到 MySQL 服务器。

如果你还没有连接到服务器，可以通过单击"连接"按钮并选择 MySQL，然后填写服务器的详细信息（主机名、端口、用户名和密码）来建立一个新的连接，如图 2.15 所示。

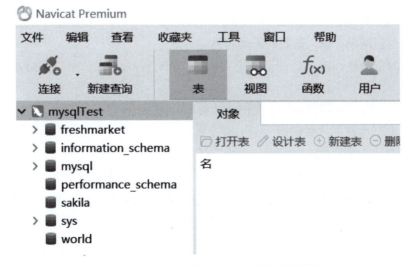

图 2.15　Navicat 连接 MySQL 数据库主界面

（3）新建数据库。

在左侧的对象树中，找到已连接的 MySQL 服务器实例，通常显示为服务器的主机名或别名。

右击服务器实例，在弹出的快捷菜单中单击"新建数据库"命令，如图 2.16 所示。

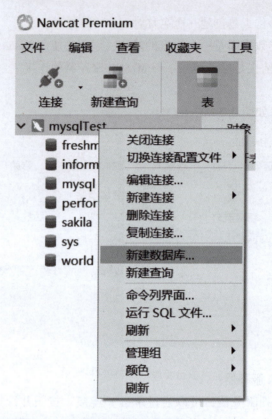

图 2.16 新建数据库

（4）指定数据库信息，如图 2.17 所示。

在弹出的对话框中，输入新数据库的名称。

选择适当的字符集和排序规则，分别为 utf8、utf8_general_ci，可以很好地支持多种语言，包括中文。

可以设置数据库的注释，有助于文档化数据库的用途。

单击"确定"按钮创建数据库。

（5）验证新建的数据库。

新建的数据库将出现在左侧的对象树中，位于你选择的服务器实例下，如图 2.18 所示。

可以双击数据库图标或右击，在弹出的快捷菜单中单击"打开数据库"命令来查看和管理数据库内容。

图 2.17　新建数据库常规设置

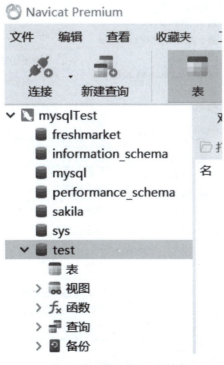

图 2.18　新建好的数据库

注意事项：

①确保你有足够的权限在 MySQL 服务器上新建数据库。

②如果遇到任何问题，检查你的连接设置和权限。

③在新建数据库时，考虑数据库的设计和架构，包括可能需要的表、字段、索引和关系。

2. 使用 Navicat 管理数据库

具体任务内容：

①使用 Navicat 更改 test 数据库的属性。

②使用 Navicat 查看系统数据库 information_schema 中的对象。

③使用 Navicat 在 test 数据库中新建一个数据库查询。

④使用 Navicat 删除 test 数据库。

步骤：

（1）更改数据库属性。

选中需要更改的数据库，如 test 数据库，右击，在弹出的快捷菜单中单击"编辑数据库"命令，如图 2.19 所示。

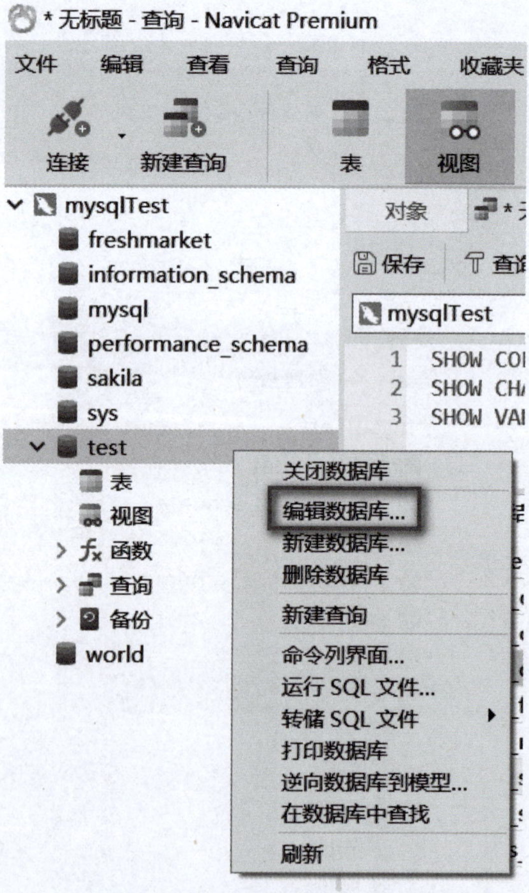

图 2.19 "编辑数据库"命令

弹出"编辑数据库"对话框，更改数据库的字符集和排序规则，如图 2.20 所示。

图 2.20　更改数据库字符集和排序规则

（2）查看数据库对象。

在 Navicat 左侧导航中展开数据库，如 information_schema 数据库，双击"表"，如图 2.21 所示。

图 2.21　查看数据库对象

展开之后，就能看到该数据库中有哪些表，比如 information_schema 数据库中有 CHARACTER_SETS、COLUMNS、FILES 等，如图 2.22 所示。

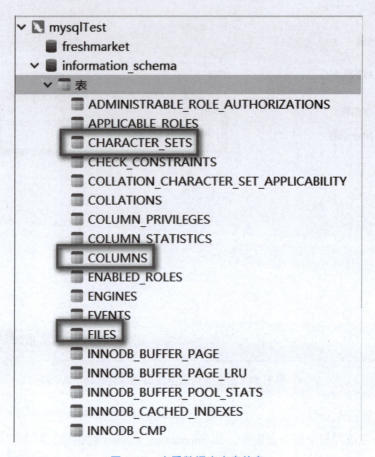

图 2.22　查看数据库中表信息

双击表名，如 COLUMNS，就能看到表的属性信息，如表字段名、字段类型、约束等，如图 2.23 所示。

图 2.23　查看数据库中表属性信息

（3）新建查询。

选中需要更改的数据库，如 test 数据库，右击，在弹出的快捷菜单中单击"新建查询"命令，如图 2.24 所示。

图 2.24　新建查询

在右侧弹出的编辑框中，可以输入 SQL 语句进行数据的增、删、改、查等操作。如执行下面的语句可以查看当前数据库管理系统中有哪些数据库，如图 2.25 所示。

```
SHOW DATABASES;
```

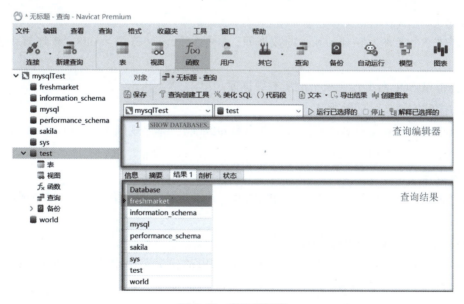

图 2.25　查询编辑器

（4）删除数据库。

选中需要删除的数据库，如 test 数据库，右击，在弹出的快捷菜单中单击"删除数据库"命令，如图 2.26 所示。

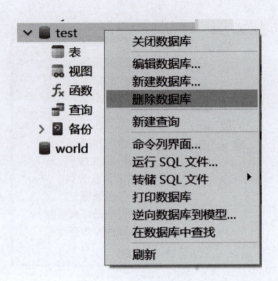

图 2.26　删除数据库

删除数据库之后，在 Navicat 左侧的导航中就看不到被删除的数据库了，同时，数据库相关的数据也会被删掉。

注意：对于"删除"操作请谨慎，在操作之前一定确保可以删除才能进行。

3. 使用 SQL 语句创建和管理生鲜超市数据库

具体内容：

①创建一个名称为 freshmarket 的数据库，并指定默认字符集为 utf8，排序规则为 utf8_general_ci。

②查看 MySQL 服务器主机上的所有数据库。

③切换到 freshmarket 数据库。

④修改数据库 freshmarket 的默认字符集为 utf8mb4，排序规则为 utf8mb4_0900_ai_ci。

⑤删除数据库 freshmarket。

具体步骤：

（1）创建一个名称为 freshmarket 的数据库，并指定默认字符集为 utf8，排序规则为 utf8_general_ci。

使用 Navicat 连接 MySQL 数据库。

选中 information_schema 数据库，右击，在弹出的快捷菜单中单击"新建查询"命令，新建一个查询，如图 2.27 所示。

在右侧的查询编辑器中编写如下的 SQL 语句，创建 freshmarket 数据库。

```
CREATE DATABASE IF NOT EXISTS freshmarket
DEFAULT CHARACTER SET utf8
DEFAULT COLLATE utf8_general_ci;
```

图 2.27　新建查询

　　确认输入无误后选中以上所有代码，右击，在弹出的快捷菜单中单击"运行已选择的"命令执行这些代码，如图 2.28 所示。

```
68   CREATE DATABASE IF NOT EXISTS freshmarket
69   DEFAULT CHARACTER SET utf8
70   DEFAULT COLLATE utf8_general_ci;
71
72
```

运行已选择的
创建片段
撤消

图 2.28　执行 SQL 语句

　　或者选中要执行的代码之后，单击图 2.29 所示的"运行已选择的"按钮，也能执行代码。

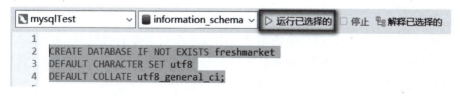

图 2.29　执行 SQL 语句 2

在查询编辑的下面，可以查看 SQL 语句执行结果，包括"信息""摘要""剖析"和
"状态"，如图 2.30 所示，可以看到创建数据库的语句成功执行。

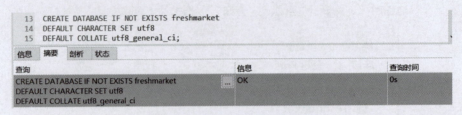

图 2.30　查看 SQL 语句执行结果

在左侧窗格空白处，右击，在弹出的快捷菜单中单击"刷新"命令，则在左侧导航中
出现新建的 freshmarket 数据库，说明数据库已经成功创建，如图 2.31 所示。

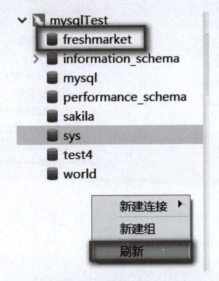

图 2.31　"刷新"命令

（2）查看 MySQL 服务器主机上的所有数据库。

在查询编辑器中输入如下 SQL 语句，执行结果如图 2.32 所示。

```
SHOW DATABASES;
```

（3）切换到 freshmarket 数据库。

在查询编辑器中输入如下 SQL 语句，并执行：

```
USE freshmarket;
```

在创建数据库后，新创建的数据库不会自动成为当前选择的数据库，同样，在 MySQL
中不会按某种规则自动选择当前数据库，需要用 USE 语句来指定当前数据库，在命令行中
选择当前数据库的语法格式为：

```
USE <数据库名称>;
```

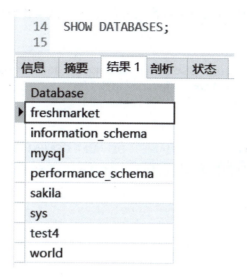

图 2.32 查看所有数据库

USE 语句在 MySQL 中用于指定某数据库为当前默认数据库，使后面的所有语句在选择另外数据库前都应用于当前默认数据库的操作，直到退出数据库操作为止，若再次进入数据库，则要重新选择当前默认数据库。

USE 语句也可以用作从一个数据库切换到另一个数据库。

（4）修改数据库 freshmarket 的默认字符集为 utf8mb4，排序规则为 utf8mb4_0900_ai_ci。

在查询编辑器中输入如下 SQL 语句并执行，结果如图 2.33 所示。

```
ALTER DATABASE freshmarket
CHARACTER SET utf8mb4
COLLATE utf8mb4_0900_ai_ci;
```

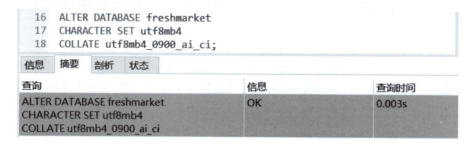

图 2.33 修改数据库字符集

执行下面的 SQL 语句，确认数据库的字符集修改成功：

```
SELECT default_character_set_name, default_collation_name
FROM information_schema.SCHEMATA
WHERE schema_name = 'freshmarket';
```

如图 2.34 所示，查询到 freshmarket 数据库的默认字符集和排序规则已经成功修改，与任务要求的一致。

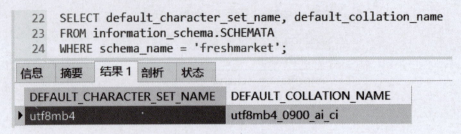

图 2.34　确认数据库字符集已修改

（5）删除数据库 freshmarket。

在查询编辑器中输入如下 SQL 语句，并执行：

```
DROP DATABASE freshmarket;
```

如图 2.35 所示，已经成功删除数据库。

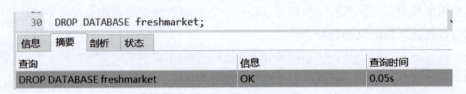

图 2.35　成功删除数据库

在查询编辑器中输入如下 SQL 语句：

```
SHOW DATABASES;
```

如图 2.36 所示，结果已经没有 freshmarket 数据库了，说明该数据库已经被成功删除。

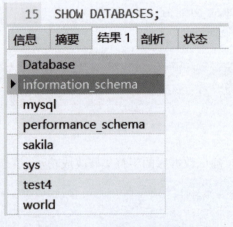

图 2.36　成功删除数据库

任务 2　数据表开发

【知识讲解】

2.1　数据表的概念

数据表（Table）是存储数据的基本单位，是关系型数据库的核心组成部分。数据表是一个二维表，由一系列行（Row）和列（Column）组成，如表 2.6 所示。其中每一行代表唯一的一条记录，是组织数据的单位，通常称为表数据。每一行代表一名客户，各列分别表示客户的详细信息，如客户编号、客户姓名、电话、地址、等级、性别等。每一列代表记录中的一个域，用来描述数据的属性，通常称为表结构，如客户姓名等，每个字段可以理解为字段变量，可以定义数据类型、大小等信息。

表 2.6　客户信息表

客户编号	客户姓名	电话	地址	等级	性别
1	王女士	1808376462×	成都市温江区大学城	1	null
2	刘先生	1738277463×	成都市温江区德通桥	1	null
3	陈女士	1637847264×	成都市温江区花都大道	2	null
4	李女士	1388726374×	成都市温江区体育馆	3	null
5	黄女士	1898375683×	成都市温江区国色天乡	3	null

MySQL 是一个关系型数据库，它使用上述的由行和列组成的二维表来表示实体及其联系。MySQL 中的每个表都有一个名字，以标识该表。例如，表 2.6 的名称是客户信息表。

下面是表相关的一些名词解释。

（1）表结构。每一个数据库都包含了一个或多个表。每个表都具有一定的结构，称为表型。所谓表型，就是指组成这些表的名称和数据类型，也即日常表格的栏目信息。

（2）记录。每一个表都包含了一行或多行数据，它们是表的"值"，表中的一行称为一条记录。因此，表是记录的有限集合。

（3）字段。每条记录由若干个数据项构成，将构成记录的每个数据项称为字段。

（4）关键字。在客户信息表中，如果不加以限制，那么每条记录的客户姓名、电话、地址、等级、性别这 5 个字段的值都有可能相同，但是客户编号字段的值对表中所有记录来说一定不同，客户编号是关键字，即通过"客户编号"字段可以将表中的不同记录区分开来。

2.2　数据类型

在设计数据库时，除了要确定它包含哪些表之外，还需要确定每个表中都包含哪些列，每一列的数据类型等。数据类型是计算机科学和编程中的一个基本概念，它定义了数据的种类和格式，规定了如何在内存中存储和处理数据。数据类型决定了变量可以存储的值的种类、这些值的取值范围以及可以对该数据进行的操作。例如，如果某一列只能用于存放客户姓名，就可以定义该列的数据类型为字符型。同理，如果某列要存储数字，就可以定义该列的数据类型为数值型。

MySQL 中的数据类型大致分为数值型、字符串型、日期时间型和特殊类型。每一种类又细分为多种类型，如图 2.37 所示。下面介绍前 3 种类型。

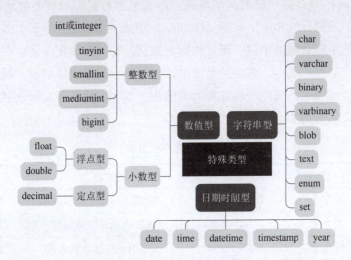

图 2.37　MySQL 数据类型

1. 数值型

MySQL 数据库中的数值型如表 2.7 所示。

表 2.7　MySQL 数据库中的数值型

类型	存储	范围（有符号）	范围（无符号）	用途
tinyint	1 字节	$(-128, 127)$	$(0, 255)$	小整数值
smallint	2 字节	$(-32\ 768, 32\ 767)$	$(0, 65\ 535)$	大整数值
mediumint	3 字节	$(-8\ 388\ 608, 8\ 388\ 607)$	$(0, 16\ 777\ 215)$	大整数值
int	4 字节	$(-2\ 147\ 483\ 648, 2\ 147\ 483\ 647)$	$(0, 4\ 294\ 967\ 295)$	大整数值
bigint	8 字节	$(-9\ 223\ 372\ 036\ 854\ 775\ 808,$ $9\ 223\ 372\ 036\ 854\ 775\ 807)$	$(0, 18\ 446\ 744\ 073\ 709\ 551\ 615)$	极大整数值
float (M，N)	4 字节	$(-3.402\ 823\ 466E{+}38,$ $-1.175\ 494\ 351E{-}38)$，0，$(1.175\ 494\ 351E{-}38,$ $3.402\ 823\ 466\ 351E{+}38)$	0，$(1.175\ 494\ 351E{-}38,$ $3.402\ 823\ 466E{+}38)$	单精度浮点数值

续表

类型	存储	范围（有符号）	范围（无符号）	用途
double（M，N）	8 字节	（−1.797 693 134 862 315 7E+308，−2.225 073 858 507 201 4E−308），0，（2.225 073 858 507 201 4E−308，1.797 693 134 862 315 7E+308）	0，（2.225 073 858 507 201 4E−308，1.797 693 1348 623 157E+308）	双精度浮点数值
decimal（M，N）	如果 M>N，为 M+2，否则为 N+2	依赖于 M 和 D 的值	依赖于 M 和 D 的值	小数值固定

整数型的数，默认情况下既可以表示正整数又可以表示负整数（此时称为有符号数）。若只希望表示零和正整数，则可以使用无符号关键字 unsigned 对整数型进行修饰（此时称为无符号整数）。

若不需要小数部分，则使用整数；若需要表示小数部分，则使用浮点型数据类型。浮点型数据类型精度有限，当插入数据超出精度范围时，会自动进行四舍五入，造成精度丢失。

float：单精度，占用 4 个字节存储数据，精度范围在 7 位左右。double：双精度，占用 8 个字节存储数据，精度范围在 15 位左右。

因此，如果要求存储精度较高时，应使用 double 类型，若是精度较低的小数，则使用 float 类型。浮点型（float 和 double）相对于定点型 decimal 的优势是，在长度一定的情况下，浮点型比定点型能表示更大的数据范围，其缺点是容易产生计算误差。decimal 在 MySQL 中是以字符串形式存储的，用于存储精度相对要求较高的数据（如货币、科学数据等）。两个浮点数据进行减法或比较运算时容易出现问题，如果进行数值比较，最好使用 decimal 类型。

2. 字符串型

MySQL 数据库中的字符串型如表 2.8 所示。

表 2.8 MySQL 数据库中的字符串型

类型	存储	用途
char	0~255 字节	定长字符串
varchar	0~65 535 字节	变长字符串
binary	0~65 535 字节	固定长度的二进制数据
varbinary	0~65 535 字节	可变长度的二进制数据
tinyblob	0~255 字节	不超过 255 个字符的二进制字符串
tinytext	0~255 字节	短文本字符串

续表

类型	存储	用途
blob	0~65 535 字节	二进制形式的长文本数据
text	0~65 535 字节	长文本数据
mediumblob	0~16 777 215 字节	二进制形式的中等长度文本数据
mediumtext	0~16 777 215 字节	中等长度文本数据
longblob	0~4 294 967 295 字节	二进制形式的极大文本数据
longtext	0~4 294 967 295 字节	极大文本数据
enum	枚举选项量：65 535	枚举：列只能赋值为某个枚举成员或 null
set	元素数量：64	集合：列可以赋值为多个集合成员或 null

（1）char 类型是固定长度，varchar 类型是可变长度，char 类型可能会浪费一些存储空间，varchar 类型则是按实际长度存储，比较节省空间。对于 char（n），若存入字符数小于 n，则会自动以空格补于其后，查询时再将空格去掉。所以，char 类型存储的字符串末尾不能有空格，而 varchar 类型查询时不会删除尾部空格。

（2）char 类型数据的检索速度比 varchar 类型快。其中，char（n）是固定长度，如 char（5）不管存入几个字符，都将占用 5 个字节；varchar 是存入的"实际字符数+1"个字节（n<=255）或"实际字符数+2"个字节（n>255），所以 varchar（5），存入 3 个字符将占用 4 个字节。对于存储的字符串长度较小，但在速度上有要求时，建议使用 char 类型，否则可以使用 varchar 类型。

（3）varchar 类型可指定长度 n，text 类型则不能指定；存储 varchar 类型数据占用"实际字符数+1"个字节（n<=255）或"实际字符数+2 个"字节（n>255），存储 text 类型数据占用"实际字符数+2"个字节，并且 text 类型不能包含默认值；varchar 类型的查询速度比 text 快，因为 text 创建索引要指定前多少个字符，而 varchar 可以直接创建索引。当查询或者保存 text 字段的值时，不会删除尾部的空格。

（4）enum 类型和 set 类型的值都是以字符串形式出现的，但在数据库中存储的是数值。enum 类型只能取单值，它的数据列表是一个枚举集合，其合法取值最多允许有 65 535 个成员。因此，在需要从多个值中选取一个时，可以使用 enum 类型。例如，性别字段适合定义为 enum 类型，只能从"女"或"男"中取一个值。set 可以取多个值，它的合法取值最多允许有 64 个成员。空字符串也是一个合法的 set 值。在需要取多个值时，适合使用 set 类型。例如，要存储一个人的兴趣爱好，最好使用 set 类型。

（5）blob 类型存储的是二进制字符串，text 类型存储的是非二进制字符串，两者均可以存放大容量的信息。blob 类型主要存储音频、图片信息等，而 text 类型只能存储纯文本内容。

3. 日期时间型

MySQL 数据库中的日期时间型如表 2.9 所示。

表 2.9 MySQL 数据库中的日期时间型

类型	存储	范围	格式	用途
date	3 字节	1000-01-01~9999-12-31	YYYY-MM-DD	日期值
time	3 字节	-838：59：59~838：59：59	HH：MM：ss	时间值或持续时间
year	1 字节	1901~2155	YYYY	年份值
datetime	8 字节	1000-01-01 00：00：00~ 9999-12-31 23：59：59	YYYY-MM-DD HH：MM：ss	混合日期和 时间值
timestamp	4 字节	开始时间是 1970-01-01 00：00：00， 结束时间是第 2147483647 秒， 北京时间为 2038-01-19 11：14：07， 格林尼治时间为 2038-01-19 03：14：07	YYYY-MM-DD HH：MM：ss	混合日期和 时间值，时间戳

　　MySQL 数据库对于不同种类的日期和时间有很多数据类型，如 year 和 time。如果只需存储年份，使用 year 类型即可；如果只需记录时间，使用 time 类型即可；如果需要同时存储日期和时间，可使用 datetime 或 timestamp 类型。存储范围较大的日期最好使用 datetime 类型。

　　timestamp 类型也有 datetime 类型不具备的属性，默认情况下，当插入一条记录但没有给 timestamp 类型字段指定具体的值时，MySQL 数据库会把 timestamp 字段设置为当前时间。因此，当需要在插入记录的同时插入当前时间时，使用 timestamp 类型更方便。

2.3 数据类型的属性

MySQL 数据库中数据类型的属性如表 2.10 所示。

表 2.10 MySQL 数据库中数据类型的属性

关键字	含义
NULL	数据列可包含 NULL 值
NOT NULL	数据列不允许包含 NULL 值
DEFAULT	默认值
PRIMARY KEY	主键
AUTO_INCREMENT	自动递增，适用于整数类型
UNSIGNED	无符号
CHARACTER SET <字符集名称>	指定一个字符集
ZEROFILL	数值类型前自动用 0 补足位数
COMMENT	列说明

2.4 MySQL 的约束

MySQL 的约束是指对数据表中数据的一种约束行为，约束主要完成对数据的检验，如有相互依赖数据，保证该数据不被删除。它能够帮助数据库管理员更好地管理数据库，并且能够确保数据库表中数据的正确性和一致性。

MySQL 的约束主要包括主键约束、外键约束、唯一约束、非空约束和默认值约束。

（1）主键约束（PRIMARY KEY）。关系型数据库依赖于主键，它是数据库物理模式的基石。主键在物理层面上只有两个用途：唯一地标识一行和作为一个可以被外键有效引用的对象。通常在数据表中将一个字段或多个字段组合设置为各种不同的值，以便能唯一地标识数据表中的每一条记录，这样的一个字段或多个字段称为数据表的主键，通过它可实现实体完整性，消除数据表冗余数据。一个数据表只能有一个主键约束（可以是复合主键），并且主键约束中的字段不能接受空值。由于主键约束可保证数据的唯一性，因此经常对标识字段定义这种约束。可以在创建数据表时定义主键约束，也可以修改现有数据表的主键约束。

（2）外键约束（FOREIGN KEY）。外键约束保证了数据库中各个数据表数据的一致性和正确性。将一个数据表的一个字段或字段组合定义为引用其他数据表的主键字段，则引用该数据中的这个字段或字段组合就称为外键。被引用的数据表称为主键约束表，简称为主表，引用表称为外键约束表，简称为从表。可以在定义数据表时直接创建外键约束，也可以对现有数据表中的某一个字段或字段组合添加外键约束。

（3）唯一约束（UNIQUE）。一个数据表只能有一个主键，如果有多个字段或多个字段组合需要实施数据唯一性，可以采用唯一约束。可以对一个数据表定义多个唯一约束，唯一约束允许为 NULL 值，但每个唯一约束字段只允许存在一个 NULL 值。

（4）非空约束（NOT NULL）。指定为 NOT NULL 的字段则不能输入 NULL 值，数据表中出现 NULL 值通常表示值未知或未定义，NULL 值不同于零、空格或长度为零的字符串。在创建数据表时，默认情况下，如果在数据表中不指定非空约束，那么数据表中所有字段都可以为空。由于主键约束字段必须保证字段是不为空的，因此，要设置主键约束的字段一定要设置非空约束。

（5）默认值约束（DEFAULT）。默认值约束用来约束当数据表中的某个字段不输入值时，自动为其添加一个已经设置好的值。可以在创建数据表时为字段指定默认值，也可以在修改数据表时为字段指定默认值。DEFAULT 约束定义的默认值仅在执行 INSERT 操作（插入数据）时生效，一列最多有一个默认值，其中包括 NULL 值。默认值约束通常用在已经设置了非空约束的字段上，这样能够防止数据表在输入数据时出现错误。

2.5 使用 CREATE TABLE 语句创建数据库表及约束

数据表是数据库的组成部分，在构建数据表前，我们需通过执行"USE <数据库名称>"的 SQL 语句来明确指定操作的目标数据库。倘若未事先选取数据库，系统将会报错或者将数据表创建到错误的数据库中。

在 MySQL 中，创建数据表是数据库管理的基本操作之一。创建数据表的语法格式如下：

```
CREATE TABLE <表名> (
    <列名 1> <数据类型> [列级别约束条件] [默认值],
    <列名 2> <数据类型> [列级别约束条件] [默认值],
    ……
    constraint_name PRIMARY KEY (列名列表),
    constraint_name FOREIGN KEY (列名列表) REFERENCES 外键表(外键表的列名列表),
    constraint_name UNIQUE (列名列表),
    …
) [表级别约束条件];
```

上述代码中，<表名> 就是你要创建的表的名字。表名不区分大小写，不能使用 SQL 语言中的关键字，如 DROP、ALTER、INSERT 等。<列名 1>、<列名 2> …是表中的字段名。如果创建多个列，列之间要用逗号隔开。<数据类型> 表示每列的数据类型，[列级别约束条件] 可能包括 NOT NULL、DEFAULT、UNIQUE、PRIMARY KEY、FOREIGN KEY、CHECK 等约束条件。

（1）定义主键约束。

主键约束（PRIMARY KEY CONSTRAINT）确保了主键列数据的唯一性，同时禁止该列出现空值。主键存在两种形式：单一字段主键与复合字段主键。

在字段定义过程中直接指定主键的语法如下：

```
<字段名> <数据类型> PRIMARY KEY
```

在完成所有字段定义后单独指定主键的语法如下：

```
[CONSTRAINT <主键约束名称>] PRIMARY KEY (<字段名>)
```

对于复合主键，即由多个字段共同构成的主键，在所有字段定义完毕后，采用以下语法指定：

```
[CONSTRAINT <主键约束名称>] PRIMARY KEY (<字段名 1>, <字段名 2>, ··, <字段名 N>)
```

值得注意的是，若主键涉及多个字段，不可直接在各字段名后声明主键约束，需通过上述复合主键的定义方式实现。

（2）定义唯一约束。

唯一约束与主键约束的区别主要体现在以下几个方面：

①数据表中可以设置多个唯一约束，而主键约束仅能设定一个。

②主键字段不允许含有空值（NULL），相比之下，唯一键字段虽允许空值的存在，但同一字段仅能容纳一个空值。

③通常，唯一约束应用于非主键字段上，一旦确立，系统将自动将其纳入索引中进行管理。

在字段定义阶段直接添加唯一约束的语法如下：

```
<字段名> <数据类型> UNIQUE
```

若在所有字段定义完毕后追加唯一约束，则采用以下语法：

```
[CONSTRAINT <唯一约束名称>] UNIQUE (<字段名 1>, <字段名 2>, …)
```

值得注意的是，唯一约束既可以在单一字段上设定，也可以通过多字段组合形成复合唯一约束，类似复合主键的设定方式，以确保字段组合的唯一性。

（3）定义非空约束。

针对定义了非空约束的字段，若用户在录入数据时未赋予具体值，数据库系统将触发错误提示。

定义非空约束的 SQL 语法如下：

```
<字段名>  <数据类型>  NOT NULL
```

（4）定义外键约束。

外键在两表间构建关联桥梁，可由单列或多列组成。一个表中可设置一个或多个外键，其作用在于维护参照完整性。外键值允许为空；反之，若非空，则需与另一个表中某主键值相匹配。

主表（父表）：在具有关联特性的两表中，含有主键的那张表被视为主表。

从表（子表）：同样地，外键所在的表被认定为从表。

构建外键需遵循以下准则：

①外键列的数据类型需与主表中对应的主键类型相匹配。

②设定外键的表必须采用 InnoDB 存储引擎，否则即便外键设置成功，也无法发挥其约束效力。

③同一表中不得存在同名的外键。

④若外键列已有值，在后续添加外键时，这些值必须在主表的主键列中找到对应项，否则外键创建将失败。

定义外键约束的标准语法如下：

```
[CONSTRAINT <外键约束名称>] FOREIGN KEY (字段名 1[, 字段名 2,…]) REFERENCES <主表名称>
(主键字段名 1[, 主键字段名 2,…])
```

（5）定义默认值约束。

遵循以下结构设定：

```
<字段名称>  <数据类型>  DEFAULT  <预设值>
```

当预设值属于字符型数据类型时，务必利用半角引号将其括起，以确保正确解析。

（6）定义字段值自动增长。

在数据库操作场景下，我们常期望每当新增记录时，系统能自动为特定主键字段生成值。这可通过向主键添加 AUTO_INCREMENT 属性达成。在 MySQL 环境下，AUTO_INCREMENT 特性默认始于数值 1，随后每添加一项记录，该字段值便自动递增 1。值得注意的是，每张表仅限一个字段启用 AUTO_INCREMENT，并且此字段需构成主键的一部分。此外，适用于 AUTO_

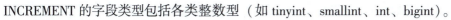

INCREMENT 的字段类型包括各类整数型（如 tinyint、smallint、int、bigint）。

实施字段值自动递增的构造语句如下：

```
<字段名称>  <数据类型>  AUTO_INCREMENT
```

例如，创建一个名为 employees 的表，包含 id、name、age、department_id 几个字段，其中 id 是主键，department_id 是外键，引用 departments 表的 id 字段，创建语句如下：

```
CREATE TABLE employees (
    id int AUTO_INCREMENT,
    name varchar(100) NOT NULL,
    age int DEFAULT 0,
    department_id int,
    PRIMARY KEY (id),
    FOREIGN KEY (department_id) REFERENCES departments(id)
);
```

在这个例子中，id 列被定义为 int 类型并自动递增，name 列不能为空，age 列有默认值 0，department_id 列是外键，与 departments 表的 id 字段形成关系。

注意，CREATE TABLE 语句可以非常复杂，根据具体需求可能包含更多的列和约束。在实际应用中，根据业务逻辑和数据完整性要求，合理设计表结构和约束是非常重要的。

2.6　使用 SQL 语句查看数据库表结构

完成数据表的构建后，检验表结构的准确性是必要的步骤，以验证表的设置是否符合预期。在 MySQL 环境中，我们有两种方式来检查表结构：使用 DESCRIBE 命令或 SHOW CREATE TABLE 语句。

（1）利用 DESCRIBE 命令检查表的概览。

DESCRIBE（也可简化为 DESC）命令用于展示表中的列详情，包括列名、数据类型、主键状态以及默认值的存在与否，其使用格式如下：

```
DESCRIBE <表名>;
```

或者更简洁地：

```
DESC <表名>;
```

（2）运用 SHOW CREATE TABLE 指令获取表的完整定义。

SHOW CREATE TABLE 命令能够呈现创建表时所使用的完整 CREATE TABLE 语句，其标准格式为：

```
SHOW CREATE TABLE <表名>;
```

执行 SHOW CREATE TABLE 语句，不仅能重温创建表时的具体 SQL 语句，还能了解表的存储引擎与字符集信息。若输出的信息过于密集、不易阅读，可在命令尾部追加参数

LIKE 或 \G（取决于具体版本），这将优化输出格式，使其更清晰易懂。

【任务内容】

项目组完成 freshmarket 数据库创建之后，需要根据客户信息、订单信息、农产品信息、供应商信息设计对应的二维表，并结合数据特点选用合适的数据类型和约束条件，最终创建符合数据表设计原则的关系表，应如何实施？

【任务实施】

步骤1：将前面分析的 E-R 图转换成关系模式，即将实体和关系转化为二维表。智能农商系统涉及的信息如表 2.11~表 2.15 所示。

表 2.11　客户表

客户编号	客户姓名	电话	地址	等级	性别
1	王女士	1808376462×	成都市温江区大学城	1	NULL
2	刘先生	1738277463×	成都市温江区德通桥	1	NULL
3	陈女士	1637847264×	成都市温江区花都大道	2	NULL

表 2.12　订单表

订单编号	客户编号	订单日期	总金额
19257621	5	2024-06-16 10：28：57	NULL
19257622	2	2024-05-16 10：38：28	NULL
19257623	3	2024-04-16 10：43：17	NULL

表 2.13　农产品表

农产品编号	农产品名称	产地	农产品类别	规格	价格	上市时间	过期时间	供应商编号
S0397622	空心菜	四川	蔬菜	500g	4.80	2023-06-15	2023-06-17	S0397622
S0297603	黄瓜	四川	蔬菜	500g	1.99	2023-06-16	2023-06-17	S0297603
G0365213	黄杏	成都	水果	250g	3.99	2023-06-15	2023-06-18	G0365213

表 2.14　订单详情表

详情编号	订单编号	农产品编号	数量	单价	总金额
1	19257621	S0397622	1	1.99	NULL
2	19257622	S0297603	1	1.99	NULL
3	19257622	G0365213	2	3.99	NULL

表 2.15 供应商表

供应商编号	供应商名称	地址	电话	负责人
1	崇州园区种植基地	崇州羊马镇五星村	1399276358×	王海
2	葛仙山园区养殖基地	彭州市葛仙山	1807653826×	朱明荀
3	温江园区农产基地	温江区柳城镇	1772653625×	刘信爱

步骤 2：分析上面各表中数据的特征，并确定相应的数据类型以及对数据进行分类。分析数据后按照固定长度字符串、可变长度字符串、整数、定点小数和日期时间型对数据进行分类汇总，如表 2.16 所示。

表 2.16 分析各类数据汇总表

数据类型		字段（列）名称
字符串	固定长度	性别、农产品编号、农产品类别、规格、电话
	可变长度	客户姓名、地址、农产品名称、供应商名称、负责人
数值	整数	客户编号、等级、订单编号、数量、详情编号、供应商编号
	定点小数	单价、总金额、价格
日期时间		订单日期、上市时间、过期时间

步骤 3：如表 2.17～表 2.21 所示，不同的数据类型有其不同的用途。例如，日期时间型存储日期时间类数据；数值型存储数值类数据，但对于农产品编号、电话等虽然全为数字，但并不是具有数学含义的数值，定义为字符串类型更合适；客户编号、详情编号、订单编号、供应商编号等将定义为自增长的标识列，其数据类型应定义为数值类型。

char（n）数据类型长度是固定的。若定义一个字段为 10 个字符的长度，则将存 10 个字符。当输入少于定义的字符数 n 时，剩余的长度将被空格填满。只有当列中的数据为固定长度（如邮政编码、电话号码、银行账户等）时才能使用这种数据类型。当用户输入字符串的长度大于定义的字符数 n 时，MySQL 自动截取长度为 n 的字符串。例如，电话字段定义为 char（11），说明该列的数据长度为 11，只允许输入 11 个字符。

varchar（n）数据类型长度是可变的，每一条记录允许不同的字符数，最大字符数为定义的最大长度，数据的实际长度为输入字符串的实际长度，而不一定是 n。例如，一个字段定义为 varchar（20），这表明该字段中的数据最多可以有 19 个字符长度，即允许输入 19 个字符。然而，如果列中只存储了 10 个字符长度的字符串，那么只会使用 10 个字符的存储空间。这种数据类型适用于数据长度是变化的情形，如客户姓名、地址、农产品名称等，此时并不在意存储数据的长度。

主键与外键如同纽带，将各个独立的表紧密联结，构建起高效有序的关系数据库体系。它们的设计不仅深刻影响着物理数据库的运行效能，也直接关乎系统的可靠性与实用性，因此，将抽象的逻辑模型转化为具体的物理实施方案时，主键和外键的架构成为核心考量点。

鉴于在数据库投入实际运营后，对这些关键元素进行调整会相当复杂且风险重重，故而在开发初期精心规划主键和外键的布局显得尤为重要且极具价值。

表 2.17　客户表数据类型和约束

字段名称	数据类型	字段长度	是否允许 NULL 值	约束类型	注释
cid	int		否	主键，自动增长	客户编号
cname	varchar	20	否		客户姓名
tel	char	11	否		电话
address	varchar	50	否		地址
level	tinyint		是		等级
sex	enum		是		性别

表 2.18　订单表数据类型和约束

字段名称	数据类型	字段长度	是否允许 NULL 值	约束类型	注释
oid	int		否	主键，自动增长	订单编号
cid	int		否	外键	客户编号
date	datetime		否		订单日期
total	decimal	(10, 0)	是		总金额

表 2.19　农产品表数据类型和约束

字段名称	数据类型	字段长度	是否允许 NULL 值	约束类型	注释
gid	char	8	否	主键，自动增长	农产品编号
gname	varchar	50	否		农产品名称
origin	char	50	否		产地
type	char	10	否		农产品类别
spec	char	10	否		规格
price	decimal	(10, 2)	否		价格
mfg	date		否		上市时间
exp	date		否		过期时间
sid	int		否	外键	供应商编号

表 2.20　订单详情表数据类型和约束

字段名称	数据类型	字段长度	是否允许 NULL 值	约束类型	注释
did	int		否	主键，自动增长	详情编号
oid	int		否	外键	订单编号
gid	char	8	否	外键	农产品编号
pcs	int		否		数量
price	decimal	(10, 2)	否		单价
sum	decimal	(10, 0)	是		总金额

表 2.21　供应商表数据类型和约束

字段名称	数据类型	字段长度	是否允许 NULL 值	约束类型	注释
sid	int		否	主键，自动增长	供应商编号
sname	varchar	50	否		供应商名称
address	varchar	100	否		地址
tel	char	11	否		电话
contacts	varchar	255	是		负责人

步骤 4：使用 CREATE TABLE 语句创建客户表。

在 Navicat 查询编辑器中输入如下 SQL 语句，在 freshmarket 数据库中创建 customer 客户表。

```
DROP TABLE IF EXISTS customer;
CREATE TABLE customer(
    cid int NOT NULL AUTO_INCREMENT COMMENT '客户编号',
    cname varchar(20) NOT NULL COMMENT '客户姓名',
    tel char(11) NOT NULL COMMENT '电话',
    address varchar(50) NOT NULL COMMENT '地址',
    level tinyint DEFAULT NULL COMMENT '等级',
    sex enum('男','女') DEFAULT NULL
)
```

选中上述代码并执行，结果如图 2.38 所示。

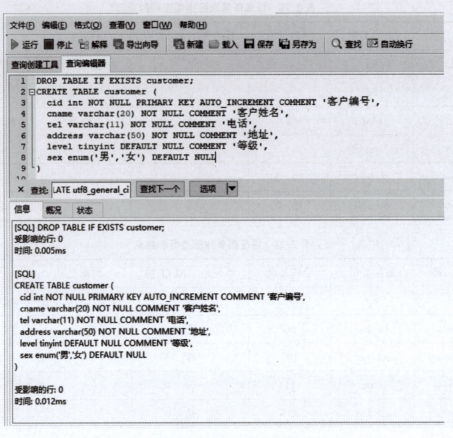

图 2.38　创建 customer 表

步骤 5：使用 CREATE TABLE 语句创建供应商表。

在 Navicat 查询编辑器中输入如下 SQL 语句，在 freshmarket 数据库中创建 supplier 供应商表。

```
DROP TABLE IF EXISTS supplier;
CREATE TABLE supplier(
  sid int NOT NULL PRIMARY KET AUTO_INCREMENT COMMENT '供应商编号',
  sname varchar(50) NOT NULL COMMENT '供应商名称',
  address varchar(100) NOT NULL COMMENT '地址',
  tel char(11) NOT NULL COMMENT '电话',
  contacts varchar(255) DEFAULT NULL COMMENT '负责人'
)
```

选中上述代码并执行，结果如图 2.39 所示。

图 2.39　创建 supplier 表

步骤 6：使用 CREATE TABLE 语句创建农产品表。

在 Navicat 查询编辑器中输入如下 SQL 语句，在 freshmarket 数据库中创建 product 农产品表。

```sql
DROP TABLE IF EXISTS product;
CREATE TABLE product(
  gid char(8) NOT NULL PRIMARY KEY COMMENT '农产品编号',
  gname varchar(50)NOT NULL COMMENT '农产品名称',
  origin char(50) NOT NULL COMMENT '产地',
  type char(10) NOT NULL COMMENT '农产品类别(水果,蔬菜,肉类,禽类,水产)',
  spec char(10) NOT NULL COMMENT '规格',
  price decimal(10,2) NOT NULL COMMENT '价格',
  mfg date NOT NULL COMMENT '上市时间',
  exp date NOT NULL COMMENT '过期时间',
  sid int NOT NULL COMMENT '供应商,外键',
  FOREIGN KEY(sid)REFERENCES supplier(sid)
) ENGINE=InnoDB DEFAULT CHARSET=utf8 ROW_FORMAT=DYNAMIC;
```

选中上述代码并执行，结果如图 2.40 所示。

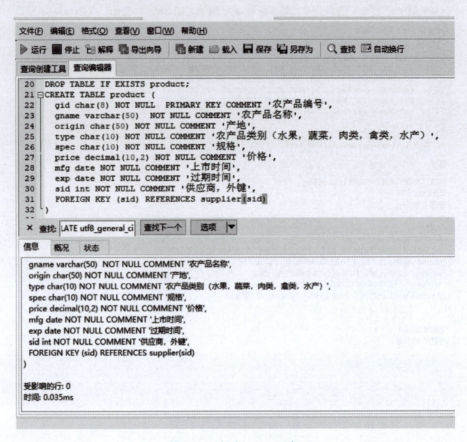

图 2.40　创建 product 表

步骤 7：使用 CREATE TABLE 语句创建订单表。

在 Navicat 查询编辑器中输入如下 SQL 语句，在 freshmarket 数据库中创建 orders 订单表。

```
DROP TABLE IF EXISTS orders;
CREATE TABLE orders(
  oid int NOT NULL AUTO_INCREMENT COMMENT '订单编号',
  cid int NOT NULL COMMENT '客户编号,外键',
  date datetime NOT NULL COMMENT '订单日期',
  total decimal(10,0) DEFAULT NULL COMMENT '总金额',
  PRIMARY KEY (cid)REFERENCES customer(cid)
)
```

选中上述代码并执行，结果如图 2.41 所示。

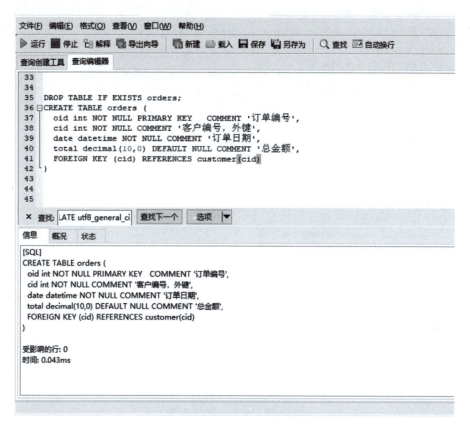

图 2.41　创建 orders 表

步骤 8：使用 CREATE TABLE 语句创建订单详情表。

在 Navicat 查询编辑器中输入如下 SQL 语句，在 freshmarket 数据库中创建 orderitem 订单详情表。

```sql
CREATE TABLE orderitem(
    did int NOT NULL PRIMARY KEY AUTO_INCREMENT COMMENT '详情编号',
    oid int NOT NULL COMMENT '订单编号,外键',
    gid char(8) NOT NULL COMMENT '农产品编号,外键',
    pcs int NOT NULL COMMENT '数量',
    price decimal(10,2) NOT NULL COMMENT '单价',
    sum decimal(10,0) DEFAULT NULL COMMENT '总金额',
    FOREIGN KEY(oid)REFERENCES orders(oid),
    FOREIGN KEY(gid)REFERENCES product(gid)
)
```

选中上述代码并执行，结果如图 2.42 所示。

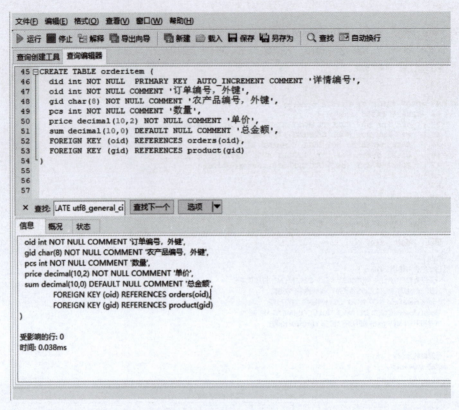

图 2.42　创建 orderitem 表

步骤 9：使用 desc 语句查看数据表结构。

在 Navicat 查询编辑器中输入如下 SQL 语句，查看 customer 客户表等的表结构，如图 2.43~图 2.47 所示。

```
USE freshmarket;
DESC customer;
DESC orders;
DESC product;
DESC supplier;
DESC orderitem;
```

```
10    DESC customer;
```

信息　摘要　结果 1　剖析　状态

Field	Type	Null	Key	Default	Extra
cid	int	NO	PRI	(Null)	auto_increment
cname	varchar(20)	NO		(Null)	
tel	char(11)	NO		(Null)	
address	varchar(50)	NO		(Null)	
level	tinyint	YES		(Null)	
sex	enum('男','女')	YES		(Null)	

图 2.43　查看 customer 表结构

10   DESC orders;

Field	Type	Null	Key	Default	Extra
oid	int	NO	PRI	(Null)	auto_increment
cid	int	NO		(Null)	
date	datetime	NO		(Null)	
total	decimal(10,0)	YES		(Null)	

图 2.44　查看 orders 表结构

13   DESC product;

Field	Type	Null	Key	Default	Extra
gid	char(8)	NO	PRI	(Null)	
gname	varchar(50)	NO		(Null)	
origin	char(50)	NO		(Null)	
type	char(10)	NO		(Null)	
spec	char(10)	NO		(Null)	
price	decimal(10,2)	NO		(Null)	
mfg	date	NO		(Null)	
exp	date	NO		(Null)	
sid	int	NO	MUL	(Null)	

图 2.45　查看 product 表结构

15   DESC supplier;

Field	Type	Null	Key	Default	Extra
sid	int	NO	PRI	(Null)	auto_increment
sname	varchar(50)	NO		(Null)	
address	varchar(100)	NO		(Null)	
tel	char(11)	NO		(Null)	
contacts	varchar(255)	YES		(Null)	

图 2.46　查看 supplier 表结构

16   DESC orderitem;

Field	Type	Null	Key	Default	Extra
did	int	NO	PRI	(Null)	auto_increment
oid	int	NO		(Null)	
gid	char(8)	NO		(Null)	
pcs	int	NO		(Null)	
price	decimal(10,2)	NO		(Null)	
sum	decimal(10,0)	YES		(Null)	

图 2.47　查看 orderitem 表结构

任务3　数据索引

数据索引是数据库管理系统（DBMS）用来提高数据查询速度的一种数据结构。它类似书本的目录，能够快速定位数据的位置。使用索引可以快速找出某个列中的特定行。

【知识讲解】

3.1　索引概述

在关系数据库中，索引主要用于对数据表中一列或多列的值进行排序，使用它可以有效地提高数据库中特定数据的查询速度。

3.1.1　索引概念和特点

索引（Index）是一种辅助数据结构，它是存储在数据库中的特定列或列组合上的排序信息，允许数据库引擎快速查找记录。用于创建索引的列称为索引字段。一个表可以有多个索引，每个索引可以基于一个或多个列。

索引是提高数据库查询性能的关键工具，但它也带来了存储开销和维护复杂性。合理设计和使用索引，可以在查询性能和写操作开销之间取得良好的平衡。

总的来说，索引有以下优点。

提高查询速度：索引使数据库可以快速定位所需数据，减少全表扫描次数，从而显著提高查询性能。由于索引中的数据是有序的，索引可以加快 ORDER BY 和 GROUP BY 操作。

提高联结性能：在表连接操作中，索引可以显著提高联结性能，特别是对于大数据集。

增强数据的唯一性和完整性：例如唯一索引可以确保索引列中的所有值都是唯一的，防止重复数据的出现。主键索引确保每一行都有唯一标识符，增强数据的完整性。

优化查询计划：索引帮助数据库查询优化器，生成更高效的查询计划，从而提高查询执行效率。

创建索引也有许多不利的方面，主要包括以下缺点。

占用额外存储空间：空间开销大。索引需要额外的存储空间来保存索引数据，尤其是在大型表上，索引的存储开销可能会非常大。

影响写性能：插入、更新、删除的开销。每次插入、更新或删除数据时，数据库必须维护索引结构，这会增加这些操作的时间开销，影响写操作的性能。

增加数据库的维护复杂性：索引设计复杂，有效的索引设计需要深入了解数据和查询模式，选择不当的索引策略可能会降低数据库性能。索引需要定期维护和重建，以确保其高效性，这增加了数据库管理的复杂性。

可能降低批量操作性能：在大量数据批量插入或更新操作时，索引的维护可能会导致性能下降，因此在进行批量操作时，有时需要暂时禁用索引。

不适用于所有查询：在低选择性列（如性别、状态等）上创建索引，可能不会显著提高查询性能，因为这些列上的数据重复度高。索引对某些复杂的查询（如模糊查询、计算列上的查询等）效果不明显。

　　总的来说，索引是提高数据库查询性能的重要工具，但它也带来了存储和维护的开销。合理设计和使用索引，可以在查询性能和写操作性能之间取得平衡，从而优化数据库的整体性能。

3.1.2　索引的分类

　　在 MySQL 中，索引是提高数据检索速度的重要工具。MySQL 提供了多种类型的索引，以满足不同的需求和使用场景。以下是 MySQL 索引的主要分类及其特点。

　　（1）主键索引（PRIMARY KEY INDEX），其特点包括：唯一性，即主键索引保证每一行数据都有唯一的标识符；自动创建，即在定义主键时，MySQL 会自动为其创建一个唯一索引。不允许 NULL 即主键列的值不能为空。主键索引主要用于唯一标识表中的记录，确保数据完整性。

　　（2）唯一索引（UNIQUE INDEX），其特点包括：唯一性，即唯一索引保证索引列中的值是唯一的；允许 NULL，即唯一索引的列可以包含 NULL 值（注意：多个 NULL 值被视为不同的值）。唯一索引主要用于确保某列或列组合中的值不重复，如邮箱、用户名等。

　　（3）普通索引（NON-UNIQUE INDEX），其特点包括：无唯一性约束，即普通索引允许列中的值重复；加速查询，即提高对特定列的查询速度。普通索引常用于频繁查询的列，如姓名、城市等。

　　（4）复合索引（COMPOSITE INDEX），其特点包括：基于多个列创建，复合索引包含多个列，可以用于多个条件的查询优化；索引顺序重要，即查询时需要按照索引定义的顺序使用列。复合索引主要用于优化涉及多个列的查询，特别是联合查询。

　　（5）全文索引（FULLTEXT INDEX），其特点包括：主要用于大文本数据的搜索，如文章、评论等；支持 MATCH ...AGAINST 语法，可以进行复杂的文本匹配和排名。全文索引主要用于优化文本搜索，适用于大量文本数据的快速检索。

　　（6）空间索引（SPATIAL INDEX），其特点包括：针对空间数据，即用于 GIS（地理信息系统）数据，如点、线、面等；使用 R-Tree 结构，即优化空间数据的存储和查询。空间索引主要用于优化空间查询，适用于地理位置相关的数据。

　　（7）哈希索引（HASH INDEX），其特点包括：仅用于 Memory 存储引擎，适用于 Memory 引擎中的表；基于哈希表，即提供 O（1）的查找速度，但不支持范围查询。哈希索引主要用于优化等值查询（＝），适用于 Memory 引擎中的高性能需求。

　　（8）聚集索引（CLUSTERED INDEX），其特点包括：数据物理存储顺序，即数据表的物理存储顺序与索引的顺序一致，每个表只能有一个聚集索引，通常是主键索引。聚集索引主要用于提高基于主键的查询性能，适用于需要快速检索连续数据的场景。

　　（9）非聚集索引（NON-CLUSTERED INDEX），其特点包括：独立于数据存储顺序，即索引的顺序与数据的物理存储顺序无关；一个表可以包含多个非聚集索引。非聚集索引主要用于优化特定列的查询性能，适用于多种查询条件的场景。

　　MySQL 提供了多种类型的索引，以满足不同的性能优化需求。合理选择和使用索引类型，可以显著提升数据库的查询性能，同时需要注意索引的维护和优化，以平衡读写性能。

3.1.3 索引设计原则

创建索引可以提高数据查询速度，但设计不合理的索引反而会降低 MySQL 的性能，所以在创建索引时最好能遵循以下原则。

（1）在选择性高的列上创建索引：优先在选择性高的列（列中不同值较多）上创建索引，能够显著提高查询效率。

（2）经常用于查询条件的列：在 WHERE 子句、JOIN 操作、ORDER BY 和 GROUP BY 中频繁使用的列上创建索引，优化这些查询的性能。

（3）避免在频繁更新的列上创建索引：更新操作需要维护索引，在频繁更新的列上创建索引会增加性能开销。对写操作频繁的列，应慎重创建索引。

（4）使用复合索引：对于经常一起使用的多列查询条件，可以创建复合索引（组合索引），但要注意列的顺序，使最左边的列为查询中最常用的列。

（5）限制索引数量：虽然索引能提升查询性能，但索引过多会增加存储开销和维护成本。应根据实际需求创建必要的索引，避免不必要的索引。

（6）考虑索引覆盖：创建能够覆盖查询的索引（即查询所需的所有列都在索引中），减少回表操作，从而提升查询效率。

（7）避免在低选择性列上创建索引：如性别、状态等列，当选择性低（值的重复度高）时，在这些列上创建索引的效果有限，甚至会影响性能。

（8）考虑数据分布和查询模式：根据实际数据分布和查询模式，动态调整索引策略，确保索引设计适应业务需求。

（9）定期维护索引：定期重建和优化索引，清理不再使用的索引，保持索引的高效性。

通过遵循这些设计原则，可以在保证数据库查询性能的同时，降低索引对存储和写操作的影响，实现数据库性能的最佳平衡。

3.2 查看索引

查看索引的语法如下：

```
SHOW INDEX FROM <表名>;
```

例1：查看已创建的表 customer 中的索引，其语法格式如下：

```
SHOW INDEX FROM customer;
```

运行结果如图 2.48 所示。

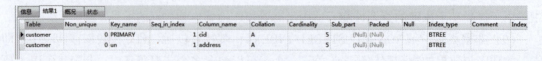

Table	Non_unique	Key_name	Seq_in_index	Column_name	Collation	Cardinality	Sub_part	Packed	Null	Index_type	Comment	Index
▶ customer	0	PRIMARY	1	cid	A	5	(Null)	(Null)		BTREE		
customer	0	un	1	address	A	5	(Null)	(Null)		BTREE		

图 2.48　运行效果图

从图 2.48 中可以看出，当前索引有两个，分别在 cid，address 两列上。其中主要参数的意义如下：

    Table：表示索引所属表。

    Non_unique：表示是否能包含重复值。0 表示不能包含重复值，1 表示可以包含重复值。

    Key_name：表示索引名称。

    Column_name：表示创建索引的字段。

    Sub_part：表示索引长度。

    Packed：表示关键字按什么方式压缩。Null 表示不压缩。

    Null：表示该字段是否为空置。

    Index_type：表示索引的类型。

3.3 创建索引

MySQL 支持多种创建索引的方法：可以在创建表的同时创建索引，也可以在表创建好后再创建索引。

3.3.1 创建表时创建索引

在任务 2 中，我们使用 CREATE TABLE 创建表时，除了可以定义数据类型外，还可以增加各种约束。不管创建哪种约束，在创建的时候就相当于在该列上创建了索引。比如，在创建主键和唯一性约束时，MySQL 会自动为该列创建索引。以 customer 表为例，我们在 cid 列上创建主键，在 address 中创建唯一性约束。那么该表就已经在这两列上创建了索引。

1. 创建普通组合索引

创建在多个字段上的索引叫组合索引，创建组合索引语法如下：

```
CREATE TABLE 表名
  (…
  INDEX 索引名(字段1,字段2,…)
)
```

2. 创建唯一索引

创建索引的主要目的是节省查询索引类操作的执行时间。唯一索引和普通索引不同之处在于：索引列的值必须唯一；如果是组合唯一索引，则列值的组合必须唯一。

语法格式参考创建唯一索引约束。

3. 创建全文索引

全文索引可以用于全文检索，只能在数据类型为 char、varchar、text 的列上创建，且只有当前表的存储引擎为 MyISAM 时才支持全文索引。创建全文索引语法如下：

```
CREATE TABLE 表名
  (…
  FULLTEXT 索引名(字段1)
)
```

4. 创建空间索引

空间索引是对空间数据类型的字段创建索引。空间数据类型有 geometry、point、linestring 和 polygon。MySQL 5.7.4 以上版本，空间索引不能在存储引擎为 MyISAM 的表中创建。创建空间索引字段必须为 NOT NULL。创建空间索引语法如下：

```
CREATE TABLE 表名
  (…
  SPATIAL 索引名(字段 1)
)
```

3.3.2 在已有表中创建索引

当表创建完成后，也可以在表中添加索引，在已有表中创建索引有两种方法，语法如下：

方法一：

```
ALTER TABLE 表名 ADD [UNIQUE|FULLTEXT|SPATIAL] [INDEX|KEY] 索引名(字段名)
```

方法二：

```
CREATE INDEX [UNIQUE|FULLTEXT|SPATIAL] INDEX 索引名 ON 表名(字段名)
```

3.4 删除索引

删除索引是指从数据库表中移除已经存在的索引。此操作可以释放存储空间，并可能提高写操作的性能（插入、更新、删除），但同时也会降低相关查询的性能。

删除索引也有两种方法，语法如下：

方法一：

```
ALTER TABLE 表名 DROP INDEX 索引名；
```

方法二：

```
DROP INDEX 索引名 ON 表名；
```

删除索引需要注意以下几方面：

（1）评估影响：在删除索引之前，应评估其对系统性能的影响，确保删除不会导致查询性能的显著下降。

（2）备份数据：进行删除操作前，最好备份数据库，以防止操作失误导致数据丢失或其他问题。

（3）监控系统：删除索引后，应密切监控系统性能，确保删除索引不会对应用程序的运行产生负面影响。

【任务内容】

1. 为供应商表中的供应商名称创建名为 index01 的普通索引。

2. 为供应商表中的电话创建名为 index02 唯一索引。

3. 为供应商表中的地址创建名为 index03 全文索引。

4. 查看供应商表中的索引。

5. 删除供应商表中名为 index03 的全文索引。

【任务实施】

步骤 1：启动 Navicat，新建查询界面。

步骤 2：完成以下任务。

（1）创建名为 index01 的普通索引。

输入语句：

```
CREATE INDEX index01 ON supplier(sname);
```

运行结果如图 2.49 所示。

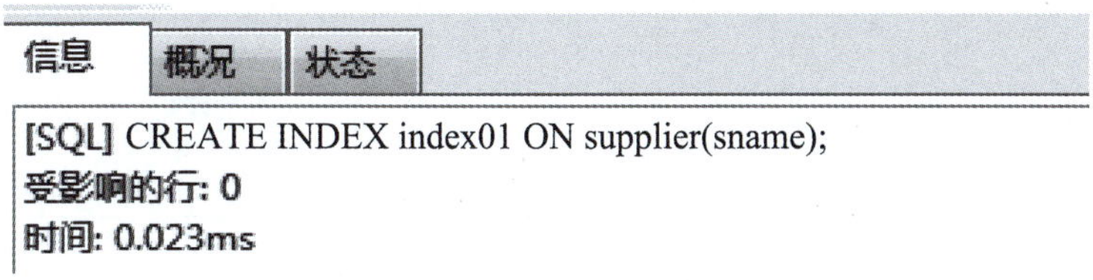

图 2.49　运行结果

（2）创建名为 index02 唯一索引。

输入语句：

```
ALTER TABLE supplier ADD UNIQUE INDEX index02(tel);
```

运行结果如图 2.50 所示。

图 2.50　运行结果

（3）创建名为 index03 的全文索引。

输入语句：

```
CREATE FULLTEXT INDEX index03 ON supplier(address);
```

运行结果如图 2.51 所示。

```
信息    概况    状态

[SQL] CREATE FULLTEXT INDEX index03 ON supplier(address);
受影响的行: 0
时间: 0.435ms
```

图 2.51   运行结果

（4）查看索引。

输入语句：

```
SHOW INDEX FROM supplier;
```

运行结果如图 2.52 所示。

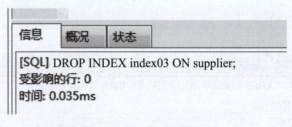

Table	Non_unique	Key_name	Seq_in_index	Column_name	Collation	Cardinality	Sub_part	Packed	Null	Index_type	Comment	Index_comment
supplier	0	PRIMARY	1	sid	A	4	(Null)	(Null)		BTREE		
supplier	0	index02	1	tel	A	4	(Null)	(Null)		BTREE		
supplier	1	index01	1	sname	A	4	(Null)	(Null)		BTREE		
supplier	1	index03	1	address	(Null)	4	(Null)	(Null)		FULLTEXT		

图 2.52   运行结果

（5）删除索引 index03。

输入语句：

```
DROP INDEX index03 ON supplier;
```

运行结果如图 2.53 所示。

```
信息    概况    状态

[SQL] DROP INDEX index03 ON supplier;
受影响的行: 0
时间: 0.035ms
```

图 2.53   运行结果

【知识拓展】

目录是怎么产生的呢？

索引其实就是一种目录，那你知道目录是如何产生的吗？

在中国，目录学有着悠久的历史，最早可追溯到公元前 1 世纪，刘向、刘歆父子整理国家藏书，撰成《七略》，奠定了中国古代目录学的发展基础。

目录学在我国源远流长，汉魏六朝时期关于目录的编撰和目录的研究就形成了一门学问，当时称之为"流略"之学。唐宋时期，随着书目工作实践的发展，开始了比较系统的目录学理论研究。

清代是我国目录学发展的强盛时期，书目类型日益增多，体例更加完善，目录学作为读书的门径和治学的工具受到整个学术界的重视。

目录的产生与发展经历了从古代到现代的不断演变和完善，其含义也从简单的书名、篇章名和内容提要扩展到帮助读者快速查找和定位书籍内容的工具。目录学的建立和发展，特别是刘向、刘歆父子的工作，为中国古典目录学奠定了坚实的基础，并对后世的目录学研究和实践产生了深远的影响。

实践是检验真理的唯一标准

1978年5月11日，《光明日报》发表本报特约评论员文章《实践是检验真理的唯一标准》，由此引发了一场关于真理标准问题的大讨论。

文章指出，检验真理的标准只能是社会实践，理论与实践的统一是马克思主义的一个最基本的原则，任何理论都要不断接受实践的检验。这是从根本理论上对"两个凡是"的否定。

这场讨论冲破了"两个凡是"的严重束缚，推动了全国性的马克思主义思想解放运动，是中国共产党第十一届中央委员会第三次全体会议实现新中国成立以来中国共产党历史上具有深远意义的伟大转折的思想先导，为中国共产党重新确立马克思主义思想路线、政治路线和组织路线，做了重要的理论准备。

要点：

1. 实践是检验真理的唯一标准。

2. 将理论运用到实践。

3. 实事求是，知行合一。

4. 实践出真知。

【思考与练习】

一、单选题

1. 下列关于外键的叙述中，错误的是（　　）。

A. 外键是在一个或一组属性上定义的约束

B. 外键的取值可以为空

C. 外键是所参照关系的主键或唯一性索引的属性列

D. 外键是唯一标识元组的一个或一组属性

2. 在 MySQL 中，NULL 的含义是（　　）。

A. 空串　　　　　　B. 数值 0　　　　　C. 无值　　　　　D. FALSE

3. 下列关于 SQL 的叙述中，正确的是（　　）。

A. SQL 是专供 MySQL 使用的结构化查询语言

B. SQL 是一种过程化语言

C. SQL 是关系数据库的通用查询语言

D. SQL 只能以交互方式对数据库进行操作

4. 在 SQL 语言按功能的分类中，不包括（　　　）。

A. DDL　　　　　　B. DML　　　　　　C. DCL　　　　　　D. DLL

5. 指定一个数据库为当前数据库的 SQL 语句语法格式是（　　　）。

A. CREATE DATABASE db_name;

B. USE db_name;

C. SHOW DATABASE;

D. DROP DATABASE db_name;

6. 下列关于 MySQL 完整性约束的叙述中，正确的是（　　　）。

A. 实体完整性可由主键约束或候选键约束来实现

B. 对完整性约束只能进行添加操作

C. 使用 ALTER TABLE 语句删除完整性约束的同时，会自动删除表本身

D. 使用 DROP TABLE 语句删除一个表的同时，表中的完整性约束不会自动删除

7. 在 MySQL 中，关键字 AUTO_INCREMENT 用于为列设置自增属性，能够设置该属性的数据类型是（　　　）。

A. 字符串类型　　　　　　　　　　B. 日期类型

C. 整型　　　　　　　　　　　　　D. 枚举类型

8. 查看当前正在使用的工作数据库名称的语句是（　　　）。

A. SHOW DATABASE;　　　　　　　B. SHOW TABLES;

C. SELECT DATABASE();　　　　　　D. SHOW SCHEMAS;

9. 在 MySQL 中，下列有关 char 和 varchar 的比较中，不正确的是（　　　）。

A. char 是固定长度的字符类型，varchar 则是可变长度的字符类型

B. 由于 char 固定长度，所以在处理速度上要比 varchar 快，但是会占更多存储空间

C. char 和 varchar 的最大长度都是 255

D. 使用 char 字符类型时，将自动删除末尾的空格

10. 当使用 CREATE DATABASE 命令在 MySQL 中创建数据库时，为避免因数据库同名而出现的错误，通常可在该命令中加入（　　　）。

A. IF NOT EXISTS　　　　　　　　B. NOT EXISTS

C. NOT EXIST　　　　　　　　　　D. NOT EXISTIN

二、填空题

1. 在 MySQL 中，_____语句可以修改数据表结构。

2. 在 MySQL 中，_____语句用于删除数据表。

3. 查看表的结构可以使用_____。

4. 在 MySQL 中，创建一个名为 users 的数据表，包含三个列：id，name 和 age，id 列为自增主键，使用的 SQL 语句是_____。

三、实践操作

1. 某科技公司的智能采购系统即将上线，请你分析表 2.22～表 2.27 的关系，创建一个

名为 Shopping 的数据库，并根据表的关系完成 Shopping 数据库中表的创建。

表 2.22　Employee（员工表）

字段名称	数据类型	长度	是否为空	说明
E_ID	int		no	员工号，主键
E_Name	varchar	50	no	姓名
Sex	enum	2	no	性别，取值为"男"或"女"
BirthDate	datetime		yes	出生日期
HireDate	datetime		yes	聘任日期
Salary	decimal	(6, 2)	yes	工资
D_ID	int		no	部门编号，外键

表 2.23　Department（部门表）

字段名称	数据类型	长度	是否为空	说明
D_ID	int		no	部门编号，主键
D_Name	varchar	30	no	部门名称
Manager	char	8	yes	部门主管
Description	varchar	50	yes	部门描述

表 2.24　Order（订单表）

字段名称	数据类型	长度	是否为空	说明
O_ID	int		no	订单号，主键，自动增长
P_ID	int		yes	产品编号，外键
number	int		yes	订货数量
E_ID	int		yes	员工号，外键
CustomerID	int		yes	客户号，外键
Date	datetime		yes	订单签订日期

表 2.25　Product（商品表）

字段名称	数据类型	长度	是否为空	说明
P_ID	int		no	产品编号，主键
P_Name	varchar	50	no	产品名称
Price	decimal	(18, 2)	yes	产品价格
C_ID	int		yes	类别编号，外键

表 2.26　Customer（客户表）

字段名称	数据类型	长度	是否为空	说明
CustomerID	int		no	客户号，主键
CustomerName	varchar	50	no	公司名称
lianXiRen	char	8	no	联系人的姓名
Phone	char	11	yes	联系电话
address	varchar	100	yes	客户地址
Email	varchar	50	yes	客户 Email 地址

表 2.27　Category（商品类别表）

字段名称	数据类型	长度	是否为空	说明
C_ID	int		no	类别编号，主键
C_Name	varchar	50	no	类别名称

2. 创建完成后，请完成以下操作题。

（1）修改表 Employee，将 E_Name 长度修改为 100。

（2）将表 Customer 中 Phone 设置为唯一性约束。

（3）在表 Employee 中，为 Sex 字段创建一个 DEFAULT 约束，默认值为"男"。

（4）将表 Product 中的 Price 修改为 decimal（8，2）。

（5）在表 Employee 中，添加备注 Remark varchar（255）和年龄 Age，并将 Remark 放最后，Age 移到 Sex 后面。

（6）使用命令复制表 Customer，并取名为 CustomerC。

（7）使用命令复制表 Order，并取名为 OrderC。

（8）在表 Customer 中添加客户座机 Tel char（12）唯一，信誉度 XinYuD tinyint 默认值为 10，邮编 Code char（6）。

（9）创建名为 FK_COid 的外键约束，将表 orderC 中 CustomerID 和表 CustomerC 中 CustomerID 建立联系。

（10）用命令删除表 CustomerC。

项目三

智能农商系统数据访问

数据访问项目是 MySQL 数据库管理系统的一个非常重要的功能。它的目标是优化数据库结构和查询性能，确保高效、准确的数据检索。具体包括：

1. 提升查询效率：通过优化索引、查询语句和数据库设计，缩短查询响应时间。
2. 确保数据准确性和一致性：防止数据冗余和错误，提供可靠的查询结果。
3. 增强用户体验：设计简洁易用的查询界面，支持复杂查询条件和自定义报表生成。
4. 提高安全性：实施权限控制和数据加密，确保数据访问的安全性。
5. 实现实时和历史数据查询：满足用户对最新和历史数据的多样化需求。

项目目标

知识目标：

1. 理解并掌握数据操作的基本概念。
2. 掌握 T-SQL 中的 INSERT、UPDATE、DELETE 语句的语法。
3. 掌握 T-SQL 中 SELECT 语句语法。
4. 熟悉数据之间的依赖关系，并理解数据输入时操作表的先后顺序。

能力目标：

1. 具备利用命令进行数据增、删、改操作的能力。
2. 具备利用 SSMS 进行数据操作的能力。
3. 具备利用命令对数据单表进行基础查询的能力。
4. 具备利用命令对数据单表进行函数查询的能力。
5. 熟悉利用 SSMS 进行数据查询。
6. 具备利用命令对数据单表进行多表连接查询的能力。
7. 具备利用命令对数据单表进行子查询的能力。

素质目标：

1. 具备规范化、标准化的代码编写习惯。
2. 具备学习和总结的能力。
3. 具备良好的沟通能力。

数据插入、更新与删除

数据表创建完成之后，要使用数据库，还需要向数据表中插入数据。如果数据有变化，还需要更新数据。对于一些存放很久的数据或者是做数据处理时的脏数据，还需要进行删除。

本任务将介绍如何向 MySQL 数据表中插入数据、更新数据以及删除数据。

【知识讲解】

1.1 插入数据

在 MySQL 中，通过运用 INSERT 语句，可向表中添加新的数据记录。数据插入有 4 种主要方式：完全插入一条记录、仅插入记录的部分字段、批量插入多条记录，以及导入查询结果。

1. 完全插入一条记录

这种方式涉及插入一条完整的记录，包括表中的所有字段。在这种情况下，你需要提供每个字段的值，或者依赖字段的默认值或自动增量属性。使用基础的 INSERT 语句进行数据添加，需明确指定目标表名及新记录的具体值，其通用格式如下：

```
INSERT INTO 表名 [(字段 1, 字段 2, …, 字段 N)] VALUES (值 1, 值 2, …, 值 N);
```

在此过程中，字段列与数据值的数量需严格一致。对于字符类型的数据，务必使用单引号或双引号将其包围。

示例 1：下面的语句向表 customer 中插入一条完整的记录（'1', '王女士', '18083764622', '成都市温江区大学城', '1', '女'），如图 3.1 所示。

```
INSERT INTO customer(cid,cname,tel,address,level,sex) VALUES ('1','王女士',
'1808376462X','成都市温江区大学城','1','女');
```

上述 SQL 语句中，需要注意 VALUES 后面括号内的值一定要与 customer 表名后面的字段数量一样，且对应关系一致，同时，插入数据的值还需要跟对应字段的数据类型一致，否则会报错。

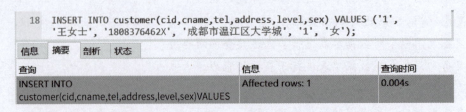

图 3.1 向表 customer 插入一条完整记录

在 Navicat 左侧导航中，选中表 customer，右击，在弹出的快捷菜单中单击"打开表"命令，可以查看表 customer 中的数据，如图 3.2、图 3.3 所示。

图 3.2　"打开表"命令

cid	cname	tel	address	level	sex
1	王女士	1808376462X	成都市温江区大学城	1	女
2	刘先生	1738277463X	成都市温江区德通桥	1	男
3	陈女生	1637847264X	成都市温江区花都大道	2	女
4	李女生	1388726374X	成都市温江区体育馆	3	女
5	黄女士	1898375683X	成都市温江区国色天乡	3	女

图 3.3　表 customer 数据

由于表 customer 中的客户编号 cid 字段设置为自动增长，且初始值为 6，所以，插入一条完整的记录也可以使用如下 SQL 语句：

```
INSERT INTO customer(cname,tel,address,level,sex) VALUES ('帅先生','1848376462X',
'成都市青羊区蔡桥街道','2','男');
```

执行后的结果如图 3.4 所示。

cid	cname	tel	address	level	sex
1	王女士	1808376462X	成都市温江区大学城	1	女
2	刘先生	1738277463X	成都市温江区德通桥	1	男
3	陈女生	1637847264X	成都市温江区花都大道	2	女
4	李女生	1388726374X	成都市温江区体育馆	3	女
5	黄女士	1898375683X	成都市温江区国色天乡	3	女
6	帅先生	1848376462X	成都市青羊区蔡桥街道	2	男

图 3.4　执行结果

2. 仅插入记录的部分字段

有时你可能只想插入部分字段的值，让其他字段使用默认值或者 NULL。在这种情况下，只需要在 INSERT INTO 语句中列出你想插入的字段即可。

语法格式如下，那些可以为空值或者有默认值的字段不需要出现在<表名>后面的字段列表中，这种方式针对一个含有很多字段数且很多为空值或者有默认值的情况，非常简洁和方便。

> INSERT INTO <表名> [(字段 1, 字段 2, …, 字段 N)] VALUES (值 1, 值 2, …, 值 N);

例如，表 customer 的客户性别信息默认值为空（NULL），在插入数据时，可以不在此字段插入内容。这样，SQL 语句更加简洁，只需显示写入 4 个字段的信息。SQL 语句如下：

> INSERT INTO customer(cname,tel,address,level) VALUES ('糖果','1808376463X','成都市','3');

如图 3.5 所示，可以看到名为"糖果"的客户的性别为"Null"。

cid	cname	tel	address	level	sex
1	王女士	1808376462X	成都市温江区大学城	1	女
2	刘先生	1738277463X	成都市温江区德通桥	1	男
3	陈女生	1637847264X	成都市温江区花都大道	2	女
4	李女生	1388726374X	成都市温江区体育馆	3	女
5	黄女士	1898375683X	成都市温江区国色天乡	3	女
6	帅先生	1848376462X	成都市青羊区蔡桥街道	2	男
7	糖果	1808376463X	成都市	3	(Null)

图 3.5 不显示插入默认值的字段

3. 批量插入多条记录

当需要插入多条记录时，可以使用 INSERT 语句来插入多行数据，这样可以提高效率。批量插入多条记录的语法格式如下：

> INSERT INTO <表名> [(字段 1, 字段 2, …, 字段 N)]
> VALUES
> (值 1, 值 2, …, 值 N),
> (值 1, 值 2, …, 值 N),
> ……
> (值 1, 值 2, …, 值 N);

注意，每条记录之间用逗号隔开，最后一条记录后面不能输入逗号，否则会报错。

执行下面的 SQL 语句可以向表 customer 中批量插入 4 条记录，结果如图 3.6 所示。

> INSERT INTO customer(cname,tel,address,level) VALUES
> ('玉米','1692876463X','成都市','1'),
> ('花生','1352876463X','成都市','2'),

```
('香蕉','1562876463X','成都市','3' ),
('芒果','1992876463X','成都市','2' );
```

图 3.6　批量插入数据

查询插入表 customer 数据结果如图 3.7 所示。

图 3.7　查询插入表 **customer** 数据结果

4. 导入查询结果

最后一种方式是从一个查询的结果中导入数据到另一个表中，这通常用于数据迁移或数据整合。其语法格式如下：

```
INSERT INTO <目标表名> (目标字段列表) SELECT (源字段列表) FROM <源表名> WHERE 条件;
```

其中，目标字段列表与源字段列表的字段数量与数据类型需相匹配，WHERE 子句用于限定查询条件。

使用下面的 SQL 语句快速创建一个与表 customer 表结构一样的表 customer_new2。

```
CREATE TABLE customer_new2 like customer;
```

再通过下面的 SQL 语句将表 customer 的查询结果导入表 customer_new2 中，结果如图 3.8 所示。

```
INSERT INTO customer_new2(cname,tel,address,level) SELECT cname,tel,address,
level FROM customer WHERE cid=6;
```

图 3.8　查询导入数据

1.2　更新数据

数据表插入数据后，即可执行数据更新任务。在 MySQL 中，UPDATE 语句用于修改表中的记录，无论是单行还是多行均可处理，其基本结构如下：

```
UPDATE <表名> SET 字段 1 = 新值 1, 字段 2 = 新值 2, …, 字段 N = 新值 N [WHERE 条件];
```

可同时更新多个字段，WHERE 子句用于精确指定待更新的记录。若省略 WHERE 子句，将导致表中所有记录被统一更新。

例如，需要将 cid 为 7 的客户性别修改"女"，可以执行如下 SQL 语句，结果如图 3.9 所示。

```
UPDATE customer SET sex='女' WHERE cid=7;
```

图 3.9　UPDATE 更新数据

如果没有 WHERE 条件子句，那么，下面的 SQL 语句会将所有客户的性别都设置为"女"，结果如图 3.10 所示。

```
UPDATE customer SET sex='女';
```

如图 3.10 所示，所有客户的性别均被设置为"女"。因此，在进行数据更新时，一定要确定更新数据的条件，避免出错。

图 3.10　更新后数据

1.3　删除数据

删除数据表中的数据可以采用几种不同的方法，具体取决于你想要删除多少数据以及数据的具体情况。以下是几种常用的删除数据的方法。

1. 使用 DELETE 语句删除特定数据

当你需要根据某些条件删除数据时，可以使用 DELETE 语句。基本语法如下：

```
DELETE FROM <表名>  WHERE <条件>;
```

其中 <表名> 是你要删除数据的表名，<条件> 是一个布尔表达式，用于指定哪些行应该被删除。例如，下面的 SQL 语句实现将表 customer 中等级为 3 的记录删除，结果如图 3.11 所示。

```
DELETE FROM customer WHERE level=3
```

图 3.11　DELETE 删除特定数据

2. 使用 DELETE 语句删除所有数据

虽然不推荐用于大规模删除，但在某些情况下，你也可以使用 DELETE 语句删除所有行：

```
DELETE FROM customer;
-- 查询 customer 表数据
SELECT * FORM customer;
```

上面的 SQL 语句执行之后，表 customer 中的所有 5 行记录都已删除，如图 3.12、图 3.13 所示。

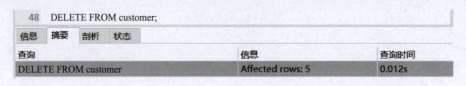

图 3.12 执行删除语句

49	SELECT * FROM customer;

| 信息 | 摘要 | 结果 1 | 剖析 | 状态 |

cid	cname	tel	address	level	sex
(N/A)	(N/A)	(N/A)	(N/A)	(N/A)	(N/A)

图 3.13 表 customer 数据

注意：这种方式会删除所有数据，而且速度较慢，因为它会记录每行的删除动作。同时，也比较危险，删除操作之前一定要确认删除的条件。

3. 使用 TRUNCATE TABLE 删除所有数据

如果你想删除表中的所有数据，但保留表结构不变，可以使用 TRUNCATE TABLE 语句。它比 DELETE 更快，因为不记录事务日志，也不激活触发器。

```
TRUNCATE TABLE <表名>;
```

注意：TRUNCATE TABLE 是不可逆的，使用时需谨慎。

4. 使用 DROP 命令删除数据

在 MySQL 中，DROP TABLE 和 DELETE 语句虽然都涉及数据或表的删除，但它们的功能和使用场景是不同的。

DROP TABLE 语句用于完全删除一个表，包括表的结构（定义）、表中的所有数据、索引、约束等所有与该表相关的元数据。

```
DROP TABLE <表名>;
```

DROP 特点：

①彻底删除，无法通过简单的回滚来恢复数据。

②如果表被其他对象引用（如外键），则需要先删除或修改这些依赖项才能执行 DROP TABLE。

③DROP 是一种 DDL（Data Definition Language）操作，会自动提交事务。

DELETE 特点：

①只删除数据，表的结构和其他元数据保持不变。

②可以有条件的删除，比如 DELETE FROM table_name WHERE id>100。

③DELETE 是一种 DML（Data Manipulation Language）操作，可以被回滚，除非是在一个非回滚事务中执行。

④DELETE 可能会触发触发器，影响性能，因为它会记录每一条被删除的行的日志。

【任务内容】

项目组完成 freshmarket 项目数据表的开发后，需要向客户表、订单表、产品表、订单详情表、供应商表插入初始数据，并根据营业情况，将客户信息、订单信息、供应商信息进行实时更新。对于操作错误或者不需要的数据进行删除。如何实现这些数据的插入、更新和删除呢？

【任务实施】

步骤 1：使用 INSERT 语句向表中插入数据

在 Navicat 查询编辑器中输入如下 SQL 语句，向 freshmarket 数据库的 customer 客户表中插入数据。

```
USE freshmarket;
-------------------------------
-- Records of customer
-------------------------------
INSERT INTO 'customer' VALUES ('1','王女士','1808376462X','成都市温江区大学城','1',
NULL);
INSERT INTO 'customer' VALUES ('2','刘先生','1738277463X','成都市温江区德通桥','1',
NULL);
INSERT INTO 'customer' VALUES ('3','陈女士','1637847264X','成都市温江区花都大道','2',
NULL);
INSERT INTO 'customer' VALUES ('4','李女士','1388726374X','成都市温江区体育馆','3',
NULL);
INSERT INTO 'customer' VALUES ('5','黄女士','1898375683X','成都市温江区国色天乡','3',
NULL);
```

选中上述代码，执行插入数据。再使用下面的 SQL 语句查看表 customer 中的数据，结果如图 3.14 所示。

```
SELECT * FROM customer;
```

信息	摘要	结果 1	剖析	状态

cid	cname	tel	address	level	sex
1	王女士	18083764	成都市温江区大学城	1	(Null)
2	刘先生	17382774	成都市温江区德通桥	1	(Null)
3	陈女士	16378472	成都市温江区花都大道	2	(Null)
4	李女士	13887263	成都市温江区体育馆	3	(Null)
5	黄女士	18983756	成都市温江区国色天乡	3	(Null)

图 3.14　表 customer 数据

在 Navicat 查询编辑器中输入如下 SQL 语句，向 freshmarket 数据库的 orders 订单表中插入数据。

```
USE freshmarket;

------------------------------
-- Records of orders
------------------------------
INSERT INTO 'orders' VALUES ('19257621', '5', '2023-06-16 10:48:57', NULL);
INSERT INTO 'orders' VALUES ('19257622', '2', '2023-06-16 10:49:13', NULL);
INSERT INTO 'orders' VALUES ('19257623', '3', '2023-06-16 10:49:21', NULL);
INSERT INTO 'orders' VALUES ('19257624', '1', '2023-06-16 10:49:36', NULL);
INSERT INTO 'orders' VALUES ('19257625', '5', '2023-06-15 10:49:44', NULL);
INSERT INTO 'orders' VALUES ('19257626', '3', '2023-06-15 09:49:53', NULL);
INSERT INTO 'orders' VALUES ('19257627', '2', '2023-06-15 08:50:15', NULL);
INSERT INTO 'orders' VALUES ('19257628', '5', '2023-06-14 11:50:30', NULL);
INSERT INTO 'orders' VALUES ('19257629', '2', '2023-06-14 08:50:41', NULL);
INSERT INTO 'orders' VALUES ('19257630', '5', '2023-06-13 07:50:51', NULL);
```

选中上述代码，执行插入数据。再使用下面的 SQL 语句查看表 orders 中的数据，结果如图 3.15 所示。

```
SELECT * FROM orders;
```

oid	cid	date	total
19257621	5	2023-06-16 10:48:57	(Null)
19257622	2	2023-06-16 10:49:13	(Null)
19257623	3	2023-06-16 10:49:21	(Null)
19257624	1	2023-06-16 10:49:36	(Null)
19257625	5	2023-06-15 10:49:44	(Null)
19257626	3	2023-06-15 09:49:53	(Null)
19257627	2	2023-06-15 08:50:15	(Null)
19257628	5	2023-06-14 11:50:30	(Null)
19257629	2	2023-06-14 08:50:41	(Null)
19257630	5	2023-06-13 07:50:51	(Null)

图 3.15　表 orders 数据

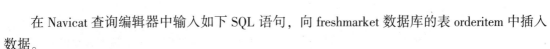

在 Navicat 查询编辑器中输入如下 SQL 语句，向 freshmarket 数据库的表 orderitem 中插入数据。

```
USE freshmarket;
------------------------------
-- Records of orderitem
------------------------------
INSERT INTO 'orderitem' VALUES ('1' , '19257621', 'S0397622', '1', '4.80', null);
INSERT INTO 'orderitem' VALUES ('2' , '19257621', 'G0365210', '1', '1.99', null);
INSERT INTO 'orderitem' VALUES ('3' , '19257621', 'G0365209', '2', '4.56', null);
INSERT INTO 'orderitem' VALUES ('4' , '19257622', 'S0297603', '1', '1.99', null);
INSERT INTO 'orderitem' VALUES ('5' , '19257622', 'G0365213', '2', '3.99', null);
INSERT INTO 'orderitem' VALUES ('6' , '19257622', 'R0376217', '1', '16.90', null);
INSERT INTO 'orderitem' VALUES ('7' , '19257622', 'G0365213', '1', '3.99', null);
INSERT INTO 'orderitem' VALUES ('8' , '19257623', 'S0397621', '5', '2.30', null);
INSERT INTO 'orderitem' VALUES ('9' , '19257624', 'S0297603', '1', '1.99', null);
INSERT INTO 'orderitem' VALUES ('10', '19257624', 'S0297605', '2', '5.58', null);
INSERT INTO 'orderitem' VALUES ('11', '19257624', 'S0297606', '1', '2.88', null);
INSERT INTO 'orderitem' VALUES ('12', '19257624', 'Y0374224', '1', '22.80', null);
INSERT INTO 'orderitem' VALUES ('13', '19257625', 'R0376216', '1', '13.90', null);
INSERT INTO 'orderitem' VALUES ('14', '19257625', 'S0297603', '1', '1.99', null);
INSERT INTO 'orderitem' VALUES ('15', '19257626', 'S0397622', '1', '4.80', null);
INSERT INTO 'orderitem' VALUES ('16', '19257627', 'S0297604', '1', '3.99', null);
INSERT INTO 'orderitem' VALUES ('17', '19257627', 'S0297603', '1', '1.99', null);
INSERT INTO 'orderitem' VALUES ('18', '19257627', 'S0297605', '1', '5.58', null);
INSERT INTO 'orderitem' VALUES ('19', '19257627', 'G0365214', '1', '5.00', null);
INSERT INTO 'orderitem' VALUES ('20', '19257627', 'R0376218', '1', '35.80', null);
INSERT INTO 'orderitem' VALUES ('21', '19257627', 'G0365212', '1', '6.90', null);
INSERT INTO 'orderitem' VALUES ('22', '19257628', 'G0365211', '1', '9.90', null);
INSERT INTO 'orderitem' VALUES ('23', '19257628', 'R0376219', '1', '9.90', null);
INSERT INTO 'orderitem' VALUES ('24', '19257629', 'Q0384521', '1', '9.90', null);
INSERT INTO 'orderitem' VALUES ('25', '19257629', 'S0397621', '2', '2.30', null);
INSERT INTO 'orderitem' VALUES ('26', '19257630', 'S0297604', '1', '3.99', null);
```

选中上述代码，执行插入数据。再使用下面的 SQL 语句查看表 orderitem 中的数据，部分数据截图如图 3.16 所示。

```
SELECT * FROM orderitem;
```

did	oid	gid	pcs	price	sum
4	19257622	S0297603	1	1.99	(Null)
5	19257622	G0365213	2	3.99	(Null)
6	19257622	R0376217	1	16.90	(Null)
7	19257622	G0365213	1	3.99	(Null)
8	19257623	S0397621	5	2.30	(Null)
9	19257624	S0297603	1	1.99	(Null)
10	19257624	S0297605	2	5.58	(Null)
11	19257624	S0297606	1	2.88	(Null)
12	19257624	Y0374224	1	22.80	(Null)
13	19257625	R0376216	1	13.90	(Null)
14	19257625	S0297603	1	1.99	(Null)
15	19257626	S0397622	1	4.80	(Null)
16	19257627	S0297604	1	3.99	(Null)
17	19257627	S0297603	1	1.99	(Null)
18	19257627	S0297605	1	5.58	(Null)
19	19257627	G0365214	1	5.00	(Null)
20	19257627	R0376218	1	35.80	(Null)
21	19257627	G0365212	1	6.90	(Null)
22	19257628	G0365211	1	9.90	(Null)
23	19257628	R0376219	1	9.90	(Null)
24	19257629	Q0384521	1	9.90	(Null)
25	19257629	S0397621	2	2.30	(Null)
26	19257630	S0297604	1	3.99	(Null)

图 3.16 表 orderitem 数据（部分截图）

在 Navicat 查询编辑器中输入如下 SQL 语句，向 freshmarket 数据库的表 product 中插入数据。

```
USE freshmarket;
------------------------------
-- Records of product
------------------------------
INSERT INTO 'product' VALUES ('G0365208','水蜜桃','成都','水果','400g','3.83','2023-
06-16','2023-06-18','3');
INSERT INTO 'product' VALUES ('G0365209','脱骨李','成都','水果','400g','4.56','2023-
06-16','2023-06-21','3');
INSERT INTO 'product' VALUES ('G0365210','千禧小番茄','成都','水果','200g','1.99','
2023-06-16','2023-06-18','3');
```

INSERT INTO 'product' VALUES ('G0365211','车厘子','汉源','水果','250g','9.90','2023-06-15','2023-06-17','4');

INSERT INTO 'product' VALUES ('G0365212','巨峰葡萄','成都','水果','250g','6.90','2023-06-15','2023-06-18','3');

INSERT INTO 'product' VALUES ('G0365213','黄杏','成都','水果','250g','3.99','2023-06-15','2023-06-18','3');

INSERT INTO 'product' VALUES ('G0365214','青红脆李','成都','水果','250g','5.99','2023-06-16','2023-06-18','3');

INSERT INTO 'product' VALUES ('G0365215','脆红李','攀枝花','水果','250g','4.99','2023-06-15','2023-06-21','4');

INSERT INTO 'product' VALUES ('Q0384520','乌骨鸡','成都','禽类','450g','27.80','2023-06-16','2023-06-16','2');

INSERT INTO 'product' VALUES ('Q0384521','三黄鸡','成都','禽类','500g','9.90','2023-06-16','2023-06-16','2');

INSERT INTO 'product' VALUES ('Q0384522','鸡翅','成都','禽类','500g','8.90','2023-06-16','2023-06-16','2');

INSERT INTO 'product' VALUES ('R0376216','五花肉','成都','肉类','350g','13.90','2023-06-16','2023-06-16','2');

INSERT INTO 'product' VALUES ('R0376217','精品排骨','成都','肉类','400g','19.90','2023-06-16','2023-06-16','2');

INSERT INTO 'product' VALUES ('R0376218','牛腩','成都','肉类','300g','35.80','2023-06-16','2023-06-16','2');

INSERT INTO 'product' VALUES ('R0376219','猪前排','成都','肉类','400g','9.90','2023-06-16','2023-06-16','2');

INSERT INTO 'product' VALUES ('S0297603','黄瓜','四川','蔬菜','500g','1.99','2023-06-16','2023-06-17','1');

INSERT INTO 'product' VALUES ('S0297604','苦瓜','四川','蔬菜','500g','3.99','2023-06-16','2023-06-17','1');

INSERT INTO 'product' VALUES ('S0297605','西红柿','成都','蔬菜','500g','5.58','2023-06-16','2023-06-18','1');

INSERT INTO 'product' VALUES ('S0297606','玉米','成都','蔬菜','500g','2.88','2023-06-15','2023-06-19','1');

INSERT INTO 'product' VALUES ('S0297607','番茄','攀枝花','蔬菜','500g','6.99','2023-06-14','2023-06-19','4');

INSERT INTO 'product' VALUES ('S0397621','土豆','四川','蔬菜','500g','2.30','2023-06-16','2023-06-29','1');

INSERT INTO 'product' VALUES ('S0397622','空心菜','四川','蔬菜','500g','4.80','2023-06-15','2023-06-17','1');

```
    INSERT INTO 'product' VALUES ('Y0374223','活虾','成都','水产','250g','19.90','2023-
06-16','2023-06-16','1');
    INSERT INTO 'product' VALUES ('Y0374224','鲈鱼','成都','水产','400g','22.80','2023-
06-16','2023-06-16','1');
    INSERT INTO 'product' VALUES ('Y0374225','草鱼','成都','水产','500g','7.50','2023-
06-16','2023-06-16','1');
    INSERT INTO 'product' VALUES ('Y0374226','小龙虾','成都','水产','500g','18.80','2023-
06-16','2023-06-16','1');
```

选中上述代码，执行插入数据。再使用下面的 SQL 语句查看表 product 中的数据，部分数据截图如图 3.17 所示。

```
SELECT * FROM  product;
```

gid	gname	origin	type	spec	price	mfg	exp	sid
G0365208	水蜜桃	成都	水果	400g	3.83	2023-06-16	2023-06-18	3
G0365209	脱骨李	成都	水果	400g	4.56	2023-06-16	2023-06-21	3
G0365210	千禧小番茄	成都	水果	200g	1.99	2023-06-16	2023-06-18	3
G0365211	车厘子	汉源	水果	250g	9.90	2023-06-15	2023-06-17	4
G0365212	巨峰葡萄	成都	水果	250g	6.90	2023-06-15	2023-06-18	3
G0365213	黄杏	成都	水果	250g	3.99	2023-06-16	2023-06-18	3
G0365214	青红脆李	成都	水果	250g	5.99	2023-06-16	2023-06-18	3
G0365215	脆红李	攀枝花	水果	250g	4.99	2023-06-15	2023-06-21	4
Q0384520	乌骨鸡	成都	禽类	450g	27.80	2023-06-16	2023-06-16	2
Q0384521	三黄鸡	成都	禽类	500g	9.90	2023-06-16	2023-06-16	2
Q0384522	鸡翅	成都	禽类	500g	8.90	2023-06-16	2023-06-16	2
R0376216	五花肉	成都	肉类	350g	13.90	2023-06-16	2023-06-16	2
R0376217	精品排骨	成都	肉类	400g	19.90	2023-06-16	2023-06-16	2
R0376218	牛腩	成都	肉类	300g	35.80	2023-06-16	2023-06-16	2
R0376219	猪前排	成都	肉类	400g	9.90	2023-06-16	2023-06-16	2
S0297603	黄瓜	四川	蔬菜	500g	1.99	2023-06-16	2023-06-17	1
S0297604	苦瓜	四川	蔬菜	500g	3.99	2023-06-16	2023-06-16	1
S0297605	西红柿	成都	蔬菜	500g	5.58	2023-06-16	2023-06-18	1
S0297606	玉米	成都	蔬菜	500g	2.88	2023-06-15	2023-06-19	1
S0297607	番茄	攀枝花	蔬菜	500g	6.99	2023-06-14	2023-06-19	4
S0397621	土豆	四川	蔬菜	500g	2.30	2023-06-16	2023-06-29	1
S0397622	空心菜	四川	蔬菜	500g	4.80	2023-06-15	2023-06-17	1
Y0374223	活虾	成都	水产	250g	19.90	2023-06-16	2023-06-16	1

图 3.17　表 product 数据（部分截图）

在 Navicat 查询编辑器中输入如下 SQL 语句，向 freshmarket 数据库的表 supplier 中插入数据。

```
USE freshmarket;
--------------------------------
-- Records of supplier
--------------------------------
INSERT INTO 'supplier' VALUES ('1','崇州园区种植基地','崇州羊马镇五星村','1399276358X',
'王海');
```

```
    INSERT INTO 'supplier' VALUES ('2','葛仙山园区养殖基地','彭州市葛仙山','1807653826X','
朱明荀');
    INSERT INTO 'supplier' VALUES ('3','温江园区农产基地','温江区柳城镇','1772653625X','
刘信爱');
    INSERT INTO 'supplier' VALUES ('4','蜀瀚农产品公司','成都市成华大道227号','1597365482X',
'肖信念');
```

选中上述代码，执行插入数据。再使用下面的 SQL 语句查看表 supplier 中的数据，结果如图 3.18 所示。

```
SELECT * FROM supplier;
```

sid	sname	address	tel	contacts
1	崇州园区种	崇州羊马镇五星村	13992763	王海
2	葛仙山园区	彭州市葛仙山	18076538	朱明荀
3	温江园区农	温江区柳城镇	17726536	刘信爱
4	蜀瀚农产品	成都市成华大道227号	15973654	肖信念

图 3.18　表 supplier 数据

步骤 2：使用 UPDATE 语句更新表数据。

在 Navicat 查询编辑器中输入如下 SQL 语句，将"崇州园区种植基地"供应商的联系人进行更新，结果如图 3.19 所示。

```
USE freshmarket;
UPDATE supplier SET contacts='王经理';
```

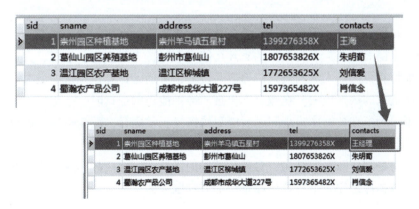

图 3.19　运行结果

步骤 3：使用 DELETE 语句删除表数据。

在 Navicat 查询编辑器中输入如下 SQL 语句，将 freshmarket 数据库中表 product 中失效日期为"2023-06-16"的数据删除，结果如图 3.20 所示。

```
USE freshmarket;
DELETE FROM product WHERE exp='2023-06-16';
```

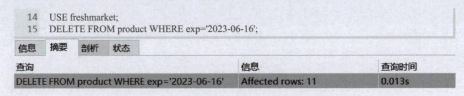

| 14 | USE freshmarket; |
| 15 | DELETE FROM product WHERE exp='2023-06-16'; |

信息	摘要	剖析	状态

查询	信息	查询时间
DELETE FROM product WHERE exp='2023-06-16'	Affected rows: 11	0.013s

图 3.20　运行结果

删除后，表 product 中只剩下 15 条记录，如图 3.21 所示。

gid	gname	origin	type	spec	price	mfg	exp	sid
G0365208	水蜜桃	成都	水果	400g	3.83	2023-06-16	2023-06-18	3
G0365209	脱骨李	成都	水果	400g	4.56	2023-06-16	2023-06-21	3
G0365210	千禧小番茄	成都	水果	200g	1.99	2023-06-16	2023-06-18	3
G0365211	车厘子	汉源	水果	250g	9.90	2023-06-15	2023-06-17	4
G0365212	巨峰葡萄	成都	水果	250g	6.90	2023-06-15	2023-06-18	3
G0365213	黄杏	成都	水果	250g	3.99	2023-06-16	2023-06-18	3
G0365214	青红脆李	成都	水果	250g	5.99	2023-06-16	2023-06-18	3
G0365215	脆红李	攀枝花	水果	250g	4.99	2023-06-15	2023-06-21	4
S0297603	黄瓜	四川	蔬菜	500g	1.99	2023-06-16	2023-06-17	1
S0297604	苦瓜	四川	蔬菜	500g	3.99	2023-06-16	2023-06-17	1
S0297605	西红柿	成都	蔬菜	500g	5.58	2023-06-16	2023-06-18	1
S0297606	玉米	成都	蔬菜	500g	2.88	2023-06-15	2023-06-19	1
S0297607	番茄	攀枝花	蔬菜	500g	6.99	2023-06-14	2023-06-19	4
S0397621	土豆	四川	蔬菜	500g	2.30	2023-06-16	2023-06-29	1
S0397622	空心菜	四川	蔬菜	500g	4.80	2023-06-15	2023-06-17	1

图 3.21　删除后表中数据

任务 2　数据备份

在数据库日常管理维护过程中，可能出现数据丢失或误操作删除的情况，一些重要数据的破坏将会带来巨大的损失。对数据的破坏可能是不可抗力因素，如地震、火灾等；可能是人为因素，如计算机操作人员的失误、黑客入侵等；可能是计算机系统的崩溃，磁盘的损坏等；或是程序造成的数据损失。在数据库出现故障不能正常运行时，会造成重大的经济损失和严重的后果。为了在数据库出现问题后能尽快恢复正常运行，减少损失，需要在日常管理中做好数据库备份，利用数据库备份还原数据库。

数据库备份是制作数据库结构、对象和数据的拷贝，以便在数据库遭到破坏的时候能够修复数据库。数据库还原是指将数据库备份加载到服务器中去。

【知识讲解】

2.1　使用图形工具 Navicat 进行备份、还原

2.1.1　备份数据库

在 Navicat 左侧的导航中，展开需要备份的数据库，选择"备份"，如图 3.22 所示。

图 3.22　在 Navicat 主界面选择"备份"

　　单击"新建备份"按钮，弹出"新建备份"对话框，如图 3.23 所示。在"常规"选项卡中，描述了本次备份的服务器和数据库名称，在"注释"文本框中填写关于本次备份的信息。

图 3.23　"新建备份"对话框

如图 3.24 所示，在"对象选择"选项卡中，可以对当前数据库中的对象——表、视图、函数、事件进行选择，即对某些对象进行备份。

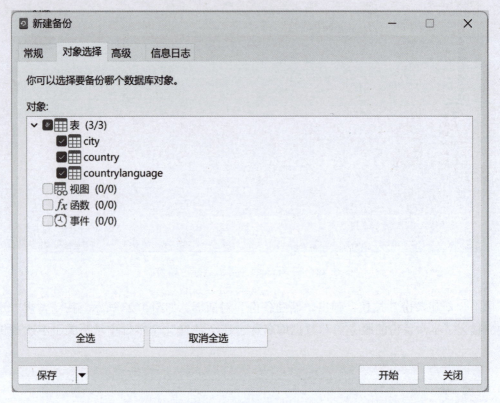

图 3.24 "对象选择"选项卡

在"高级"选项卡中，有 3 个复选框。勾选"锁定全部表"复选框，表示可以将当前数据库中的所有表锁定，不允许访问及修改，方便对表进行备份或还原；勾选"使用单一事务（只限 InnoDB）"复选框，表示将当前数据库设置为单一事务模式，但仅在当前数据库是 InnoDB 模式时可用；勾选"使用指定文件名"复选框，可在下方的文本框中设置当前备份文件的文件名，如图 3.25 所示。

单击"开始"按钮，执行备份操作，如图 3.26 所示，本次备份顺利完成。单击"关闭"按钮，结束本次操作。

在 Navicat 主界面，可以看到本次备份的备份文件，如图 3.27 所示，备份结束。

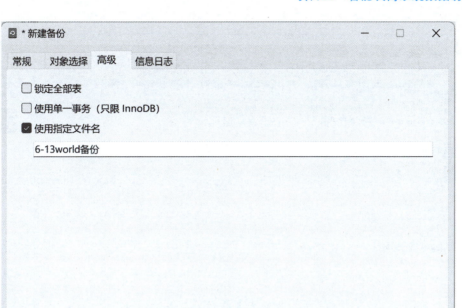

图 3.25　"高级"选项卡

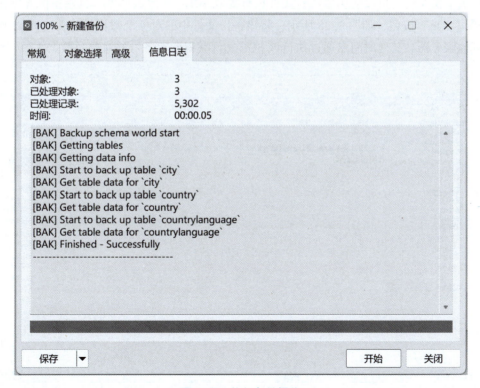

图 3.26　执行备份操作

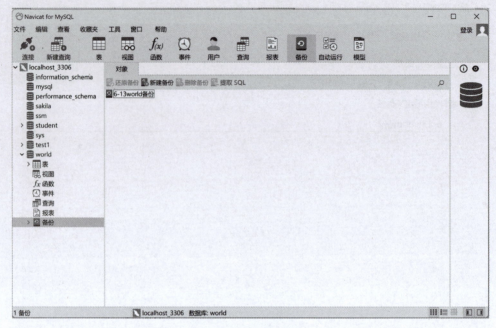

图 3.27 备份文件

2.1.2 提取 SQL

单击备份文件，可以使用该备份文件执行提取 SQL、还原数据库、删除备份等操作。单击 "提取 SQL" 按钮，如图 3.28 所示，将该备份文件中的对象及数据转换为 SQL 文件，可以在其他服务器、其他时间点通过执行该 SQL 文件获得此次备份的对象及数据。

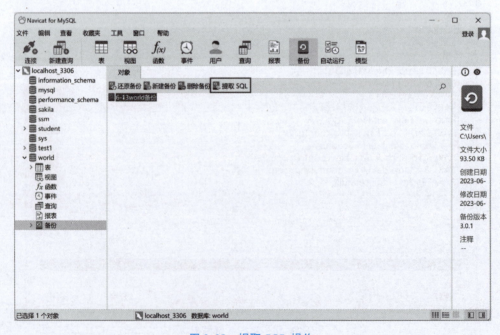

图 3.28 提取 SQL 操作

弹出"6-13world 备份-提取 SQL"对话框，如图 3.29 所示，单击"开始"按钮。

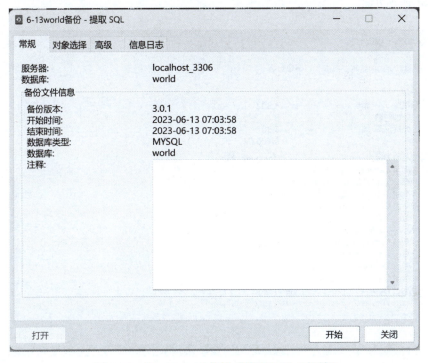

图 3.29　"6-13world 备份-提取 SQL"对话框

弹出"另存为"对话框，选择提取后的 SQL 文件保存路径，单击"保存"按钮，执行从备份文件中提取备份对象及数据转换为 SQL 语句的操作，如图 3.30 所示。

图 3.30　选择 SQL 文件的保存路径

提取 SQL 操作完成后，可以在该对话框中看到提取 SQL 操作的信息，了解操作是否成功，如图 3.31 所示。

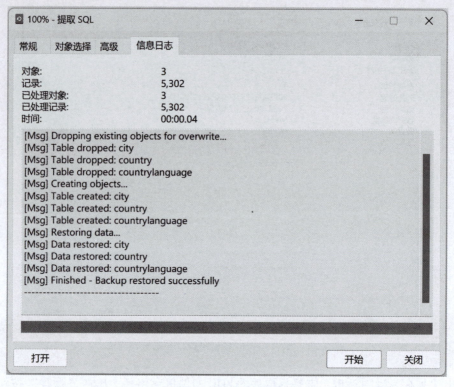

图 3.31　完成提取 SQL

可以到 SQL 文件的保存位置，使用记事本或写字板程序打开 SQL 文件。可以看到对 world 数据库中表及数据的 SQL 语句，如图 3.32 所示。

2.1.3　还原数据库

还原数据库之前，删除 world 数据库中的表 city，模拟数据丢失。如图 3.33 所示，在表对象中，选择表 city，单击"删除表"按钮，删除表 city。

下面使用上一步骤中的备份文件还原数据库。在 Navicat 主界面，选择用于还原的备份文件，单击"还原备份"按钮，如图 3.34 所示，开始还原。

在弹出的"6-13world 备份-还原备份"对话框中，显示该备份的服务器、数据库、开始时间等信息，如图 3.35 所示，注意在执行本次还原备份操作时，当前登录的用户账户需要具备 CREATE、DROP 及 INSERT 权限。

选择"对象选择"选项卡，在该选项卡中可以选择需要还原的对象，可以全部还原，也可以部分还原，比如 world 数据库中丢失了表 city，可以选择表 city，仅还原表 city，如图 3.36 所示。

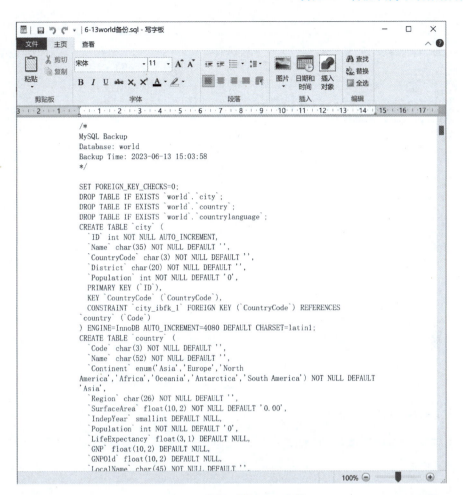

图 3.32　提取后的 SQL 文件

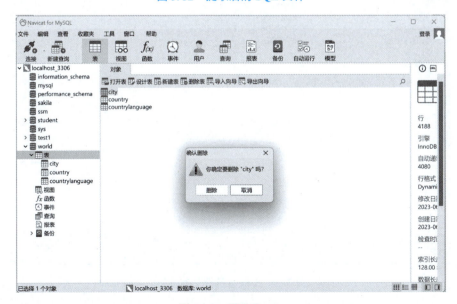

图 3.33　删除表 city

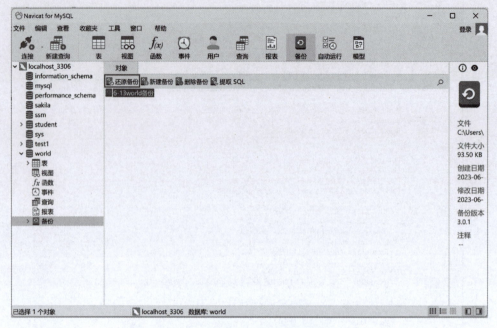

图 3.34　使用备份文件还原数据库

图 3.35　"还原备份"对话框

图 3.36 选择需要还原的对象

单击"高级"选项卡，如图 3.37 所示，在该选项卡中可以对当前还原操作进行设置，如是否创建表、创建记录，是否覆盖视图、函数、事件等，如图 3.37 所示。

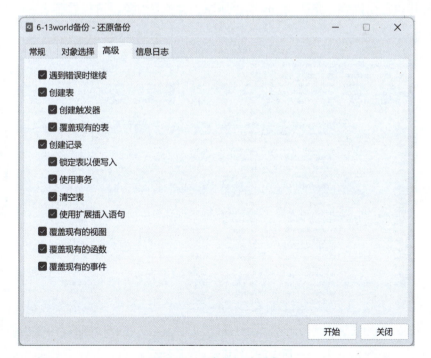

图 3.37 "高级"选项卡

设置完成后单击"开始"按钮，执行还原操作，还原结束后"信息日志"选项卡中显示的信息如图 3.38 所示，单击"关闭"按钮，关闭窗口。

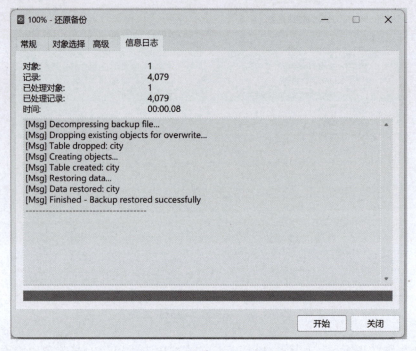

图 3.38 "信息日志"选项卡

还原操作执行完成后，验证表 city 是否还原，刷新表对象，可以看到表 city 的信息，如图 3.39 所示。

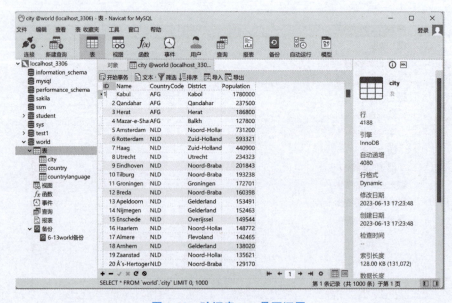

图 3.39 验证表 city 是否还原

2.1.4　删除备份

在 Navicat 主界面，选择备份文件，单击"删除备份"按钮，删除备份文件，如图 3.40 所示。文件删除后，不可恢复，请谨慎删除。

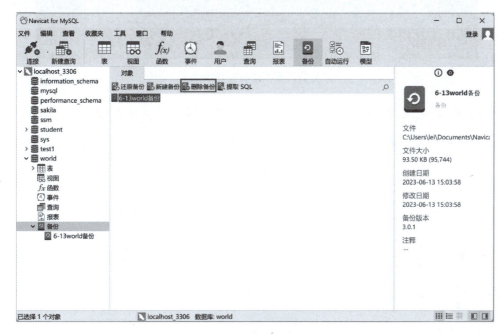

图 3.40　删除备份文件

2.2　使用 mysqldump 工具进行备份、还原

mysqldump 是 MySQL 自带的一个数据管理工具，使用这个工具可以对 MySQL 服务器上的数据进行备份还原、导入导出等操作。

mysqldump 可以导出整个数据库，也可以导出数据库中某些指定表。

2.2.1　导出当前服务器上的所有数据库

使用 mysqldump 命令可以将当前服务器上的所有数据库备份，其语法格式为：

```
mysqldump -u 用户名 -p 密码 --all-databases >/存储路径/导出文件名.sql
```

例 1：导出当前服务器上的所有数据库，做一次完全备份。

步骤 1：打开命令提示符工具。

在 Windows 的搜索栏中输入"命令提示符"，打开命令提示符窗口。

步骤 2：执行备份所有数据库命令，如图 3.41 所示。

```
mysqldump -u root -p 1234 --all-databases >D:/backup/all.sql;
```

图 3.41　备份所有数据库命令

查看备份文件，打开 D 盘 backup 文件夹，可以看到 all. sql 文件，如图 3.42 所示。

图 3.42　SQL 文件

2.2.2　导出指定数据库

使用 mysqldump 命令可以将当前服务器上的指定数据库进行备份，其语法格式为：

```
mysqldump -u 用户名 -p 密码 --databases 数据库名1 数据库名2… >/存储路径/
导出文件名.sql
```

例 2：导出当前服务器上的 world 数据库，执行完全备份。

步骤 1：打开命令提示符工具。

在 Windows 的搜索栏中输入"命令提示符"，打开命令提示符窗口。

步骤 2：执行备份指定数据库命令，如图 3.43 所示。

```
mysqldump -u root -p --databases world >D:/backup/worldBackup.sql
```

注意：mysqldump 语句中直接写出密码，此时密码是明码，如例 1，有数据库安全风险。
可在 mysqldump 语句中不写密码，执行该语句时再输入密码，此时密码是 *，如例 2 所示。
第二种方式更安全，推荐使用。

图 3.43　备份指定数据库命令

查看备份文件，打开 D 盘 backup 文件夹，可以看到 worldBackup.sql 文件，如图 3.44 所示。

图 3.44　查看导出 SQL 文件

2.2.3　导出指定表

使用 mysqldump 命令可以将当前服务器上的指定数据库进行备份，其语法格式为：

```
mysqldump -u 用户名 -p 密码--databases 数据库名  -tables 表名  >/存储路径/导出文件名.sql
```

例 3：导出当前服务器上的 world 数据库中的表 city 和表 country。

步骤 1：打开命令提示符工具。

在 Windows 的搜索栏中输入"命令提示符"，打开命令提示符窗口。

步骤 2：执行备份指定数据库中指定表的命令，如图 3.45 所示。

```
mysqldump -u  root-p  --databases world  --tables city country  >D:/backup/worldp2.sql
```

图 3.45　备份指定表

查看备份文件，打开 D 盘 backup 文件夹，可以看到 worldp2. sql 文件，如图 3.46 所示。

图 3.46　查看导出 SQL 文件

2.2.4　恢复数据

使用mysqldump 命令可以对数据库进行备份，生成 SQL 文件；使用 source 命令可以将备份的 SQL 文件进行数据库恢复。source 命令的语法如下：

```
source   SQL 文件路径
```

例 4：使用备份文件 all. sql 恢复数据库。

步骤 1：打开 MySQL 8. 0 Command Line Client。

在开始菜单中打开程序 MySQL 8. 0 Command Line Client。

步骤 2：登录 MySQL，输入密码。

步骤 3：指定数据库。

```
USE world;
```

步骤 4：指定字符编码方式。

```
SET names utf8;
```

步骤 5：使用 source 命令恢复数据。

```
source D:/backup/all.sql
```

执行过程如图 3.47 所示。

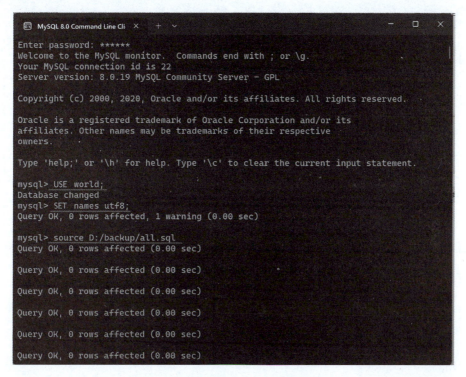

图 3.47　使用 SQL 文件恢复数据库

2.3　转储 SQL 文件

数据库备份可以对数据库中的数据文件、日志文件、索引文件等进行保存。除此之外，还有一种备份数据库的方式：转储 SQL 文件。转储 SQL 文件可以将数据库中的结构或数据保存为文件，适用于在服务器之间传输数据、备份恢复数据，可以帮助用户管理和维护数据库。

2.3.1　转储 SQL 文件

转储 SQL 文件是将已存在的数据库或其中某个数据表及其数据导出成为 SQL 文件。该 SQL 文件中包含创建数据表的 CREATE TBALE 语句以及添加数据的 INSERT 语句。后续可以通过执行这个 SQL 文件将这些数据表及数据转移到另一个 MySQL 数据库服务器或另一个数据库中。

操作步骤如下：

（1）打开 Navicat，在数据库 freshmarket 上右击，在弹出的快捷菜单中单击"转储 SQL 文件"→"结构及数据"命令，如图 3.48 所示；也可以单击"仅结构"命令，若单击此命令，则转储后的 SQL 文件中仅包含创建表的 CREATE TABLE 语句，没有 INSERT 语句。若仅需转储某个表，右击该表，在弹出的快捷菜单中单击"转储 SQL 文件"命令。

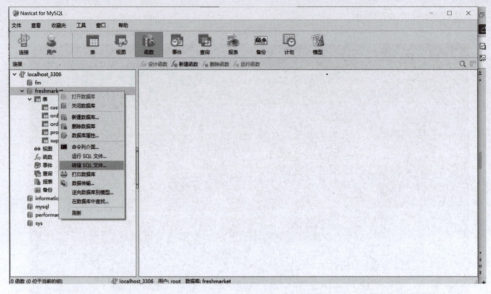

图 3.48　转储 SQL 文件

（2）在弹出的"另存为"对话框中，选择保存该 SQL 文件的路径，可以在文件名文本框中输入 SQL 文件的名称，如图 3.49 所示。

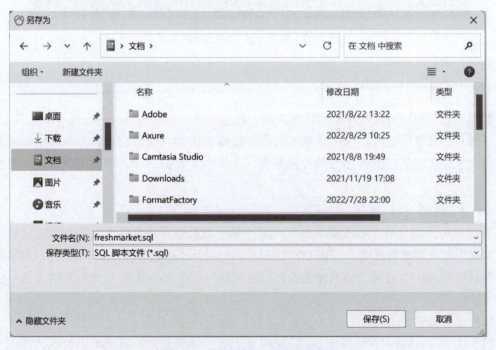

图 3.49　选择转储文件保存路径

（3）单击"保存"按钮，执行转储操作，转储完成后弹出转储完成对话框，如图 3.50 所示。绿色进度条表示转储成功，如果出现红色进度条则表示转储失败，可以单击"开始"按钮，再次进行转储操作。转储成功后可以单击"关闭"按钮，关闭该对话框。转储操作完成。

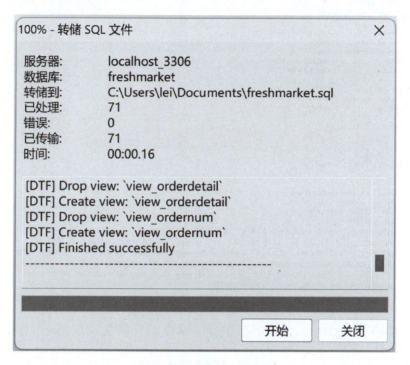

图 3.50 转储完成对话框

（4）查看转储文件。可以到转储保存路径下查看转储文件。如图 3.51 所示，在该 SQL 文件中包含 freshmarket 数据库中创建各个表的 CREATE TABLE 语句，以及表中数据的 INSERT 语句。执行该文件，可以在指定的数据库或 MySQL 服务器中重新创建数据表并向其中添加数据。

2.3.2 执行 SQL 文件

执行 SQL 文件时可以执行 SQL 文件中的命令，将转储的表或数据在其他的 MySQL 服务器或数据库中创建出来。

将 freshmarket 数据库中的表转移到数据库 market 中，操作步骤如下：

（1）新建数据库。右击 localhost_3306，在弹出的快捷菜单中单击"新建数据库"命令，如图 3.52 所示。在弹出的"新建数据库"对话框中输入数据库名，选择字符集和排序规则，单击"确定"按钮，如图 3.53 所示。

（2）运行 SQL 文件。双击 market 数据库，建立连接。右击 market，在弹出的快捷菜单中单击"运行 SQL 文件"命令，如图 3.54 所示。弹出"运行 SQL 文件"对话框，如图 3.55 所示。在该对话框中单击 □ 按钮，选择前面保存的 freshmarket.sql 文件，如图 3.56 所示，单击"打开"按钮。此时在"运行 SQL 文件"对话框中，选定了 SQL 文件，如图 3.57 所示，单击"开始"按钮，执行该 SQL 文件。执行结果如图 3.58 所示。

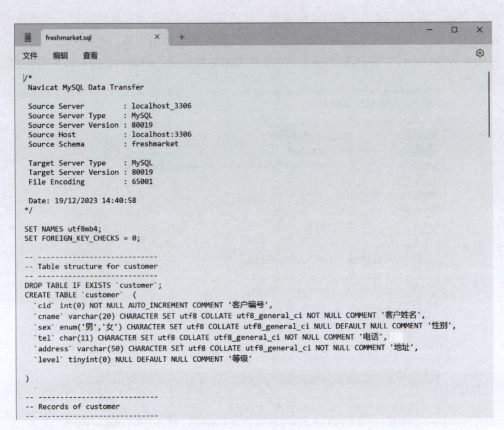

图 3.51　转储后 SQL 文件

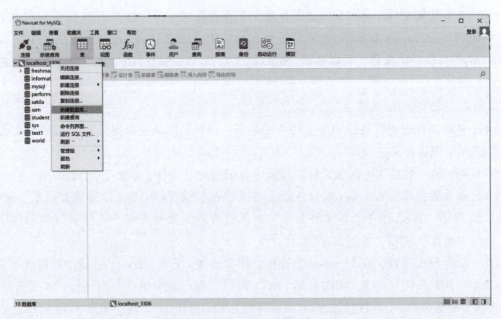

图 3.52　单击"新建数据库"命令

图 3.53 "新建数据库"对话框

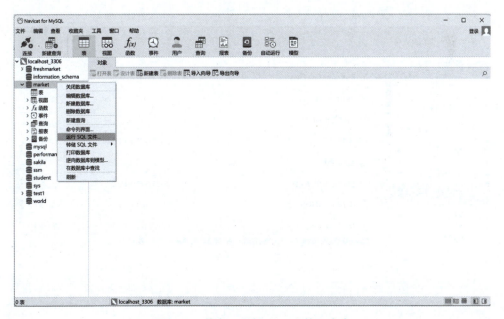

图 3.54 单击"运行 SQL 文件"命令

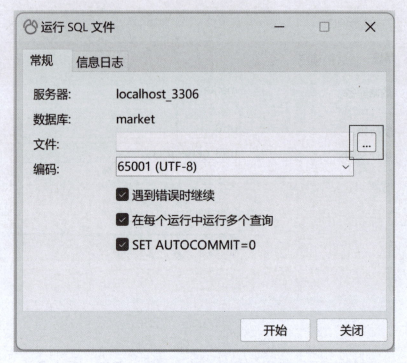

图 3. 55 "运行 SQL 文件" 对话框

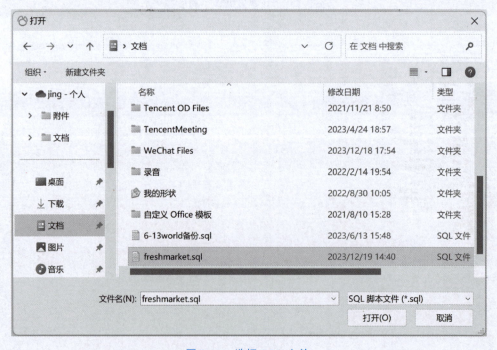

图 3. 56 选择 SQL 文件

图 3.57 选择 SQL 文件并执行

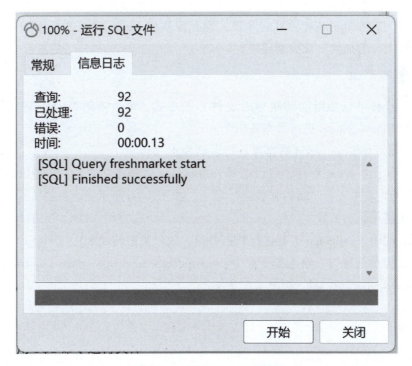

图 3.58 执行 SQL 文件完成

（3）查看运行结果。刷新 market 数据库，查看该数据库中的表，如图 3.59 所示，转储的 5 个表已成功导入 market 数据库中。

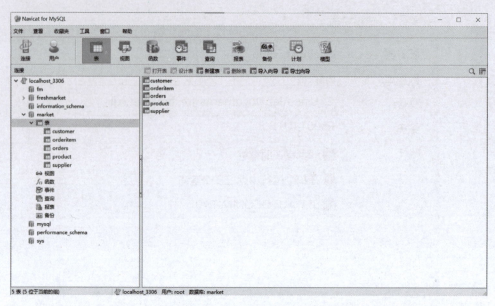

图 3.59　market 数据库中的表

【任务内容】

项目组已完成 freshmarket 项目的开发，现在需要将 freshmarket 数据库中的数据迁移到客户的服务器上。应如何实现数据迁移？

【任务实施】

实现数据迁移可以使用"转储 SQL 文件"的方式。可以使用 Navicat 图形界面进行操作，也可以使用 mysqldump 进行数据备份。

步骤 1：将原始 freshmarket 数据库进行转储 SQL 文件。

方法一：使用 Navicat 程序，可以选择 freshmarket 数据库并右击，在弹出的快捷菜单中单击"转储 SQL 文件"→"结构和数据"命令，如图 3.60 所示。通过弹出对话框进行转储操作，具体步骤见 2.3.1 节。

方法二：使用 mysqldump 工具进行数据备份，效果类似转储 SQL 文件。

打开命令提示符窗口，输入如下命令：mysqldump-uroot-p--databases freshmarket>D:/backup/freshmarketBackup.sql，如图 3.61 所示。

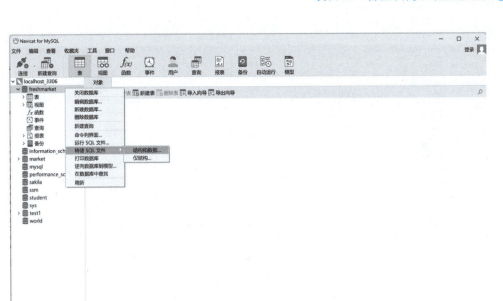

图 3.60 转储 freshmarket 数据库为 SQL 文件

图 3.61 mysqldump 工具备份 freshmarket 数据库

步骤 2：在目标服务器上运行 SQL 文件。

方法一：使用 Navicat 程序运行 SQL 文件。将转储 SQL 文件复制到目标服务器，在 Navicat 中右击服务器，在弹出的快捷菜单中单击"运行 SQL 文件"命令，如图 3.62 所示。选择步骤 1 中转储的 SQL 文件以恢复 freshmarket 数据库。具体步骤见 2.3.2 节。

方法二：使用 mysqldump 工具恢复数据。将备份的 freshmarket 数据库文件复制到目标服务器。打开 MySQL 命令提示符窗口，创建并使用 freshmarket 数据库，设置编码方式，输入如下命令 source D:/backup/freshmarketBackup. sql，如图 3.63 所示。

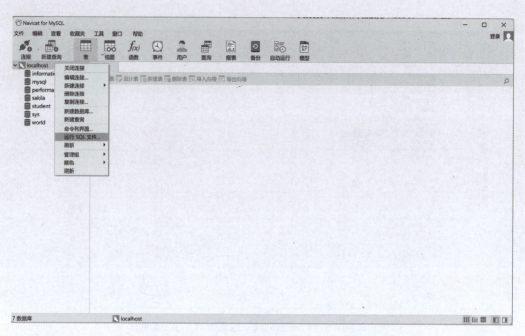

图 3.62　运行 SQL 文件恢复 freshmarket 数据库

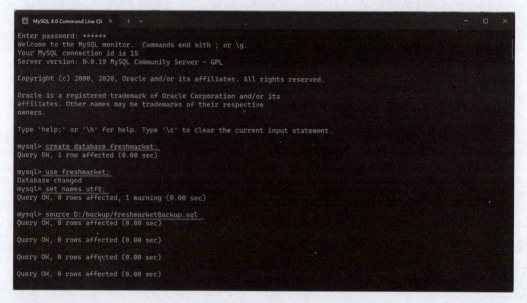

图 3.63　使用命令恢复 freshmarket 数据库

思考：除了以上方法外，还有什么方法可以实现数据的迁移呢？如何实现呢？

任务 3　基础查询

DBMS 的一个主要功能就是数据查询。数据查询是指通过查询语句或查询操作将数据库表中的数据按照用户需求进行筛选过滤，从而以二维表的形式显现出来。MySQL 提供了灵活且功能完善的语句来实现数据查询操作。

查询语句的基本语法格式如下：

```
SELECT <ALL |查询的字段列表>
FROM <表名 [AS] 别名 |视图名 [AS] 别名>
[WHERE<条件表达式>]
[GROUP BY <字段列名>]
[HAVING<条件表达式>]
[ORDER BY <字段列名> [ASC |DESC] ]
[LIMIT <[偏移量],行数>];
```

其中，中括号 [ ] 为可选项，尖括号<>为必选项。

以上各条语句的含义如下：

（1）<ALL | 查询的字段列表>："ALL"使用"＊"，表示查询所有字段；"查询的字段列表"表示一个或多个字段，各字段之间用半角状态的逗号分隔。最后一个字段后不需要加逗号。

（2）<表名 [AS] 别名 | 视图名 [AS] 别名>：表示需要查询数据的来源，可以是表也可以是视图。可以是一个或多个，各表或视图之间用半角状态的逗号分隔。

（3）WHERE <条件表达式>：表示查询的条件，根据条件表达式中的要求进行查询。

（4）GROUP BY <字段列名>：当使用函数查询时，对指定的字段进行分组。

（5）HAVING<条件表达式>：表示对分组查询后的结果进行再次条件筛选。

（6）ORDER BY <字段列名> [ASC | DESC]：表示对查询结果进行排序，可以按照某字段进行升序或降序排序。ASC 表示升序，DESC 表示降序。

（7）LIMIT < [偏移量]，行数>：表示返回查询结果中从偏移量开始的几行数据。这里偏移量可以省略，如果省略则从第一条开始。

【知识讲解】

3.1　基本查询

1.查询所有字段

（1）使用星号"＊"，可以查询指定表中所有字段的数据。语法格式如下：

```
SELECT * FROM 表名;
```

例 1：查询农产品表中所有农产品信息，其语法格式如下：

```
SELECT * FROM product;
```

运行结果如图 3.64 所示。

gid	gname	origin	type	spec	price	mfg	exp	sid
G0365208	水蜜桃	成都	水果	400g	3.83	2023-06-16	2023-06-18	3
G0365209	脱骨李	成都	水果	400g	4.56	2023-06-16	2023-06-21	3
G0365210	千禧小番茄	成都	水果	200g	1.99	2023-06-16	2023-06-18	3
G0365211	车厘子	汉源	水果	250g	9.9	2023-06-15	2023-06-17	4
G0365212	巨峰葡萄	成都	水果	250g	6.9	2023-06-15	2023-06-18	3
G0365213	黄杏	成都	水果	250g	3.99	2023-06-15	2023-06-18	3
G0365214	青红脆李	成都	水果	250g	5.99	2023-06-15	2023-06-18	3
G0365215	脆红李	攀枝花	水果	250g	4.99	2023-06-15	2023-06-21	4
Q0384520	乌骨鸡	成都	禽类	450g	27.8	2023-06-16	2023-06-16	2
Q0384521	三黄鸡	成都	禽类	500g	9.9	2023-06-16	2023-06-16	2
Q0384522	鸡翅	成都	禽类	500g	8.9	2023-06-16	2023-06-16	2
R0376216	五花肉	成都	肉类	350g	13.9	2023-06-16	2023-06-16	2
R0376217	精品排骨	成都	肉类	400g	19.9	2023-06-16	2023-06-16	2
R0376218	牛腩	成都	肉类	300g	35.8	2023-06-16	2023-06-16	2
R0376219	猪前排	成都	肉类	400g	9.9	2023-06-16	2023-06-16	2
S0297603	黄瓜	四川	蔬菜	500g	1.99	2023-06-16	2023-06-17	1
S0297604	苦瓜	四川	蔬菜	500g	3.99	2023-06-16	2023-06-17	1
S0297605	西红柿	成都	蔬菜	500g	5.58	2023-06-16	2023-06-18	1
S0297606	玉米	成都	蔬菜	500g	2.88	2023-06-15	2023-06-19	1
S0297607	番茄	攀枝花	蔬菜	500g	6.99	2023-06-14	2023-06-19	4

图 3.64　运行结果

（2）列出表中所有字段，可以查询指定表中所有字段的数据。语法格式如下：

```
SELECT 字段 1,字段 2,……FROM 表名;
```

例 2：查询农产品表所有农产品信息，其语法格式如下：

```
SELECT gid,gname,origin,type,spec,price,mfg,exp,sid FROM product;
```

运行结果如图 3.65 所示。

注意：

①通配符"＊"可以查询所有字段数据，当数据表中字段很多时，使用这种方式很便捷。

②如果要更改显示字段的顺序，可以使用第二种方法，比较直观。

③查询的字段必须是表中存在的字段，否则系统会报错。

2. 查询指定字段

直接列出需要查询的字段，就可以查询表中指定字段的数据，语法格式同 1 中的（2）。

例 3：查询农产品的名称。

```
SELECT gname FROM product;
```

gid	gname	origin	type	spec	price	mfg	exp	sid
G0365208	水蜜桃	成都	水果	400g	3.83	2023-06-16	2023-06-18	3
G0365209	脱骨李	成都	水果	400g	4.56	2023-06-16	2023-06-21	3
G0365210	千禧小番茄	成都	水果	200g	1.99	2023-06-16	2023-06-18	3
G0365211	车厘子	汉源	水果	250g	9.9	2023-06-15	2023-06-17	4
G0365212	巨峰葡萄	成都	水果	250g	6.9	2023-06-15	2023-06-18	3
G0365213	黄杏	成都	水果	250g	3.99	2023-06-15	2023-06-18	3
G0365214	青红脆李	成都	水果	250g	5.99	2023-06-15	2023-06-18	3
G0365215	脆红李	攀枝花	水果	250g	4.99	2023-06-15	2023-06-21	4
Q0384520	乌骨鸡	成都	禽类	450g	27.8	2023-06-16	2023-06-16	2
Q0384521	三黄鸡	成都	禽类	500g	9.9	2023-06-16	2023-06-16	2
Q0384522	鸡翅	成都	禽类	500g	8.9	2023-06-16	2023-06-16	2
R0376216	五花肉	成都	肉类	350g	13.9	2023-06-16	2023-06-16	2
R0376217	精品排骨	成都	肉类	400g	19.9	2023-06-16	2023-06-16	2
R0376218	牛腩	成都	肉类	300g	35.8	2023-06-16	2023-06-16	2
R0376219	猪前排	成都	肉类	400g	9.9	2023-06-16	2023-06-16	2
S0297603	黄瓜	四川	蔬菜	500g	1.99	2023-06-16	2023-06-17	1
S0297604	苦瓜	四川	蔬菜	500g	3.99	2023-06-16	2023-06-17	1
S0297605	西红柿	成都	蔬菜	500g	5.58	2023-06-16	2023-06-18	1
S0297606	玉米	成都	蔬菜	500g	2.88	2023-06-15	2023-06-19	1
S0297607	番茄	攀枝花	蔬菜	500g	6.99	2023-06-14	2023-06-19	4
S0397621	土豆	四川	蔬菜	500g	2.3	2023-06-16	2023-06-29	1
S0397622	空心菜	四川	蔬菜	500g	4.8	2023-06-15	2023-06-17	1
Y0374223	活虾	成都	水产	250g	19.9	2023-06-16	2023-06-16	1
Y0374224	鲈鱼	成都	水产	400g	22.8	2023-06-16	2023-06-16	1
Y0374225	草鱼	成都	水产	500g	7.5	2023-06-16	2023-06-16	1
Y0374226	小龙虾	成都	水产	500g	18.8	2023-06-16	2023-06-16	1

图 3.65　运行结果

运行结果如图 3.66 所示。

图 3.66　运行结果

例 4：查询农产品的名称、产地和价格。

```
SELECT gname,origin,price FROM product;
```

运行结果如图 3.67 所示。

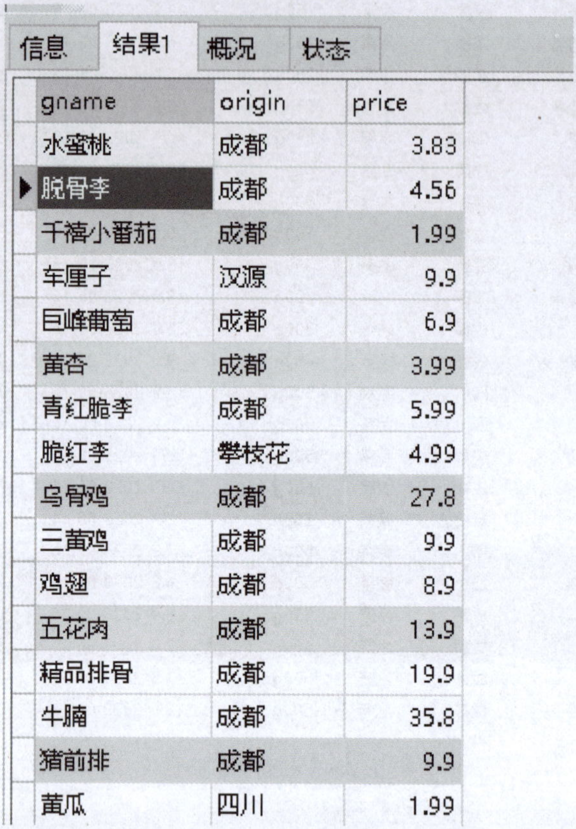

信息	结果1	概况	状态

gname	origin	price
水蜜桃	成都	3.83
脱骨李	成都	4.56
千禧小番茄	成都	1.99
车厘子	汉源	9.9
巨峰葡萄	成都	6.9
黄杏	成都	3.99
青红脆李	成都	5.99
脆红李	攀枝花	4.99
乌骨鸡	成都	27.8
三黄鸡	成都	9.9
鸡翅	成都	8.9
五花肉	成都	13.9
精品排骨	成都	19.9
牛腩	成都	35.8
猪前排	成都	9.9
黄瓜	四川	1.99

图 3.67　运行结果

3. 使用别名

有时，我们不希望用户看到数据表中真实的字段名，或者字段名太长不够直观，就可以使用别名。语法格式如下：

```
SELECT 字段名1 [AS] 别名,字段名2 [AS] 别名,…FROM 表名;
```

注意：AS 可以省略。表和字段都可以使用别名。

例 5：查询农产品名和产地，请使用别名。

```
SELECT gname AS  农产品名,origin AS  产地 FROM product;
或:SELECT gname  农产品名,origin  产地 FROM product;
```

运行结果如图 3.68 所示。

图 3.68   运行结果

4. 避免查询重复数据

如果希望某个值只出现一次，那么可以使用 DISTINCT 关键字去除重复项。和 distinct 相对的是 ALL，表示返回所有记录，包括重复记录，系统默认使用 ALL。语法格式如下：

```
SELECT DISTINCT < * |字段名 1,字段名 2,…> FROM 表名;
```

例 6：查询农产品产地。

```
SELECT DISTINCT origin  FROM product;
```

运行结果如图 3.69 所示。

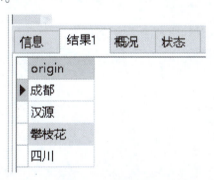

图 3.69   运行结果

注意：DISTINCT 关键字作用于所有列，不仅仅是跟在其后的那一列。

5. 查询计算结果

查询语句也可以是表达式或函数。语法格式如下：

```
SELECT <表达式|函数()>;
```

表达式：可以是数学表达式，如 3+5；8-7 等。

函数：包括数学函数，如 abs( )求绝对值；时间函数，如 now( )表示当前时间，year( )表示获取时间的年，adddate（d，n）表示开始时间加 n 天后的时间等。

例 7：查询系统当前时间。

```
SELECT now( );
```

运行结果如图 3.70 所示。

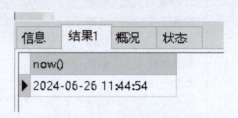

图 3.70　运行结果

例 8：查询 25 * 25 的结果。

```
SELECT 25 * 25;
```

运行结果如图 3.71 所示。

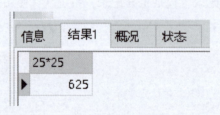

图 3.71　运行结果

例 9：查询农产品的采摘时间距离今天多少天。

```
SELECT  gname,datediff(now(),mfg) FROM product;
```

运行结果如图 3.72 所示。

更多函数可以参考手册。

图 3.72　运行结果

3.2　条件查询

WHERE 子句可以对查询的结果进行过滤。WHERE 子句后通常跟条件表达式，条件表达式运算符如表 3.1 所示。

表 3.1　条件表达式运算符

操作符	作用
=	等于
<>, ! =	不等于
<	小于
<=	小于或等于
>	大于
>=	大于或等于
BETWEEN…AND…	在指定值之间

操作符	作用
IN	在某个范围中选择
LIKE	模糊匹配
IS NULL	空值

1. "="">""! =""<""<="">"">=" 符号查询

基本语法格式如下：

SELECT 字段1,字段2…FROM 表名 WHERE 字段 [= |<>|! = |< |<= |> |>=] 值1;

"="用于判断两个值是否相等，可以用数字、日期或字符串。

"<>"或"! ="用于判断两个值是否不相等，可以用数字、日期或字符串

"<""<="">"">="用于判断小于、小于或等于、大于、大于或等于某个值。

2. BETWEEN…AND…查询

该操作符用来查询某个范围内的值，需要两个参数，一个参数为开始值，另一个参数为结束值。该操作符还可以在前面加关键字 NOT，表示在指定范围之外的值。其语法格式为：

SELECT 字段1,字段2…FROM 表名 WHERE 字段 [NOT] BETWEEN 值1 AND 值2;

注意：值1为小值，值2为大值，否则筛选结果为空。

例如：筛选分数为 60~70 的可以写成"成绩 BETWEEN 60 AND 70;"等价于"成绩>= 60 AND 成绩<=70"。

例如：上面示例如果写成"成绩 NOT BETWEEN 60 AND 70"表示不是 60~70，等价于"成绩<60 AND 成绩>70"。

3. IN 查询

该操作符用来筛选在某个集合范围中的任意一个值记录。IN 取一组由逗号分隔并可在小括号中的值组成，其语法格式为：

SELECT 字段1,字段2…FROM 表名 WHERE 字段 IN (值1,值2,…);

4. LIKE 查询

该操作符表示模糊查询，用于查询包含某些符号、文字的记录。其语法格式如下：

SELECT 字段1,字段2…FROM 表名 WHERE 字段 LIKE[%|_] 值[%|_];

使用 LIKE 时，需要用到通配符%或_。

（1）%表示匹配任意长度的字符，可以是 0 个、1 个或多个。

（2）_表示匹配任意单个字符，有且只有 1 个字符，若要匹配多个，则需要使用多个_。

5. IS NULL 查询

该符号表示判断是否为空值。空值表示没有任何输入为 NULL，不同于 0 或为空的字符

串。其语法格式如下：

> SELECT 字段 1,字段 2…FROM 表名 WHERE 字段 IS NULL;

3.3   排序查询

按前面的方法进行查询时，查询的结果是按照表中记录的默认顺序进行排序的。为了满足用户的需求，可以按照指定的要求进行排序。所用关键字是 ORDER BY，其语法格式如下：

> SELECT< * |字段 1,字段 2…> FROM 表名 WHERE 条件 ORDER BY 字段名 1 [ASC | DESC][,字段名 2 [ASC | DESC],…];

在上述语法格式中，排序的字段可以是 1 个或多个。当有多个字段排序时，各字段之间用英文逗号分隔。多个字段排序时，先按字段 1 的规则排序，再按后面字段 2 的规则排序，若后面还有字段 3、字段 4，则以此类推。

字段后的参数 ASC 表示升序，DESC 表示降序。默认的情况下（不加参数）按升序排序。

3.4   多条件查询

MySQL 支持多条件查询，这样查询结果更加准确。

1. AND 查询

该符号表示多个条件同时满足才返回记录。其语法格式如下：

> SELECT 字段 1,字段 2…FROM 表名 WHERE 条件 1 AND 条件 2 AND 条件 3…;

使用 AND 时，条件可以是两个以上，多个条件之间均使用 AND 进行连接。

2. OR 查询

该符号表示，多个条件只要满足其中一个就可以返回记录。其语法格式如下：

> SELECT 字段 1,字段 2…FROM 表名 WHERE 条件 1 OR 条件 2 OR 条件 3…;

使用 OR 时，条件也可以是两个以上，多个条件之间均使用 OR 进行连接。

注意：AND 可以使用符号 && 代替；OR 可以使用 ‖ 代替。

【任务内容】

使用查询语句实现以下功能：

1. 查询供应商表中所有供应商信息。
2. 查询订单表中订单号、订单编号、订单日期，并使用别名。
3. 查询产地在成都的农产品信息。
4. 查询价格在 10~20 元的水果信息。
5. 查询 2023-06-18 及以前过期的农产品信息。

6. 查询成都的蔬菜信息。

7. 查询客户表中成都客户的信息。

8. 查询名字中包含"鱼"字的农产品信息。

9. 查询所有的水产和鱼类，并按价格从高到低排序。

10. 查询从第 2 条数据开始的 5 条数据。

【任务实施】

步骤 1：启动 Navicat，新建查询。

步骤 2：完成任务。

（1）查询供应商表中所有供应商信息。

输入语句：

```
SELECT * FROM supplier;
```

运行结果如图 3.73 所示。

sid	sname	address	tel	contacts
1	崇州园区种植基地	崇州羊马镇五星村	1399276358X	王经理
2	葛仙山园区养殖基地	彭州市葛仙山	1807653826X	朱明苟
3	温江园区农产基地	温江区柳城镇	1772653625X	刘信爱
4	蜀瀛农产品公司	成都市成华大道227号	1597365482X	肖信念

图 3.73　运行结果

（2）查询订单表中订单号、客户编号、订单日期，并使用别名。

输入语句：

```
SELECT oid 订单号,cid 客户编号,date 订单日期 FROM orders;
```

运行结果如图 3.74 所示。

图 3.74　运行结果

（3）查询产地在成都的农产品信息。

输入语句：

```
SELECT * FROM product WHERE origin='成都' ;
```

运行结果如图 3.75 所示。

gid	gname	origin	type	spec	price	mfg	exp	sid
G0365208	水蜜桃	成都	水果	400g	3.83	2023-06-16	2023-06-18	3
G0365209	脱骨李	成都	水果	400g	4.56	2023-06-16	2023-06-21	3
G0365210	千禧小番茄	成都	水果	200g	1.99	2023-06-16	2023-06-18	3
G0365212	巨峰葡萄	成都	水果	250g	6.9	2023-06-15	2023-06-18	3
G0365213	黄杏	成都	水果	250g	3.99	2023-06-15	2023-06-18	3
G0365214	青红脆李	成都	水果	250g	5.99	2023-06-16	2023-06-18	3
Q0384520	乌骨鸡	成都	禽类	450g	27.8	2023-06-16	2023-06-16	2
Q0384521	三黄鸡	成都	禽类	500g	9.9	2023-06-16	2023-06-16	2
Q0384522	鸡翅	成都	禽类	500g	8.9	2023-06-16	2023-06-16	2
R0376216	五花肉	成都	肉类	350g	13.9	2023-06-16	2023-06-16	2
R0376217	精品排骨	成都	肉类	400g	19.9	2023-06-16	2023-06-16	2
R0376218	牛腩	成都	肉类	300g	35.8	2023-06-16	2023-06-16	2
R0376219	猪前排	成都	肉类	400g	9.9	2023-06-16	2023-06-16	2
S0297605	西红柿	成都	蔬菜	500g	5.58	2023-06-16	2023-06-18	1
S0297606	玉米	成都	蔬菜	500g	2.88	2023-06-15	2023-06-19	1
Y0374223	活虾	成都	水产	250g	19.9	2023-06-16	2023-06-16	1
Y0374224	鲈鱼	成都	水产	400g	22.8	2023-06-16	2023-06-16	1
Y0374225	草鱼	成都	水产	500g	7.5	2023-06-16	2023-06-16	1
Y0374226	小龙虾	成都	水产	500g	18.8	2023-06-16	2023-06-16	1

图 3.75　运行结果

（4）查询单价在 5~10 元的水果信息。

输入语句：

```
SELECT * FROM product WHERE price BETWEEN 5.00 AND 10.00 AND type='水果' ;
```

运行结果如图 3.76 所示。

gid	gname	origin	type	spec	price	mfg	exp	sid
G0365211	车厘子	汉源	水果	250g	9.9	2023-06-15	2023-06-17	4
G0365212	巨峰葡萄	成都	水果	250g	6.9	2023-06-15	2023-06-18	3
G0365214	青红脆李	成都	水果	250g	5.99	2023-06-16	2023-06-18	3

图 3.76　运行结果

（5）查询 2023-06-18 及以前过期的农产品信息。

输入语句：

```
SELECT * FROM product WHERE exp<='2023-6-18';
```

运行结果如图 3.77 所示。

gid	gname	origin	type	spec	price	mfg	exp	sid
G0365208	水蜜桃	成都	水果	400g	3.83	2023-06-16	2023-06-18	3
G0365210	千禧小番茄	成都	水果	200g	1.99	2023-06-16	2023-06-18	3
G0365211	车厘子	汉源	水果	250g	9.9	2023-06-15	2023-06-17	4
G0365212	巨峰葡萄	成都	水果	250g	6.9	2023-06-15	2023-06-18	3
G0365213	黄杏	成都	水果	250g	3.99	2023-06-15	2023-06-18	3
G0365214	青红脆李	成都	水果	250g	5.99	2023-06-15	2023-06-18	3
Q0384520	乌骨鸡	成都	禽类	450g	27.8	2023-06-16	2023-06-16	2
Q0384521	三黄鸡	成都	禽类	500g	9.9	2023-06-16	2023-06-16	2
Q0384522	鸡翅	成都	禽类	500g	8.9	2023-06-16	2023-06-16	2
R0376216	五花肉	成都	肉类	350g	13.9	2023-06-16	2023-06-16	2
R0376217	精品排骨	成都	肉类	400g	19.9	2023-06-16	2023-06-16	2
R0376218	牛腩	成都	肉类	300g	35.8	2023-06-16	2023-06-16	2
R0376219	猪前排	成都	肉类	400g	9.9	2023-06-16	2023-06-16	2
S0297603	黄瓜	四川	蔬菜	500g	1.99	2023-06-16	2023-06-17	1

图 3.77 运行结果

（6）查询成都的蔬菜信息。

输入语句：

```
SELECT * FROM product WHERE type='蔬菜';
```

运行结果如图 3.78 所示。

gid	gname	origin	type	spec	price	mfg	exp	sid
S0297605	西红柿	成都	蔬菜	500g	5.58	2023-06-16	2023-06-18	1
S0297606	玉米	成都	蔬菜	500g	2.88	2023-06-15	2023-06-19	1

图 3.78 运行结果

（7）查询客户表中成都客户的信息。

输入语句：

```
SELECT * FROM customer WHERE address LIKE '成都%';
```

运行结果如图 3.79 所示。

图 3.79　运行结果

（8）查询名字中包含"鱼"字的农产品信息。

输入语句：

```
SELECT * FROM product WHERE gname LIKE '%鱼%';
```

运行结果如图 3.80 所示。

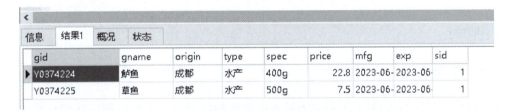

图 3.80　运行结果

（9）查询所有的水产和鱼类，并按价格从高到低排序。

输入语句：

```
SELECT * FROM product WHERE type='肉类' OR type='水产' ORDER BY price DESC;
```

运行结果如图 3.81 所示。

gid	gname	origin	type	spec	price	mfg	exp	sid
R0376218	牛腩	成都	肉类	300g	35.8	2023-06-16	2023-06-16	2
Y0374224	鲈鱼	成都	水产	400g	22.8	2023-06-16	2023-06-16	1
R0376217	精品排骨	成都	肉类	400g	19.9	2023-06-16	2023-06-16	2
Y0374223	活虾	成都	水产	250g	19.9	2023-06-16	2023-06-16	1
Y0374226	小龙虾	成都	水产	500g	18.8	2023-06-16	2023-06-16	1
R0376216	五花肉	成都	肉类	350g	13.9	2023-06-16	2023-06-16	2
R0376219	猪前排	成都	肉类	400g	9.9	2023-06-16	2023-06-16	2
Y0374225	草鱼	成都	水产	500g	7.5	2023-06-16	2023-06-16	1

图 3.81　运行结果

（10）查询从第 2 条数据开始的 5 条数据。

输入语句：

```
SELECT * FROM product LIMIT 1,5;
```

运行结果如图 3.82 所示。

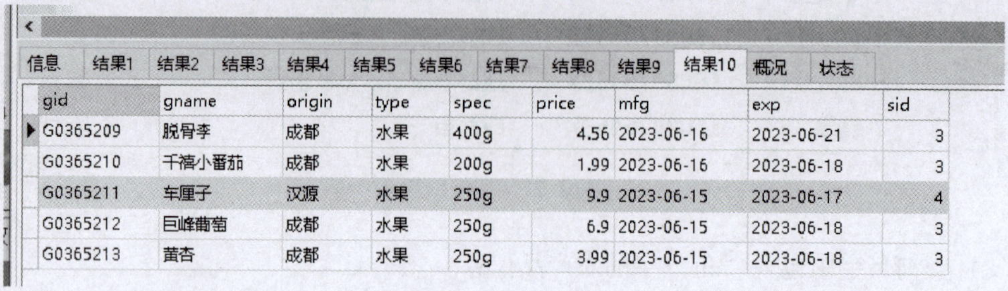

图 3.82　运行结果

任务 4　函数查询

【知识讲解】

4.1　聚合函数

在项目中，我们有时候并不需要返回表中实际的数据，而需要返回一些汇总后的数据。比如，统计一下表中数据记录的总数，或统计某类商品的数量等。这时我们就需要用到函数，MySQL 为我们提供了以下 5 种聚集函数，如表 3.2 所示。

表 3.2　聚集函数

函数	作用
sum()	统计表中某字段的总和
avg()	计算表中某字段的平均值
count()	统计表中某字段的条数（行数）
max()	查询表中某字段的最大值
min()	查询表中某字段的最小值

以上函数括号中放字段，比如 AVG（price），表示求 price 这一列的平均值。COUNT（price）表示统计 price 这一列的记录行数。如果某一行为 NULL 则不统计该行。COUNT（*）表示统计表中的记录行数。

4.2　分组查询

聚合函数一般需要和分组一起使用。分组查询是将查询的数据按照某个字段进行分组。

在 MySQL 中使用 GROUP BY 关键字对数据进行分组。语法格式如下：

```
SELECT< * |字段 1,字段 2……|函数( )> FROM 表名 [WHERE 条件 1 GROUP BY 字段 1,字段 2……
HAVING 函数条件];
```

GROUP BY 通常和函数一起使用，分组后的筛选条件放在 HAVING 后面。

注意：

①查询的时候有函数和非函数字段，则必须按照非函数字段进行分组。否则会报语法错误。

②如果有条件，GROUP BY 必须放在 WHERE 条件后面。

③如果有排序，GROUP BY 必须放在 ORDER BY 排序前面。

GROUP BY 和 HAVING 一起使用，可以指定显示记录所需满足的条件，只有满足条件的分组结果才会被显示。

WHERE 和 HAVING 子句都可以进行条件筛选，并且 HAVING 支持所有 WHERE 的操作符。二者的区别如下：

①WHERE 用于字段筛选，在分组之前进行。

②HAVING 用于函数筛选，在分组之后进行。

4.3　汇总查询

在所有函数查询的记录后增加一条记录，该记录查询出所有记录的总和，即统计记录的数量。使用的关键字为 WITH ROLLUP，语法格式如下：

```
SELECT< * |字段 1,字段 2…|函数( )> FROM 表名 [WHERE 条件 1 GROUP BY 字段 1,字段 2…
HAVING 函数条件 WITH ROLLUP];
```

注意：当使用汇总时，不能使用分组，即 WITH ROLLUP 和 ORDER BY 互斥，二者只能用其一。

4.4　查询子句顺序

查询语句是有先后顺序的，回顾所有查询语句顺序，如表 3.3 所示。

表 3.3　查询语句顺序

语句	说明	是否必须使用
SELECT	查询的列或计算结果	是
FROM	检索数据的表	是
WHERE	字段条件	否
GROUP BY	字段分组	如果查询中有函数和非函数， 必须对非函数使用

续表

语句	说明	是否必须使用
HAVING	函数条件	否
ORDER BY/WITH ROLLUP	排序/汇总	否，二选一不能同时使用

【任务内容】

使用查询语句实现以下功能：

1. 统计各类农产品的平均价格。
2. 统计成都各类农产品的种类数量。
3. 统计最贵的农产品信息。
4. 统计最便宜的农产品信息。
5. 查询农产品名相同、产地不同的农产品信息。
6. 统计各类农产品的总价格。
7. 统计订单详情表中每类农产品的数量和总价。
8. 统计订单详情表中每类农产品的数量和总价，并按总价由高到低排序。
9. 统计各产地的农产品种类大于或等于 4 的产地和种类数量。
10. 统计各产地、类别的农产品种类数量，并按产地升序排序。

【任务实施】

步骤 1：启动 Navicat，新建查询。

步骤 2：完成任务。

（1）统计各类农产品的平均价格。

输入语句：

```
SELECT type,AVG(price) FROM product GROUP BY type;
```

运行结果如图 3.83 所示。

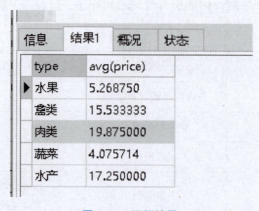

图 3.83　运行结果

（2）统计成都各类农产品的种类数量。

输入语句：

```
SELECT  type, COUNT( * ) FROM product WHERE origin='成都' GROUP BY type ;
```

运行结果如图 3.84 所示。

信息 | 结果1 | 结果2 | 概况 | 状态

type	count(*)
水果	6
禽类	3
肉类	4
蔬菜	2
水产	4

图 3.84　运行结果

（3）统计各类商品中最贵的农产品的类别和价格。

输入语句：

```
SELECT  type, MAX(price) FROM product GROUP BY type;
```

运行结果如图 3.85 所示。

信息 | 结果1 | 结果2 | 结果3 | 概况 | 状态

type	max(price)
水果	9.9
禽类	27.8
肉类	35.8
蔬菜	6.99
水产	22.8

图 3.85　运行结果

（4）统计各类农产品中最便宜的农产品的类别和价格。

输入语句：

```
SELECT  type,  MIN(price) FROM product GROUP BY type;
```

运行结果如图 3.86 所示。

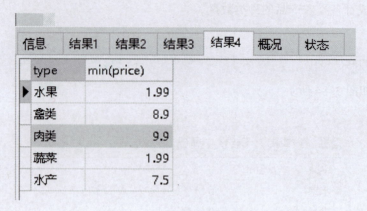

图 3.86　运行结果

（5）查询最贵的农产品信息。

输入语句：

```
SELECT * FROM product WHERE price=(SELECT  MAX(price) FROM product);
```

运行结果如图 3.87 所示。

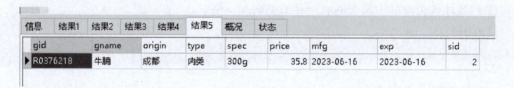

图 3.87　运行结果

（6）统计各类农产品的总价格。

输入语句：

```
SELECT type, SUM(price) FROM product GROUP BY type;
```

运行结果如图 3.88 所示。

type	sum(price)
水果	42.15
禽类	46.60
肉类	79.50
蔬菜	28.53
水产	69.00

图 3.88　运行结果

（7）统计订单详情表中每类农产品的数量和总价，并汇总。

输入语句：

```
SELECT oid,SUM(pcs * price)  FROM orderitem GROUP BY oid WITH ROLLUP;
```

运行结果如图 3.89 所示。

信息	结果1	结果2	结果3	结果4	结果5	结果6	结果7

oid	sum(pcs*price)
19257621	15.91
19257622	30.86
19257623	11.50
19257624	38.83
19257625	15.89
19257626	4.80
19257627	59.26
19257628	19.80
19257629	14.50
19257630	3.99
(Null)	215.34

图 3.89　运行结果

（8）统计订单详情表中每类农产品的数量和总价，并使用别名，按总价由高到低排序。

输入语句：

```
SELECT oid 订单编号,SUM(pcs * price) 总金额 FROM orderitem GROUP BY 订单编号 ORDER BY
总金额 DESC;
```

运行结果（部分截图）如图 3.90 所示。

（9）统计各产地的农产品种类大于或等于 4 的产地和种类数量。

输入语句：

```
SELECT origin,COUNT( * ) FROM product GROUP BY origin HAVING COUNT( * )>=4;
```

运行结果如图 3.91 所示。

（10）统计各产地、类别的农产品种类数量，并按产地升序排序。

输入语句：

```
SELECT origin,type,COUNT( * ) FROM product GROUP BY origin,type ORDER BY origin ;
```

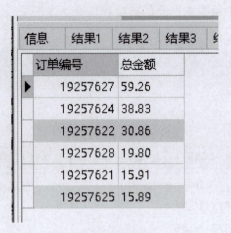

图 3.90　运行结果（部分截图）

图 3.91　运行结果

运行结果如图 3.92 所示。

origin	type	count(*)
四川	蔬菜	4
成都	水产	4
成都	水果	6
成都	盒类	3
成都	肉类	4
成都	蔬菜	2
攀枝花	水果	1
攀枝花	蔬菜	1
汉源	水果	1

图 3.92　运行结果

任务5　多表查询

在关系型数据库管理系统中，一般一张表中存放的是一个实体信息，如果用户需要查询多张表中不同的信息，可以通过多表连接查询方式。MySQL 作为典型的关系型数据库，为用户提供了专业的多表查询方式。

【知识讲解】

5.1　交叉连接查询

交叉连接查询的结果是两个表中所有数据行均一一连接，数学中称为笛卡儿积，即返回两个表中记录的乘积。比如员工表中有 10 个员工，销售表中有 15 条销售记录，那么当两个表进行交叉连接查询时，结果就是 10×15 = 150 条记录。交叉连接的关键字是 CROSS JOIN。交叉连接语法格式如下：

```
SELECT< * | 字段1,字段2…> FROM 表1 CROSS JOIN 表2；
```

5.2　内连接查询

1. 普通内连接

内连接（INNER JOIN）是使用比较运算符对多个表间某些列数据进行比较，然后列出这些表中与连接条件相匹配的数据行，形成新的纪录。换言之，表之间的连接条件由表中具有相同意义的字段组成。其语法格式如下：

```
SELECT< * | 字段1,字段2…> FROM 表1 [INNER] JOIN 表2 ON 表1.关系字段=表2.关系字段
[[INNER] JOIN 表3 ON 连接条件…]；
```

INNER JOIN 用于连接两个表，其中 INNER 可以省略，ON 后面跟两个表的连接条件。多个表连接直接在条件后面继续跟 INNER JOIN 和 ON。

内连接还可以用如下语法格式表示：

```
SELECT< * | 字段1,字段2…> FROM 表1,表2,…WHERE 表1.关系字段=表2.关系字段 [AND 连接
条件…]；
```

在 WHERE 子句后面跟连接条件比较简明，多个连接条件之间用 AND 连接。这种方法容易漏条件，条件如果漏掉查询结果就有很大偏差。建议初学者使用第一种方法。同时 INNER JOIN 语法是 ANSI SQL 的标准规范，使用 INNER JOIN 能确保表连接时不会漏掉连接条件。

2. 特殊内连接——自连接

内连接查询中有一种特殊的查询，称为自连接。它是指自己连接自己进行查询。逻辑上可以看成两张表。比如我们需要找出员工表中重名的员工信息时，就需要用到自连接。其语

法格式如下：

> SELECT<＊|字段1,字段2······> FROM 表［AS］A INNER JOIN 表［AS］B ON 连接条件；

在使用自连接时，表需要取别名以便区分两个表，然后进行自连接查询。

5.3 外连接查询

外连接查询是以一张表为基表，根据连接条件，与另一张表的每一行进行匹配，如果没有匹配上则在关联结果行中，另一张表的所有列返回 NULL 值。外连接分为左连接（LEFT JOIN）和右连接（RIGHT JOIN）两种。

（1）左连接（LEFT JOIN）：返回左表中所有纪录和右表中连接字段相等的纪录，若右表中没有的纪录则对应的使用 NULL 显示，其语法格式如下：

> SELECT<＊|字段1,字段2···> FROM 表1 LEFT JOIN 表2 ON 表1.关系字段=表2.关系字段；

（2）右连接（RIGHT JOIN）：和左连接相反，返回右表中所有纪录和左表中连接字段相等的纪录，若左表中没有的纪录则对应的使用 NULL 显示，其语法格式如下：

> SELECT<＊|字段1,字段2···> FROM 表1 RIGHT JOIN 表2 ON 表1.关系字段=表2.关系字段；

注意：左连接和右连接可以互换。

比如：表1 LEFT JOIN 表2 和表2 RIGHT JOIN 表1 结果是一样的。

5.4 多表查询总结

例如：数据库中有一个学生表，一个成绩表，如表 3.4 和表 3.5 所示。

表 3.4 学生表（stu）

学号	姓名
202201001	王雅琳
202201002	钟国
202201003	钟国

表 3.5 成绩表（scores）

学号	成绩
202201001	80
202201002	85
202201004	90

1. 交叉连接

语句如下：

> SELECT ＊ FROM stu CROSS JOIN scores；

交叉连接结果如表 3.6 所示。

表 3.6 交叉连接结果

学号	姓名	学号	成绩
202201001	王雅琳	202201001	80
202201001	王雅琳	202201002	85

续表

学号	姓名	学号	成绩
202201001	王雅琳	202201004	90
202201002	钟国	202201001	80
202201002	钟国	202201002	85
202201002	钟国	202201004	90
202201003	钟国	202201001	80
202201003	钟国	202201002	85
202201003	钟国	202201004	90

从查询结果中我们不难发现，其实交叉查询后的结果没有任何意义。

2. 内连接

语句如下：

```
SELECT * FROM stu INNER JOIN scores ON stu.学号=scores.学号;
```

或

```
SELECT * FROM stu,scores WHERE stu.学号=scores.学号;
```

内连接结果如表3.7所示。

表3.7　内连接结果

学号	姓名	学号	成绩
202201001	王雅琳	202201001	80
202201002	钟国	202201002	85

从表中可以看出，内连接是返回两个表中都有的记录。

3. 自连接

查询学生表中同名的学生信息，语句如下：

```
SELECT * FROM stu a INNER JOIN stu b ON a.姓名=b.姓名 WHERE a.学号!=b.学号;
```

或

```
SELECT * FROM stu a,stu b WHERE a.姓名=b.姓名 AND a.学号!=b.学号;
```

自连接结果如表3.8所示。

表3.8　自连接结果

学号	姓名
202201002	钟国
202201003	钟国

4. 外连接

（1）左连接，语句如下：

```
SELECT * FROM stu LEFT JOIN scores ON stu.学号=scores.学号;
```

左连接结果如表 3.9 所示。

表 3.9　左连接结果

学号	姓名	学号	成绩
202201001	王雅琳	202201001	80
202201002	钟国	202201002	85
202201003	钟国	NULL	NULL

根据上文中左、右连接互换的原理，以上左连接语句等价于以下右连接语句：

```
SELECT * FROM scores RIGHT JOIN stu ON stu.学号=scores.学号;
```

（2）右连接，语句如下：

```
SELECT * FROM stu RIGHT JOIN scores ON stu.学号=scores.学号;
```

右连接结果如表 3.10 所示。

表 3.10　右连接结果

学号	姓名	学号	成绩
202201001	王雅琳	202201001	80
202201002	钟国	202201002	85
NULL	NULL	202201004	90

同样，以上语句等价于以下左连接语句：

```
SELECT * FROM scores LEFT JOIN stu ON stu.学号=scores.学号;
```

注意：左连接和右连接可以相互转换，掌握一种方法，另一种也就同时掌握了。

【任务内容】

1. 查询农产品名称、产地、农产品类别、供应商名称。
2. 查询农产品名称、数量、单价、购买日期。
3. 查询客户姓名、订单编号、联系电话和下单时间。
4. 查询客户姓名、订单编号、联系电话、下单时间、价格、数量。
5. 查询客户姓名、订单编号、联系电话、下单时间、价格、数量、农产品名称、产地。
6. 查询没有卖出的农产品信息。
7. 查询没有卖出的农产品的名称和产地。

【任务实施】

步骤 1：启动 Navicat，新建查询。

步骤 2：完成任务。

1）查询农产品名称、产地、农产品类别、供应商名称。

输入语句：

```
SELECT gname,origin,type,sname FROM product INNER JOIN supplier ON product.sid=
supplier.sid;
```

运行结果如图 3.93 所示。

gname	origin	type	sname
黄瓜	四川	蔬菜	崇州园区种植基地
苦瓜	四川	蔬菜	崇州园区种植基地
西红柿	成都	蔬菜	崇州园区种植基地
玉米	成都	蔬菜	崇州园区种植基地
土豆	四川	蔬菜	崇州园区种植基地
空心菜	四川	蔬菜	崇州园区种植基地
活虾	成都	水产	崇州园区种植基地
鲈鱼	成都	水产	崇州园区种植基地
草鱼	成都	水产	崇州园区种植基地
小龙虾	成都	水产	崇州园区种植基地
乌骨鸡	成都	禽类	葛仙山园区养殖基地
三黄鸡	成都	禽类	葛仙山园区养殖基地
鸡翅	成都	禽类	葛仙山园区养殖基地
五花肉	成都	肉类	葛仙山园区养殖基地
精品排骨	成都	肉类	葛仙山园区养殖基地
牛腩	成都	肉类	葛仙山园区养殖基地

图 3.93　运行结果

（2）查询农产品名称、数量、单价、购买日期。

输入语句：

```
SELECT gname,pcs,o.price,date FROM product p INNER JOIN orderitem o ON o.gid=
p.gid INNER JOIN orders ON orders.oid=o.oid;
```

运行结果如图 3.94 所示。

gname	pcs	price	date
空心菜	1	4.8	2023-06-16 10:48:57
千禧小番茄	1	1.99	2023-06-16 10:48:57
脱骨李	2	4.56	2023-06-16 10:48:57
黄瓜	1	1.99	2023-06-16 10:49:13
黄杏	2	3.99	2023-06-16 10:49:13
精品排骨	1	16.9	2023-06-16 10:49:13
黄杏	1	3.99	2023-06-16 10:49:13
土豆	5	2.3	2023-06-16 10:49:21
黄瓜	1	1.99	2023-06-16 10:49:36
西红柿	2	5.58	2023-06-16 10:49:36
玉米	1	2.88	2023-06-16 10:49:36
鲈鱼	1	22.8	2023-06-16 10:49:36
五花肉	1	13.9	2023-06-15 10:49:44
黄瓜	1	1.99	2023-06-15 10:49:44
空心菜	1	4.8	2023-06-15 09:49:53
苦瓜	1	3.99	2023-06-15 08:50:15

图 3.94　运行结果

（3）查询客户姓名、订单编号、联系电话和下单时间。
输入语句：

```
SELECT cname,oid,tel,date FROM customer c INNER JOIN orders o ON c.cid= o.cid;
```

运行结果如图 3.95 所示。
（4）查询客户姓名、订单编号、联系电话、下单时间、价格、数量。
输入语句：

```
SELECT cname,o.oid,tel,date,price,pcs FROM customer c INNER JOIN orders o ON c.cid= o.cid INNER JOIN orderitem oi ON oi.oid=o.oid;
```

运行结果如图 3.96 所示。

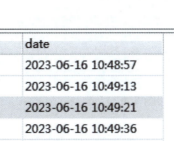

cname	oid	tel	date
▶ 黄女士	19257621	1898375683X	2023-06-16 10:48:57
刘先生	19257622	1738277463X	2023-06-16 10:49:13
陈女生	19257623	1637847264X	2023-06-16 10:49:21
王女士	19257624	1808376462X	2023-06-16 10:49:36
黄女士	19257625	1898375683X	2023-06-15 10:49:44
陈女生	19257626	1637847264X	2023-06-15 09:49:53
刘先生	19257627	1738277463X	2023-06-15 08:50:15
黄女士	19257628	1898375683X	2023-06-14 11:50:30
刘先生	19257629	1738277463X	2023-06-14 08:50:41
黄女士	19257630	1898375683X	2023-06-13 07:50:51

图 3.95　运行结果

信息	结果1	结果2	结果3	结果4	结果5	结果6	结果7	概况	状态

cname	oid	tel	date	price	pcs
▶ 黄女士	19257621	1898375683X	2023-06-16 10:48:57	4.8	1
黄女士	19257621	1898375683X	2023-06-16 10:48:57	1.99	1
黄女士	19257621	1898375683X	2023-06-16 10:48:57	4.56	2
刘先生	19257622	1738277463X	2023-06-16 10:49:13	1.99	1
刘先生	19257622	1738277463X	2023-06-16 10:49:13	3.99	2
刘先生	19257622	1738277463X	2023-06-16 10:49:13	16.9	1
刘先生	19257622	1738277463X	2023-06-16 10:49:13	3.99	1
陈女生	19257623	1637847264X	2023-06-16 10:49:21	2.3	5
王女士	19257624	1808376462X	2023-06-16 10:49:36	1.99	1
王女士	19257624	1808376462X	2023-06-16 10:49:36	5.58	2
王女士	19257624	1808376462X	2023-06-16 10:49:36	2.88	1
王女士	19257624	1808376462X	2023-06-16 10:49:36	22.8	1
黄女士	19257625	1898375683X	2023-06-15 10:49:44	13.9	1
黄女士	19257625	1898375683X	2023-06-15 10:49:44	1.99	1
陈女生	19257626	1637847264X	2023-06-15 09:49:53	4.8	1
刘先生	19257627	1738277463X	2023-06-15 08:50:15	3.99	1
刘先生	19257627	1738277463X	2023-06-15 08:50:15	1.99	1

图 3.96　运行结果

（5）查询客户姓名、订单编号、联系电话、下单时间、价格、数量、农产品名称、产地。

输入语句：

```
SELECT cname,o.oid,tel,date,oi.price,pcs,gname,origin FROM customer c INNER
JOIN orders o ON c.cid = o.cid INNER JOIN orderitem oi ON oi.oid = o.oid INNER JOIN
product p ON p.gid=oi.gid;
```

运行结果如图 3.97 所示。

信息	结果1	结果2	结果3	结果4	结果5	结果6	结果7	概况	状态

cname	oid	tel	date	price	pcs	gname	origin
黄女士	19257621	1898375683X	2023-06-16 10:48:57	4.8	1	空心菜	四川
黄女士	19257621	1898375683X	2023-06-16 10:48:57	1.99	1	千禧小番茄	成都
黄女士	19257621	1898375683X	2023-06-16 10:48:57	4.56	2	脆骨李	成都
刘先生	19257622	1738277463X	2023-06-16 10:49:13	1.99	1	黄瓜	四川
刘先生	19257622	1738277463X	2023-06-16 10:49:13	3.99	2	黄杏	成都
刘先生	19257622	1738277463X	2023-06-16 10:49:13	16.9	1	精品排骨	成都
刘先生	19257622	1738277463X	2023-06-16 10:49:13	3.99	1	黄杏	成都
陈女生	19257623	1637847264X	2023-06-16 10:49:21	2.3	5	土豆	四川
王女士	19257624	1808376462X	2023-06-16 10:49:36	1.99	1	黄瓜	四川
王女士	19257624	1808376462X	2023-06-16 10:49:36	5.58	2	西红柿	成都
王女士	19257624	1808376462X	2023-06-16 10:49:36	2.88	1	玉米	成都
王女士	19257624	1808376462X	2023-06-16 10:49:36	22.8	1	鲈鱼	成都
黄女士	19257625	1898375683X	2023-06-15 10:49:44	13.9	1	五花肉	成都
黄女士	19257625	1898375683X	2023-06-15 10:49:44	1.99	1	黄瓜	四川
陈女生	19257626	1637847264X	2023-06-15 09:49:53	4.8	1	空心菜	四川
刘先生	19257627	1738277463X	2023-06-15 08:50:15	3.99	1	苦瓜	四川
刘先生	19257627	1738277463X	2023-06-15 08:50:15	1.99	1	黄瓜	四川

图 3.97 运行结果

（6）查询没有卖出的农产品信息。

输入语句：

```
SELECT product.* FROM product LEFT JOIN orderitem ON product.gid=orderitem.gid
WHERE oid IS NULL;
```

运行结果如图 3.98 所示。

信息	结果1	结果2	结果3	结果4	结果5	结果6	结果7	概况	状态

gid	gname	origin	type	spec	price	mfg	exp	sid
G0365208	水蜜桃	成都	水果	400g	3.83	2023-06-16	2023-06-18	3
G0365215	脆红李	攀枝花	水果	250g	4.99	2023-06-15	2023-06-21	4
Q0384520	乌骨鸡	成都	禽类	450g	27.8	2023-06-16	2023-06-16	2
Q0384522	鸡翅	成都	禽类	500g	8.9	2023-06-16	2023-06-16	2
S0297607	番茄	攀枝花	蔬菜	500g	6.99	2023-06-14	2023-06-19	4
Y0374223	活虾	成都	水产	250g	19.9	2023-06-16	2023-06-16	1
Y0374225	草鱼	成都	水产	500g	7.5	2023-06-16	2023-06-16	1
Y0374226	小龙虾	成都	水产	500g	18.8	2023-06-16	2023-06-16	1

图 3.98 运行结果

（7）查询没有卖出的农产品的名称和产地。

输入语句：

```
SELECT gname, origin FROM product LEFT JOIN orderitem ON product.gid =
orderitem.gid WHERE oid IS NULL;
```

运行结果如图 3.99 所示。

| 信息 | 结果1 | 结果2 | 结果3 | 结果4 | 结果5 | 结果6 |

gname	origin
水蜜桃	成都
脆红李	攀枝花
乌骨鸡	成都
鸡翅	成都
番茄	攀枝花
活虾	成都
草鱼	成都
小龙虾	成都

图 3.99　运行结果

任务 6　子查询

【知识讲解】

一个查询语句中可以嵌套一个或多个查询语句，这种嵌套查询称为子查询。整个语句中，外层查询叫主查询，内层查询叫子查询或嵌套查询。子查询的结果作为主查询的筛选条件，查询可以基于一个表也可以基于多个表。

子查询可以应用在 SELECT、UPDATE、DELETE 语句中。子查询常用的操作符有 IN、ANY/SOME、ALL、EXISTS，也可以使用比较运算符，如<、<=、>、>=、=、!=、<>等。

6.1　FROM 子句中的子查询

在查询语句中，FROM 表示从哪个表中查询，FROM 后面可以是一个表，也可以是一个查询结果。语法格式如下：

```
SELECT<* | 字段 1,字段 2…> FROM（SELECT <* | 字段 1,字段 2…> FROM 表）[[AS] 别名]
[WHERE 条件];
```

这里可以给子查询的结果取别名。子查询中也可以再嵌套子查询。

6.2　WHERE 子句中的子查询

包含 WHERE 子句中的子查询，其查询结果通常是单列数据，系统执行子查询后，子查询的结果会作为主查询的筛选条件。

1. IN 关键字的子查询

使用 IN 关键字进行子查询时，子查询语句中返回的是一个数据集合，只要满足集合中的一个数据就可以。语法格式如下：

```
SELECT< * |字段 1,字段 2…> FROM 表 WHERE 字段名 IN(SELECT 语句);
```

NOT IN 关键字的作用与 IN 正好相反，语法格式相同。

2. ANY/SOME 关键字的子查询

ANY 和 SOME 关键字是同义词，表示满足其中任一条件。这类查询会创建一个表达式对子查询的返回值列表进行比较，只要满足任意一个比较条件，就返回结果作为外层查询的条件。语法格式如下：

```
SELECT< * |字段 1,字段 2…> FROM 表 WHERE 字段名 比较运算符 ANY|SOME(SELECT 语句);
```

注意：使用"=ANY"与使用"IN"的效果是相同的。

3. ALL 关键字的子查询

ALL 关键字与 ANY 和 SOME 不同，使用 ALL 关键字表示需要同时满足所有子查询条件，才会返回记录。ALL 关键字也必须接在一个比较运算符后面，表示与子查询返回的所有值进行比较，全部满足才返回，否则不返回。语法格式如下：

```
SELECT< * |字段 1,字段 2…> FROM 表 WHERE 字段名 比较运算符 ALL(SELECT 语句);
```

4. EXISTS 关键字的子查询

EXISTS 关键字后面是任意子查询，系统只判读子查询中是否有返回行，如果有那么 EXISTS 的结果为 TRUE，否则为 FALSE。

如果是 TRUE，那么主查询将会执行，否则主查询不会执行。语法格式如下：

```
SELECT< * |字段 1,字段 2…> FROM 表 WHERE 字段名 [NOT] EXISTS(SELECT 语句);
```

NOT EXISTS 和 EXISTS 正好相反。你可以自己尝试一下。

6.3　合并查询

MySQL 允许将多个查询语句的结果组合在一起返回。使用关键字 UNION，其语法格式如下：

```
SELECT< * |字段 1,字段 2…> FROM 表
UNION [ALL]
SELECT< * |字段 1,字段 2…> FROM 表
[UNION…];
```

只需在多个 SELECT 查询语句中间添加关键字 UNION 即可。

（1）使用 UNION 时，需要遵循以下规则。

①UNION 必须由两条或两条以上的查询语句组成。

②UNION 中每条查询语句必须包含相同的列。

③查询列的数据类型必须兼容，即不同的数据类型之间可以隐式转换。

（2）UNION 包含两种方式。

①取消重复行。

直接使用 UNION 关键字进行合并，可以将重复的记录删除。

②保留所有数据，包括重复行。

使用 UNION ALL 关键字可以保留重复的记录。

（3）对合并查询结果进行排序。

SELECT 查询语句可以使用 ORDER BY 进行排序，在使用了合并查询后，只有位于最后一条的 SELECT 查询语句才有用。因为使用 UNION 后是返回的结果集，必须对结果集的全部进行排序，不能对结果集的一部分进行排序，所以不能使用多条 ORDER BY，只能在最后一条语句后面使用，对整个结果集进行排序。

【任务内容】

1. 查询有销售记录的农产品名称、产地、农产品类别、上市时间。

2. 查询来自四川的有销售记录的农产品名称、产地、农产品类别、上市时间。

3. 查询过期时间比所有订单销售时间都晚的农产品信息。

4. 查询温江供应商提供的农产品信息。

5. 查询来自四川的农产品编号、农产品名称合并供应商编号、名称。

【任务实施】

步骤 1：启动 Navicat，新建查询。

步骤 2：完成任务。

（1）查询有销售记录的农产品名称、产地、农产品类别、上市时间。

输入语句：

```
SELECT gname, origin, type, mfg FROM product WHERE gid IN ( SELECT gid FROM orderitem);
```

运行结果如图 3.100 所示。

（2）查询来自四川的有销售记录的农产品名称、产地、农产品类别、上市时间。

输入语句：

```
SELECT gname, origin, type, mfg FROM product WHERE gid IN ( SELECT gid FROM orderitem) AND  origin='四川';
```

运行结果如图 3.101 所示。

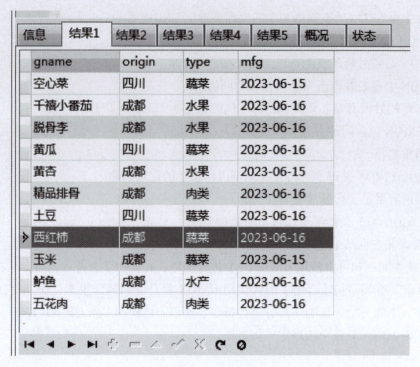

图 3.100　运行结果

gname	origin	type	mfg
黄瓜	四川	蔬菜	2023-06-16
苦瓜	四川	蔬菜	2023-06-16
土豆	四川	蔬菜	2023-06-16
空心菜	四川	蔬菜	2023-06-15

图 3.101　运行结果

（3）查询过期时间比所有订单销售时间都晚的农产品信息。

输入语句：

```
SELECT * FROM product WHERE exp>ALL(SELECT date FROM orders);
```

运行结果如图 3.102 所示。

图 3.102　运行结果

（4）查询温江区供应商提供的农产品信息。

输入语句：

```
SELECT * FROM product WHERE sid IN(SELECT sid FROM supplier WHERE address LIKE '%温江区%');
```

运行结果如图 3.103 所示。

图 3.103　运行结果

（5）查询来自四川的农产品编号、农产品名称合并供应商编号、名称。

输入语句：

```
SELECT gname,gid FROM product WHERE origin ='四川' UNION SELECT sname,sid FROM supplier;
```

运行结果如图 3.104 所示。

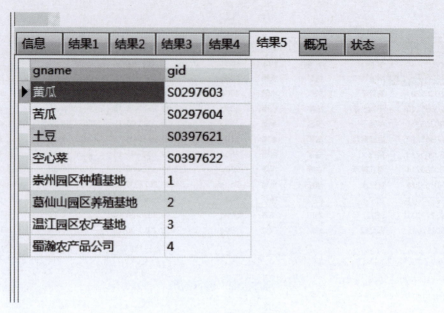

图 3.104　运行结果

【知识拓展】

MySQL 的创始人是谁?

MySQL 由 David Axmark、Michael Widenius 和 Allan Larsson 于 1994 年创建,最初的版本是基于一个小型 SQL 服务器的需求,以提供更好的性能。

1995 年,MySQL AB 公司成立,该公司致力于 MySQL 的发展和支持。

David Axmark 目前主要关注开源许可和开源战略,并在全球各地积极推广开放源代码软件和 MySQL 数据库,以及作为社区领袖传播开源精神。

Michael Widenius 常被称为"MySQL 之父"。他在 MySQL AB 公司担任联合创始人和 CTO 职位。在 Michael Widenius 的领导下,MySQL 经过近 30 年的高速发展,目前已成为全球最知名、使用人群最广、最有影响力的开源数据库。

希望集团董事长

我们在百度搜索中,只要输入关键字,就可以检索相关条目。百度搜索"希望集团董事长",我们会看到以下信息:

"刘永好,男,生于 1951 年 9 月,四川新津人,毕业于四川工程职业技术大学,大学专科,高级工程师,新希望集团有限公司董事长、总裁,中国民生银行副董事长,新希望六和股份有限公司董事,四川省川商总会会长,中国上市公司协会副会长,中国光彩事业发起人之一,全国农村产业融合发展联盟主席,第八至十一届全国政协委员,第十二届全国人大代表,第十三至十四届全国政协委员。"

1969 年,刘永好以知青身份插队顺江公社六大队四中队。1973 年,考入德阳机器制造学校。1976 年,分配到成都机械工业管理学校当老师。1982 年,与三位兄长先后放弃公职,筹集 1 000 元创办育新良种场，成为"世界鹌鹑大王"。1987 年，研制出第一款国产乳猪饲料。1992 年，在希望饲料公司的基础上，成立改革开放以来第一家私营企业集团——希望集团，成为"饲料大王"。1993 年，首次当选全国政协委员，作为私营企业主第一个在全国政协会上发言。1994 年，参与发起"光彩事业"，积极实施"八七扶贫攻坚计划"。1995 年，刘氏兄弟明晰产权、资产重组，刘永好组建新希望集团并任董事长。1996 年，发起成立由民营资本构成的民生银行。

刘永好用企业家的扎实行动，支持中国上亿农民和城市家庭的"吃饭"大计，被党中央、国务院授予"改革先锋""全国劳动模范"等称号；荣获"改革开放 40 年百名杰出民营企业家"称号；荣获财政部颁发的"中华慈善奖"。新希望集团连续 14 年被评为"中国企业 500 强"。

要点：

1. 做事要有目标。

2. 培养文化自信。

【思考与练习】

一、单选题

1. 在 MySQL 中，下列（　　）语句可以查询数据表中的所有列。

A. SELECT *　　　　　　　　　　B. SELECT columns（ * ）

C. SELECT ALL　　　　　　　　　D. SELECT ALL COLUMNS

2. 订单表 tb_order 包含用户信息 uid 和产品信息 pid 等属性列，以下语句能够返回至少被订购过 3 次的 pid 是（　　）。

A. SELECT pid FROM tb_order WHERE count（pid）>3；

B. SELECT pid FROM tb_order WHERE max（pid）>=3；

C. SELECT pid FROM tb_order GROUP BY pid HAVING COUNT（pid）>3；

D. SELECT pid FROM tb_order GROUP BY pid HAVING COUNT（pid）>=3；

3. 在使用 INSERT INTO 插入记录时，对于 AUTO_INCREMENT 列，若需要使其值自动增长，下面填充方式中错误的是（　　）。

A. 填充 NULL 值　　　　　　　　B. 不显式地填充值

C. 填充数字 0　　　　　　　　　D. 填充数字 1

4. 统计表中所有记录个数的聚集函数是（　　）。

A. COUNT（）　　　B. SUM（）　　　C. MAX（）　　　D. AVG（）

5. 下列关于 GROUP BY 语句的描述中，不正确的是（　　）。

A. 分组条件可以有多个，并且每一个可以分别指定排序方式

B. 可以使用 WHERE 子句对所得的分组进行筛选

C. GROUP BY 可配合聚合函数一起使用，但 GROUP BY 子句中不能直接使用聚合函数

D. 除了聚合函数，SELECT 语句中的每个列都必须在 GROUP BY 子句中给出

6. 设有学生表 student（sno，sname，sage，smajor），要从 student 表中检索 sname 字段

值第 2 个字是"红"的所有学生信息。以下能够按照上述条件进行检索的 WHERE 表达式是（　　）。

    A. sname LIKE"_红%"

    B. sname LIKE"_红_"

    C. sname LIKE"%红%"

    D. sname LIKE"%红_"

7. 学生表 student 包含 sname，sex，age 三个属性列，其中 age 的默认值是 20，执行 SQL 语句 INSERT INTO student(sex,sname,age)　VALUES("F","Rose",)；的结果是（　　）。

    A. 执行成功，sname，sex，age 的值分别是 Rose，F，20

    B. 执行成功，sname，sex，age 的值分别是 F，Rose，NULL

    C. 执行成功，sname，sex，age 的值分别是 F，Rose，20

    D. SQL 语句不正确，执行失败

8. 使用 INSERT 语句插入数据时，正确的使用形式不包括（　　）。

    A. INSERT…VALUES 语句

    B. INSERT…SELECT 语句

    C. INSERT…WHERE 语句

    D. INSERT…SET 语句

9. 查找姓名不为 NULL 的条件语句是（　　）。

    A. WHERE name！NULL

    B. WHERE name NOT NULL

    C. WHERE name IS NOT NULL

    D. WHERE name！＝NULL

10. 下列关于 MySQL 数据库备份与恢复的叙述中，错误的是（　　）。

    A. mysqldump 命令的作用是备份数据库中的数据

    B. 数据库恢复是使数据库从错误状态恢复到最近备份时的正确状态

    C. 数据库恢复的基础是数据库副本和日志文件

    D. 数据库恢复措施与数据库备份的类型有关

二、填空题

1. SELECT 语句语法复杂，但至少包含_____和_____子句。

2. SQL 语句中的条件使用_____子句来表达。

3. 向表中插入一条记录使用的语句是_____。

4. 分组的 SELECT 子句是_____。

三、实践操作题

1. 分别向 Employee、Department、Order、Product、Customer、Category 表中添加数据，数据内容如表 3.11~表 3.16 所示。

表 3. 11　Employee（员工表）

E_ID	E_Name	Sex	BirthDate	HireDate	Salary	D_ID
001	张飞	男	1990/1/1	2005/1/1	8 000	1
002	刘备	男	1992/2/1	2008/7/5	16 000	2
003	貂蝉	女	1991/9/8	2005/1/1	7 000	3
004	张香儿	女	1994/5/5	2010/5/5	7 700	2
005	项羽	男	1991/8/5	2004/1/1	8 500	2
006	关羽	男	1992/1/5	2008/9/10	8 800	3
007	诸葛亮	男	1990/1/1	2009/1/2	15 000	4

表 3. 12　Department（部门表）

D_ID	D_Name	Manager	Description
1	市场部	张飞	
2	人事部	晓丹	
3	销售部	蒙日	
4	研发部	王维	
5	董事长	孙军	

表 3. 13　Order（订单表）

O_ID	P_ID	number	E_ID	CustomerID	Date
1	1	230	1	1	2024/5/30
2	1	10	2	1	2024/6/1
3	2	320	1	1	2024/6/1
4	1	500	4	2	2024/6/2
5	3	100	4	1	2024/6/20
6	3	210	5	2	2024/6/22

表 3. 14　Product（商品表）

P_ID	P_Name	Price	C_ID
1	iPhone 15	6138	1
2	iPhone 15 Pro Max	8549	1
3	iPhone 13	4899	1
4	iPhone 12	1999	1
5	华为 Pura70 pro	6999	3

P_ID	P_Name	Price	C_ID
6	华为 Mate60 Pro+	8499	3
7	华为 nova12	2199	3
8	小米 13	2799	2
9	小米 14	4299	2
10	小米 14 Pro	5099	2
11	vivo iQOO 12	4299	3

表 3.15　Customer（顾客表）

CustomerID	CustomerName	LianXiRen	Phone	address	Email
1	京东商城	刘强东		北京市亦庄经济开发区	
2	苏宁易购	张近东		南京市鼓楼区山西路	
3	天猫商城	马云	13588889999	浙江省杭州市余杭区	
4	拼多多	陈磊		上海市长宁区愚园路	
5	阿里巴巴	马云		浙江省杭州市滨江区	
6	亚马逊（中国）	贝索斯		天津市武清区福源道	

表 3.16　Category（类别表）

C_ID	C_Name
1	苹果
2	小米
3	华为
4	vivo
5	三星

2. 更新表信息。

（1）将"刘备"调到"市场部"。

（2）将所有"苹果"手机降价 500 元（类别为 1）。

（3）将"市场部"所有工资低于 4 000 元的男性加薪 50 元。

（4）将所有 2008 年后入职的员工，薪水提升 500 元。

（5）删除姓"张"的员工。

3. 检索表信息。

（1）查询所有雇员：员工号、姓名、性别。

（2）查询所有员工的姓名和薪水（使用别名）。

（3）返回前 5 条客户信息。

（4）返回订单表中从第 2 条开始的 3 条订单信息。

（5）返回所有女性雇员的出生日期。

（6）统计雇员表中工资>= 10 000 的人数。

（7）查询部门编号为"2"的女性雇员信息。

（8）统计 Order 订单表中数量在 200~500 的产品编号和数量，并按订单数量排序。

（9）统计商品表中各类商品数量、总金额。

（10）统计公司一共有多少名员工。

项目四

智能农商系统管理

　　系统管理项目的目标是建立高效、安全和可扩展的数据管理系统，以支持企业的业务需求和数据驱动决策。具体包括：

　　1. 数据存储优化：设计规范化的数据库结构，优化数据存储和索引，提高数据访问效率。

　　2. 高效数据操作：实现高效的数据插入、更新和删除操作，确保数据操作的准确性和及时性。

　　3. 数据安全与合规：实施严格的权限控制和数据加密措施，确保数据的安全性和合规性。

　　4. 备份与恢复：制定和实施数据备份与恢复策略，保障数据的长期安全和可用性。

　　5. 性能监控与优化：持续监控数据库性能，及时进行优化，确保系统的高可用性和稳定性。

项目目标

知识目标：

1. 了解视图的概念和作用。

2. 理解 T-SQL 语句管理视图的方法。

3. 了解存储过程的概念。

4. 掌握 T-SQL 语句管理存储过程的方法。

5. 掌握 T-SQL 编程基础知识。

6. 了解事务的概念。

7. 掌握 T-SQL 语句管理事务的方法。

8. 理解数据库权限表和使用方法。

能力目标：

1. 具备创建、查看、修改和删除视图的能力。

2. 具备掌握使用视图操作表中数据的能力。

3. 具备创建和调用存储过程的能力。

4. 具备创建和管理事务的能力。

5. 具备创建用户、授权、收回权限的能力。

6. 具备管理用户的能力。

素质目标：

1. 具备数据安全意识。

2. 具备网络安全意识。

3. 具备学习和总结的能力。

4. 具备良好的沟通能力。

任务1　视图管理

数据库中除了有数据表外，还有视图、函数等数据库对象，通过这些数据库对象可以辅助实现对数据进行管理、查询等操作。

【知识讲解】

1.1　视图

在实际应用中，某些查询可能需要被反复执行。为了方便使用，可以将这个查询定义为一个数据库对象，通过操作对象即可获得查询结果。

视图是一个表或多个表查询结果保存的数据库对象。视图是虚拟表，并没有真实存储的表结构或数据，只保存了查询语句，视图的内容由视图中的 SELECT 语句定义。数据仍然存储在原来的数据表中，数据表中的数据发生变化，视图中的数据也会变化。

视图的使用与表类似，可以通过视图，对相关表中存放的数据进行添加、删除、修改、查询。视图在数据库中的作用如下：

重复利用 SQL 语句

视图是数据库对象，可以通过名称反复调用；将 SQL 查询语句定义为视图后，可以重复利用视图进行数据查询。

简化 SQL 查询，方便取数据

视图中包含 SQL 查询语句，通过查询视图，可以快速获得查询结果。

保护数据安全，特定授权

视图作为数据库对象，可以对不同用户进行权限授予或拒绝，从而保护数据安全。

隐藏数据表及其结构

使用视图，用户不能掌握数据表及其结构，使逻辑数据独立。用户只能通过视图查询、修改他们所能见到的数据。

视图的创建规则和使用限制如下：

（1）作为数据库对象，视图的命名在数据库范围内必须唯一；

（2）可创建的视图数目没有限制；

（3）用户必须具有创建视图的权限才能执行对应操作；

（4）视图可以嵌套，可以从其他的视图或表中查询数据构造一个视图；

（5）查询视图时可以包含 ORDER BY 子句，但是如果创建视图的 SELECT 语句中也包含 ORDER BY 子句，那么视图中的 ORDER BY 子句将被覆盖；

（6）不能在视图上建立索引，也不能有关联的触发器或默认值；

（7）视图和表可以一起使用。

视图来源于数据表的查询，视图同数据库同样是数据库对象，可以进行数据的添加、删除、更新或修改。视图与数据表的区别如表 4.1 所示。

表 4.1　视图与数据表的区别

项目	数据表	视图
结构	真实存在	已编译的 SQL 查询语句
记录	实际存储	来源于定义中 SELECT 语句查询结果
占用物理空间	有	无
创建基于	无	基于数据表，或视图
使用	数据增、删、改操作并影响记录	有条件执行数据增、删、改操作并影响记录

1.2　创建视图

视图的创建是通过 SELECT 语句对已存在的数据表或视图进行的查询。

在关系数据库中，使用 CREATE VIEW 语句创建视图。

```
CREATE VIEW view_name [(column_list)]
AS select_statement
```

其中，view_name 表示视图的名称，由创建者命名；column_list 表示字段列表，可省略；select_statement 表示查询语句。

例 1：创建一个名为 view_products 的视图，该视图显示 2023 年 6 月 16 日生产的水果的名称、规格、单价及保鲜日期。

在数据库 freshmarket 中，选择命令行工具，运行如下命令：

```
CREATE VIEW view_products
AS
    SELECT name,spec,price,exp
    FROM product
    WHERE mfg='2023-6-16';
```

在 Navicat 中，选择 freshmarket 数据库，展开"视图"选项，可以看到视图对象 view_products。打开该视图对象，可以看到该视图对象如同表，如图 4.1 所示。

在视图对象中，除了可以打开视图，还可以设计视图、新建视图、删除视图，如图 4.2 所示。

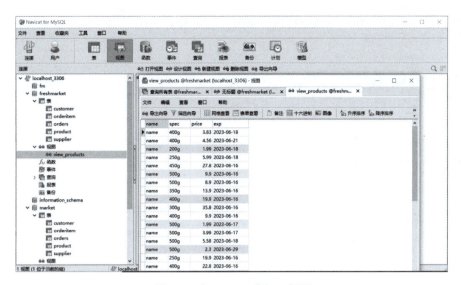

图 4.1　在 Navicat 中打开视图

图 4.2　Navicat 中对视图的操作

单击"设计视图"按钮，可以打开视图的设计界面，该界面与表的设计界面不同，如图 4.3 所示，设计视图界面显示的是创建该视图的 SQL 语句。

图 4.3　Navicat 设计视图界面

在视图对象界面，单击"新建视图"按钮，显示新建视图界面，如图 4.4 所示。

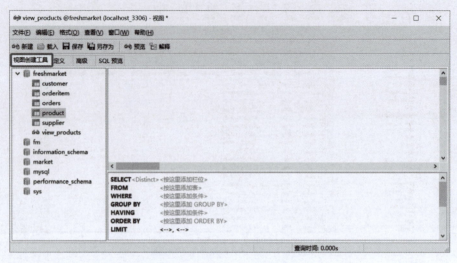

图 4.4 Navicat 新建视图界面

单击"视图创建工具"按钮，可以通过图形界面的方式创建视图，如图 4.5 所示。在该界面的左侧选择需要的表，本例中选择 product 表，在界面的右侧上方空白处将出现该表，选择视图中需要的列：name，spec，price，exp，单击选择这些列。界面的右侧下方有一个 SELECT 语句，这个 SELECT 语句就是视图定义中的 SELECT 语句。此时 SELECT 语句及 FROM 语句已经完成，在 WHERE 语句后面添上条件"product. mfg＝2023-6-16"。若还有其他分组、排序要求，可写到对应的语句中。单击"确定"按钮，关闭该窗口。

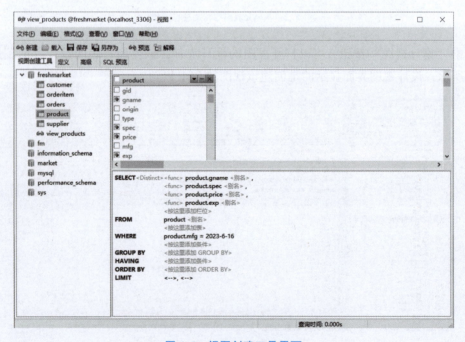

图 4.5 视图创建工具界面

此时返回"新建视图"界面,可以在其中看到视图定义的 SELECT 语句。单击"保存"按钮,如图 4.6 所示。

图 4.6　保存视图定义

在弹出的对话框中,输入视图名"view_products2",如图 4.7 所示,单击"确定"按钮。

图 4.7　输入视图名对话框

视图定义完成后,可以在 Navicat 的左侧 freshmarket 数据库的视图中看到 view_products2 视图,如图 4.8 所示。

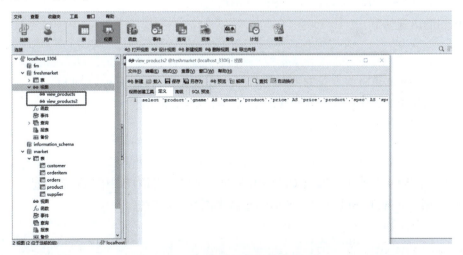

图 4.8　查看视图创建结果

例 2：创建一个名为 view_orderdetail 的视图，包含刘先生所下订单的编号、时间及订单价格。

```
CREATE VIEW view_orderdetail
AS
SELECT oid,date,total
FROM orders AS o INNER JOIN customer AS c ON o.cid=c.cid
WHERE cname='刘先生';
```

在视图中，当数据涉及多个表时，可以使用多表连接方式定义查询。

例 3：创建一个名为 view_ordernum 的视图，包含每个客户曾经下订单的数量。

```
CREATE VIEW view_ordernum
AS
SELECT cid,COUNT( * ) AS '订单数'
FROM orders
GROUP BY cid;
```

在视图中，可以使用 GROUP BY 进行分组，或是使用聚合函数进行计算。

视图创建和使用最常见的规则和限制如下：

视图是数据库对象，在该数据库范围内命名必须唯一；

创建视图的数目没有限制；

视图可以嵌套，可以从其他视图或表中检索数据来构造视图；

视图可以和表一起使用。例如，编写一条联结表和视图的 SELECT 语句；

视图不能创建索引，也不能有关联的触发器或默认值。

1.3 查看视图

在创建视图后，需要查看视图的定义，有三种方法。

（1）使用 DESCRIBE 语句查看视图的基本信息。

该语句的语法如下：

```
DESCRIBE view_name
```

其中 view_name 是需要查看的视图的名称。DESCRIBE 可以简写为 DESC。

例 4：使用 DESCRIBE 命令查看视图 view_orderdetail 的信息。

打开命令列，执行以下命令：

```
DEACRIBE view_orderdetail;
```

运行结果如图 4.9 所示，通过 DESCRIBE 命令可以获得该视图中的列的信息。

（2）使用 SHOW TABLE STATUS 语句查看视图的基本信息。

该语句的语法如下：

```
SHOW TABLE STATUS LIKE 'view_name';
```

```
mysql> DESCRIBE view_orderdetail;
+--------+---------------+------+-----+---------+-------+
| Field  | Type          | Null | Key | Default | Extra |
+--------+---------------+------+-----+---------+-------+
| oid    | int           | NO   |     | 0       |       |
| date   | datetime      | NO   |     | NULL    |       |
| total  | decimal(10,0) | YES  |     | NULL    |       |
+--------+---------------+------+-----+---------+-------+
3 rows in set (0.04 sec)
```

图 4.9　使用 DESCRIBE 命令查看视图

其中 view_name 是需要查看的视图的名称。

例 5：使用 SHOW TABLE STATUS 语句查看视图 view_orderdetail。

```
SHOW TABLE STATUS LIKE 'view_orderdetail';
```

运行结果如图 4.10 所示，通过 SHOW TABLE STATUS 命令可以获得该视图的整体信息。

```
mysql> SHOW TABLE STATUS LIKE 'view_orderdetail';
+------------------+--------+---------+------------+------+----------------+-------------+-----------------+--------------+-----------+----------------+-------------
| Name             | Engine | Version | Row_format | Rows | Avg_row_length | Data_length | Max_data_length | Index_length | Data_free | Auto_increment | Create_tim
e                 | Update_time | Check_time | Collation | Checksum | Create_options | Comment     |
+------------------+--------+---------+------------+------+----------------+-------------+-----------------+--------------+-----------+----------------+-------------
| view_orderdetail | NULL   | NULL    | NULL       | NULL | NULL           | NULL        | NULL            | NULL         | NULL      | NULL           | 2023-07-06
14:51:15         | NULL        | NULL       | NULL      | NULL     | NULL           | VIEW        |
+------------------+--------+---------+------------+------+----------------+-------------+-----------------+--------------+-----------+----------------+-------------
1 row in set (0.03 sec)
```

图 4.10　使用 SHOW TABLE STATUS 命令查看视图

（3）使用 SHOW CREATE VIEW 语句查看视图的详细信息。

该语句的语法如下：

```
SHOW CREATE VIEW view_name
```

其中 view_name 是需要查看的视图的名称。

例 6：使用 SHOW CREATE VIEW 语句查看视图 view_orderdetail。

```
SHOW CREATE VIEW view_orderdetail;
```

运行结果如图 4.11 所示，通过 SHOW CREATE VIEW 命令可以获得该视图的创建信息。

```
mysql> SHOW CREATE VIEW view_orderdetail;
+------------------+-------------------------------------------------------------------------------------------
| View             | Create View
                   | character_set_client | collation_connection |
+------------------+-------------------------------------------------------------------------------------------
| view_orderdetail | CREATE ALGORITHM=UNDEFINED DEFINER=`root`@`localhost` SQL SECURITY DEFINER VIEW `view_orderdetail` AS select
`o`.`oid` AS `oid`,`o`.`date` AS `date`,`o`.`total` AS `total` from (`orders` `o` join `customer` `c` on((`o`.`cid` = `c`.`cid`)))
where (`c`.`cname` = '刘先生') | utf8mb4            | utf8mb4_0900_ai_ci   |
+------------------+-------------------------------------------------------------------------------------------
1 row in set (0.04 sec)
```

图 4.11　使用 SHOW CREATE VIEW 语句查看视图

1.4 修改视图

修改视图是指修改数据库中已存在的视图。修改视图可以修改视图的定义，即 SELECT 语句或视图中字段的名字。

在 MySQL 中，可以通过 CREATE OR REPLACE VIEW 语句和 ALTER VIEW 语句来修改视图。

```
CREATE OR REPLACE VIEW view_name [(column_list)]
AS select_statement
```

或

```
ALTER VIEW view_name [(column_list)]
AS select_statement
```

例 7：修改视图 view_ordernum，将视图中的列"订单数"修改为"ordernum"。

```
CREATE OR REPLACE VIEW view_ordernum
AS
SELECT cid,COUNT( * ) AS 'ordernum'
FROM orders
GROUP BY cid;
```

也可以使用 ALTER VIEW 命令。

```
ALTER VIEW view_ordernum(cid,ordernum)
AS
SELECT cid,COUNT( * )
FROM orders
GROUP BY cid;
```

1.5 删除视图

当视图不再需要时，可以将其删除。删除视图时，只会删除视图的定义，不会删除数据。

删除一个或多个视图可以使用 DROP VIEW 语句，其基本语法如下：

```
DROP VIEW  view_name[,view_name]…
```

DROP VIEW 后写出需要删除的视图名，要删除多个视图，视图名之间用逗号隔开。

例 8：使用 DROP VIEW 语句删除视图 view_products2。

```
DROP VIEW view_products2;
```

删除视图时，确认该视图不再需要，删除后不可恢复。一次可以删除多个视图，用逗号隔开。

1.6　利用视图更新数据

视图的作用类似于数据表，可以利用视图修改数据，即通过视图对数据表进行插入、更新、删除等操作。通过视图增加、更新或者删除记录，实际上是对其基本表增加、更新或者删除数据。视图更新仍然使用 INSERT、UPDATE 和 DELETE 语句，修改后的数据会真正作用到数据表。

例 9：创建视图 view_customer，包含客户编号、客户姓名、电话、地址。向视图 view_customer 添加一条数据。

步骤 1：创建视图。

```
CREATE VIEW view_customer
AS
SELECT cid,cname,tel,address
FROM customer;
```

步骤 2：向视图添加数据。

```
INSERT INTO view_customer(cname,tel,address)
VALUES('陈小姐','1898364738X','成都市锦江区红星路');
```

步骤 3：查询视图，查看数据。

```
SELECT * FROM view_customer;
```

查询结果如图 4.12 所示。

信息	结果1	概况	状态	
cid	cname	tel	address	
1	王女士	1808376462x	成都市温江区大学城	
2	刘先生	1738277463x	成都市温江区德通桥	
3	陈女生	1637847264x	成都市温江区花都大道	
4	李女生	1388726374x	成都市温江区体育馆	
5	黄女士	1898375683x	成都市温江区国色天乡	
6	陈小姐	1898364738X	成都市锦江区红星路	

图 4.12　查看视图数据

通过视图添加数据时，需要符合涉及的数据表中的数据类型，如是否为空、约束、外键等条件。

试一试：向视图 view_orderdetail 添加一条数据。是否能成功？若不能，分析是什么原因？

例 10：通过视图 view_customer 修改陈小姐的电话号码为 19883647383。

```
UPDATE view_customer
SET tel ='19883647383'
WHERE cname ='陈小姐';
```

例 11：通过视图 view_customer 删除陈小姐的数据。

```
DELETE FROM view_customer
WHERE cname ='陈小姐';
```

试一试：删除视图 view_ordertail 中的一条数据。

并不是所有情况下，都能执行视图的更新操作。

要创建可更新视图，定义视图的 SELECT 语句不能包含以下任何元素：

聚合函数，如 MIN、MAX、SUM、AVG、COUNT 等；

DISTINCT 子句；

GROUP BY 子句；

HAVING 子句；

UNION 或 UNION ALL 子句；

左连接或外连接；

SELECT 语句中的子查询或引用该表的 WHERE 语句中的子查询出现在 FROM 语句中；

引用 FROM 语句中的不可更新视图；

仅引用文字值；

对基表的任何列的多次引用。

【任务描述】

根据智能农商系统的数据库设计，完成以下视图的创建，为后续应用程序访问数据调用提供便利。

1. 创建视图 view_products，展示销售情况最好的农产品的名称、单价、销售次数。
2. 创建视图 view_cus，该视图展示客户的编号、姓名、电话及地址。
3. 通过视图 view_cus，修改客户 3 的电话为 18703456789，查询客户表验证结果。

【任务实施】

（1）创建视图 view_products，展示销售情况最好的农产品的名称、单价、销售次数。

分析：该视图明确需要的数据是农产品名称和单价，均来自农产品表 product。要求销售情况最好隐含数据来自订单详情表 orderitem 每个农产品出现的次数，需要根据农产品编号分组并计算农产品的销售数量且由高到低排序。此视图需要关联农产品表和订单详情表，为两表作内连接。

编写查询语句查询农产品销售次数，如图 4.13 所示。

图 4.13 查询农产品销售次数

编写创建视图 SQL 语句如下，运行结果如图 4.14 所示。

```
CREATE TABLE view_products
AS
SELECT name,p.price,COUNT( * )
FROM product AS p INNER JOIN orderitem AS o ON p.gid=o.gid
GROUP BY p.gid
ORDER BY COUNT( * ) DESC
```

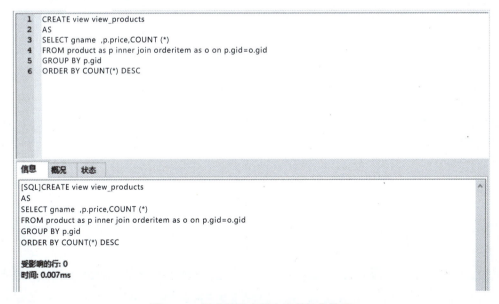

图 4.14 创建视图查看农产品销售情况

查询视图 view_products，验证视图的创建，如图 4.15 所示。

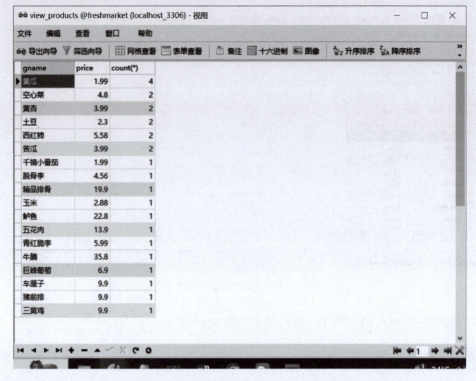

图 4.15　查询视图 view_products

（2）创建视图 view_cus，该视图展示客户的编号、姓名、电话及地址。

分析：该视图需要的数据均来自客户表 customer，是一个简单查询，如图 4.16 所示。

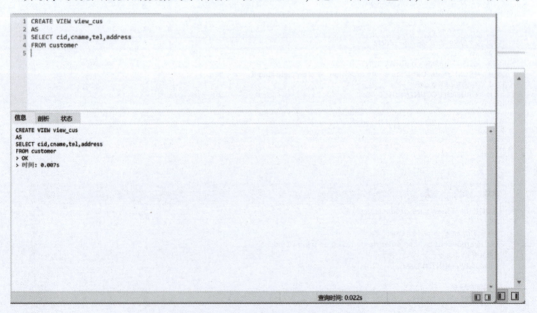

图 4.16　创建视图查看客户基本信息

```
CREATE VIEW view_cus
AS
SELECT cid,cname,tel,address
FROM customer
```

（3）通过视图 view_cus，修改客户 3 的电话为 1870345678X，查询客户表验证结果。

分析：视图 view_cus 来源于数据表 customer，可以通过该视图修改数据表中数据，如图 4.17 所示。

```
UPDATE view_cus
SET tel='1870345678X'
WHERE cid=3
```

图 4.17　通过视图修改数据

查询视图查看数据，如图 4.18 所示。

```
SELECT * FROM view_cus
```

cid	cname	tel	address
1	王女士	1808376462X	成都市温江区大学城
2	刘先生	1738277463X	成都市温江区德通桥
3	陈女生	1870345678X	成都市温江区花都大道
4	李女生	1388726374X	成都市温江区体育馆
5	黄女士	1898375683X	成都市温江区国色天乡
6	帅先生	1848376462X	成都市青羊区蔡桥街道
7	糖果	1808376463X	成都市
8	玉米	1692876463X	成都市
9	花生	1352876463X	成都市

图 4.18　查询视图查看数据

查看数据表 customer，与视图数据进行比较，如图 4.19 所示，数据修改成功。

```
SELECT * FROM customer
```

cid	cname	tel	address	level	sex
1	王女士	1808376462X	成都市温江区大学城	1	女
2	刘先生	1738277463X	成都市温江区德通桥	1	男
3	陈女生	1870345678X	成都市温江区花都大道	2	女
4	李女生	1388726374X	成都市温江区体育馆	3	女
5	黄女士	1898375683X	成都市温江区国色天乡	3	女
6	帅先生	1848376462X	成都市青羊区蔡桥街道	2	男
7	糖果	1808376463X	成都市	3	(Null)

图 4.19　查询数据表查看数据

任务 2　存储过程管理

【知识讲解】

2.1　存储过程基本概念

存储过程（Stored Procedure）是在大型数据库系统中，为了完成特定功能的一组 SQL 语句集，它存储在数据库中，一次编译后永久有效，用户通过指定存储过程的名字并给出输入参数和输出参数（如果该存储过程带有参数）来执行它。存储过程是数据库中的一个重要对象。在数据量特别庞大的情况下利用存储过程能大大地提高数据访问的效率。同时，存储过程可以重复使用，这样大大降低了数据库开发人员的工作量。

存储过程的优点：

（1）灵活：存储过程是用结构化语句编写的，可以完成复杂的逻辑运算。

（2）复用性高：存储过程一旦编译，其存储在数据库的服务器中，可以重复调用，极大地提高了程序的执行效率，降低了开发人员的工作量。

（3）降低网络流量：当客户端调用存储过程时，只需传递存储过程的名称以及参数（如果该存储过程带参数）就可以了，不需要全部代码，从而降低了网络传输数据量。

（4）数据独立：当客户端调用存储过程时，存储过程将原始数据和客户分离开，当原始数据发生变化时，可以修改存储过程，避免客户直接看到数据，提高数据安全性。

（5）安全：存储过程可以有效防止恶意的 SQL 注入式攻击，通过设置存储过程的权限，允许某些特定客户访问，避免其直接访问数据原表，保证数据的安全性。

存储过程的不足：

（1）调试相对麻烦，但可以使用 PL/SQL Developer 来弥补这个缺点。

（2）可移植性差，数据库端代码与数据库相关。但如果是做工程项目，基本不存在移植问题。

（3）由于后端代码是运行前编译，如果带有引用关系的对象发生改变时，受影响的存储过程将要重新编译。

（4）维护成本高。如果在一个程序中大量使用存储过程，当程序交付使用的时候随着用户需求的增加会导致数据结构的变化，这时需要修改原来写定的存储过程。维护成本跟着增加许多。存储过程离不开 SQL 变量、运算符和表达式。

2.2　SQL 变量

SQL 变量和其他语言中的变量类似，表示程序运行中可以改变的量。MySQL 中的变量包括用户变量、系统变量、局部变量三种。

1. 用户变量

由用户自己定义的变量，可以在该变量中存储数据，后期直接引用变量名就可以获得变量中的数据，也可以改变该变量中的数据。

定义和初始化用户变量使用 SET 关键字，其语法格式如下：

```
SET@<变量名 1>=<表达式 1>[, @<变量名 2>=<表达式 2>,……];
```

说明：

（1）变量名必须以一个"@"开头，以便将变量名和字段名相区分；变量名需要符合 MySQL 的命名规范，由字母、数字、"_"、"."、"$"组成。

（2）表达式可以是数字、字符串、日期或 NULL。

（3）可以一次定义多个变量，每个变量之间用半角逗号分隔。

例 1：定义变量并赋值。

```
SET @sName='王娜娜',@sAge='18',@sBirth='2003-8-20';
```

这里定义了 3 个用户变量，并为 3 个变量分别初始化了值。

注意：用户变量可以在一个会话的任何地方声明，作用域是整个会话。

定义和初始化用户变量还可以使用 SELECT 关键字，其语法格式如下：

```
SELECT @<变量名 1>=<表达式 1>[, @<变量名 2>=<表达式 2>,…] [FROM 表名…]
```

SELECT 一般用于输出用户变量。

2. 系统变量

在 MySQL 服务器启动和运行过程中，会用到许多影响程序运行的变量。全局变量影响服务器的整体操作，会话变量影响具体客户端连接的操作。

系统变量一般都以"@@"开头，但某些特定的系统变量省略了"@@"。

例 2：查看当前服务器系统变量。

```
SHOW VARIABLES;
```

运行结果如图 4. 20 所示。

Variable_name	Value
transaction_isolation	REPEATABLE-READ
transaction_prealloc_size	4096
transaction_read_only	OFF
transaction_write_set_extr	XXHASH64
unique_checks	ON
updatable_views_with_lim	YES
use_secondary_engine	ON
version	8.0.23
version_comment	MySQL Community Serve
version_compile_machine	x86_64
version_compile_os	Win64
version_compile_zlib	1.2.11
wait_timeout	28800
warning_count	0

信息　结果1　结果2　概况　状态

图 4. 20　运行结果

例 3：查看 MySQL 版本号。

```
SELECT@@ version;
```

运行结果如图 4. 21 所示。

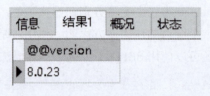

图 4. 21　运行结果

3. 局部变量

局部变量一般用在 BEGIN…END 之间的语句块中，只在该语句块中有效，语句块一旦结束就失效。MySQL 中的局部变量必须先声明，再使用。使用 DECLARE 关键字进行声明，使用 DEFAULT 赋默认值。其基本语法如下：

```
DECLARE <变量名> <数据类型>[DEFAULT <默认值>];
```

如果不指定默认值，则为 NULL。

例 4：定义局部变量 num1。

```
DECLARE num1 int DEFAULT 2;
```

局部变量和用户变量的区别：

局部变量主要用于存储过程中。在调用存储过程时，以 DECLARE 声明的变量都会被初始化为 NULL，而用户变量则不会被再次初始化，在一个会话内，只需初始化一次，之后的会话内都是对上一次计算的结果。

2.3　SQL 编程语句

1. BEGIN…END

在 MySQL 中通常用 BEGIN…END 语句表示一个语句块，相当于一个整体，类似 C 语言中大括号 {} 的用途，即将执行语句放入其中，批量运行。

2. IF…THEN…ELSE…END IF

该语句作为条件判断。当满足条件时执行 THEN 后的语句，不满足条件时则执行 ELSE 后的语句。条件判断也可以嵌套条件判断语句。其语法格式如下：

```
IF <判断条件> THEN
    <语句块 1>;
    [ELSE <语句块 2>;]
END IF;
```

3. CASE…WHEN…THEN…END CASE

该语句也作为条件判断，还可以返回多个结果，实现程序中多分支结构。虽然 IF 语句也能实现条件判断，但 CASE 的可读性更强。当条件在一个范围时使用 IF 语句，当条件是某个固定的值时使用 CASE 更为简便。其语法格式如下：

```
CASE <判断条件>
    WHEN <值 1>  THEN <语句块 1>;
    WHEN <值 2>  THEN <语句块 2>;
…
    [ELSE <语句块 N>]
END CASE;
```

将判断条件的结果和下面各个 WHEN 子句后的值进行比较，如果相等，则执行 THEN 后面的语句块，执行完成后直接结束并跳出 CASE 语句。如果 WHEN 子句中的值都不满足要求，则直接执行 ELSE 子句后面的语句块，执行完成后结束并跳出 CASE 语句。如果 WHEN 子句和 ELSE 子句都不满足，则不执行 CASE 语句内任何一个语句块。

CASE 语句还有一种语法格式，如下：

```
CASE
    WHEN <判断条件 1>  THEN <语句块 1>;
    WHEN <判断条件 2>  THEN <语句块 2>;
...
    [ELSE <语句块 N>]
END CASE;
```

这里，CASE 后面没有判断条件，需要先计算第一个 WHEN 子句后面的判断条件，如果满足条件，执行 THEN 后的语句块，执行完成后结束并跳出 CASE 语句。如果不满足再去计算第二个 WHEN 子句，以此类推。如果都不满足条件则执行 ELSE 后的语句块。如果没有 ELSE，则不执行 CASE 中任何一条语句。

4. WHILE…DO…END WHILE

该语句是循环控制语句，其语法格式如下：

```
WHILE <判断条件> DO
    <语句块>;
END WHILE;
```

先判断条件，若满足条件则执行 DO 后面的语句块，执行完成后，再进行条件判断，以此类推，直到不满足条件，结束循环。

5. LOOP…END LOOP

该语句也是循环控制语句，其语法格式如下：

```
LOOP
    <语句块>;
END LOOP;
```

LOOP 语句没有停止循环的条件，因此必须和跳转 LEAVE 语句一起使用，才能实现停止循环，跳转的效果。

6. REPEAT…END REPEAT

该语句是有条件控制循环语句，其语法格式如下：

```
REPEAT
    <语句块>;
    UNTIL<判断条件>
END REPEAT;
```

REPEAT 先执行语句块，再进行条件判断，如果满足条件则再次执行语句块。

REPEAT 和 WHILE 的区别：WHILE 先判断条件再执行语句，REPEAT 先执行语句后判断条件。

7. LEAVE、ITERATE

二者都是用于跳转，LEAVE 是跳出整个循环控制，执行循环体后面的语句，通常和循环一起使用，避免出现死循环。ITERATE 是跳出本次循环，再根据判断条件决定是否进行下次循环。

LEAVE 和 ITERATE 都需要用到标签，跳到标签所在位置。

2.4　简单的存储过程

SQL 变量和 SQL 编程语句都可以用到存储过程中，提高编程效率。

（1）创建存储过程的基本语法格式如下：

```
CREATE procedure 存储过程名()
    BEGIN
        <语句块>;
END
```

（2）查看存储过程的基本语法格式如下：

```
SHOW procedure status 存储过程名;
或者
SHOW procedure status LIKE '<存储过程模糊名>'
或者
SELECT * FROM information_schema.routines;
```

在 MySQL 中，存储过程存放在 information_schema 数据库中的 routines 表中，所以我们可以像查询表中信息一样查询存储过程。

（3）调用存储过程的基本语法格式如下：

```
CALL 存储过程名();
```

（4）存储过程的基本语法格式如下：

```
DROP procedure 存储过程名();
```

2.5　创建带参数的存储过程

带参数的存储过程可以大致分为 3 类：带输入参数的存储过程、带输出参数的存储过程、带输入/输出参数的存储过程。

（1）创建带输入参数的存储过程基本语法如下：

```
CREATE procedure 存储过程名([in] <参数名1> <参数类型1>,[in] <参数名2> <参数类型2>)
    BEGIN
        <语句块>;
    END
```

in 表示输入参数，可以省略，默认情况下参数都是输入参数；如果定义时使用了参数，那么调用该存储过程时也要使用参数，并且参数的数量和顺序必须和定义时一致。

（2）创建带输出参数的存储过程基本语法如下：

```
CREATE procedure 存储过程名(out <参数名 1> <参数类型 1>,out <参数名 2> <参数类型 2>)
    BEGIN
        <语句块>;
    END
```

out 表示输出参数，多个输出参数之间用半角逗号分隔。

（3）创建带输入/输出参数的存储过程基本语法如下：

```
CREATE procedure 存储过程名(inout <参数名 1> <参数类型 1>,inout <参数名 2> <参数类型 2>)
    BEGIN
        <语句块>;
    END
```

inout 表示输入/输出参数，既可以把外部的数据传入到存储过程中，又可以把存储过程语句块中的运算结果输出到参数中。

注意：存储过程的参数名不要与数据表中的字段名重复，否则系统会出错。

【任务内容】

1. 创建名为 p01 的存储过程，实现 20 的阶乘。

2. 创建名为 p02 的存储过程，统计当前农产品中的"水果"有多少种。

3. 创建名为 p03 的存储过程，统计产地是"成都"的农产品有多少种。

4. 创建名为 P04 的存储过程，输入农产品产地，显示产地的农产品信息。

5. 创建名为 P05 的存储过程，输入农产品产地，输出该产地的农产品种类数量。

6. 创建名为 P06 的存储过程，输入供应商名，输出该供应商为智能农商系统供应了几种农产品。（只用 1 个参数实现）

【任务实施】

1. 创建 p01 存储过程

步骤 1：启动 Navicat，打开 freshmarket 数据库，单击"查询"菜单中的"新建查询"命令，输入代码如下：

```
CREATE procedure p01()
BEGIN
    DECLARE num int DEFAULT 10;
    DECLARE re int DEFAULT 1;
    WHILE num>=1 do
        SET re=re*num;
    SET num=num-1;
  END WHILE;
```

```
    SELECT re;
END
```

单击"运行"按钮，即可完成创建。

步骤2：运行存储过程，输入代码：

```
CALL p01();　或　CALL p01;
```

运行结果如图 4.22 所示。

图 4.22　运行结果

2. 创建 p02 存储过程

步骤1：启动 Navicat，打开 freshmarket 数据库，单击"查询"菜单中的"新建查询"命令，输入代码如下：

```
CREATE procedure p02()
BEGIN
    DECLARE leiXing varchar(20) DEFAULT '水果';
    DECLARE num int;
    SELECT COUNT(*) into num FROM product WHERE type=leiXing;
  SELECT num;
END
```

单击"运行"按钮，即可完成创建。

步骤2：存储过程，输入代码：

```
CALL p02();　或　CALL p02;
```

运行结果如图 4.23 所示。

图 4.23　运行结果

3. 创建 p03 存储过程

步骤1：启动 Navicat，打开 freshmarket 数据库，单击"查询"菜单中的"新建查询"

命令，输入代码如下：

```
CREATE procedure p03()
BEGIN
    DECLARE chanDi varchar(20) DEFAULT '成都';
    DECLARE num int;
    SELECT COUNT( * ) into num FROM product WHERE origin=chanDi;
  SELECT num;
END
```

单击"运行"按钮，即可完成创建。

步骤 2：存储过程，输入代码：

```
CALL p03();  或   CALL p03;
```

运行结果如图 4.24 所示。

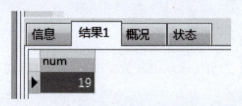

图 4.24　运行结果

4. 创建 p04 存储过程

步骤 1：启动 Navicat，打开 freshmarket 数据库，单击"查询"菜单中的"新建查询"命令，输入代码如下：

```
CREATE procedure p04(in chandi varchar(20))
BEGIN
  SELECT * FROM product WHERE origin=chandi;
END;
```

单击"运行"按钮，即可完成创建。

步骤 2：运行存储过程，输入代码：

```
CALL p04('攀枝花');
```

"攀枝花"表示传入的实际参数，运行结果如图 4.25 所示。

gid	gname	origin	type	spec	price	mfg	exp	sid
G0365215	脆红李	攀枝花	水果	250g	4.99	2023-06-15	2023-06-21	4
S0297607	番茄	攀枝花	蔬菜	500g	6.99	2023-06-14	2023-06-19	4

图 4.25　运行结果

5. 创建 p05 存储过程

步骤 1：启动 Navicat，打开 freshmarket 数据库，单击"查询"菜单中的"新建查询"命令，输入代码如下：

```
CREATE procedure p05(in chandi varchar(20),out number int)
BEGIN
  SELECT COUNT( * ) into number FROM product WHERE origin=chandi;
END;
```

单击"运行"按钮，即可完成创建。

步骤 2：运行存储过程，输入代码：

```
CALL p05('攀枝花',@num);
SELECT '攀枝花',@num;
```

字符串"攀枝花"表示实际的输入参数，@num 变量表示实际的输出参数，运行结果如图 4.26 所示。

图 4.26　运行结果

6. 创建 p06 存储过程

步骤 1：启动 Navicat，打开 freshmarket 数据库，单击"查询"菜单中的"新建查询"命令，输入代码如下：

```
CREATE procedure p06(inout ghs varchar(20))
BEGIN
  SELECT COUNT( * ) into ghs FROM product WHERE sid in
    (SELECT sid FROM supplier WHERE sname=ghs);
END;
```

单击"运行"按钮，即可完成创建。

步骤 2：运行存储过程，输入代码如下：

```
SET @gonghs='温江园区农产基地';
CALL p06(@gonghs);
SELECT '温江园区农产基地',@gonghs;
```

通过 SET 关键字声明变量@gonghs，并初始化值为"温江园区农产基地"；调用存储过程时，@gonghs 变量既作为输入又作为输出参数。通过 SELECT 查询，将结果打印出来，如图 4.27 所示。

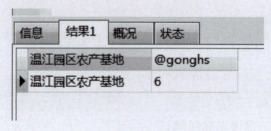

图 4.27　运行结果

任务 3　事务管理

【知识讲解】

3.1　事务

在实际应用中，完成一件事需要多个操作，这些操作需要一起完成，因此将这些操作定义成为一个事务。事务是最小的不可再分的单个的工作单元，其中可能包含多个操作。如果某一事务成功，则在该事务中进行的所有数据操作均会提交，将更改数据库。如果事务执行过程中，某一操作遇到错误不能完成，整个事务中的已执行的操作都必须取消或回滚，所有数据更改均被清除。

例如李女士给儿子转账 2 000 元，这一操作包含两个步骤：第一步，自己的账户余额减去 2 000 元；第二步，儿子的账户余额增加 2 000 元。完成转账操作需要执行两个 UPDATE 语句，这两个 UPDATE 语句要么都执行成功，要么都不执行。若只执行其中一个步骤，将导致账户金额不正确。因此在实际开发中将这两个步骤看作是一个事务，必须同时成功或是同时失败。

一个完整的事务中可能包含多个 DML 语句（INSERT、UPDATE、DELETE）。事务只与 DML 语句有关，事务具体的步骤与业务逻辑有关，根据业务逻辑不同，事务中包含的 DML 语句的个数也不相同。

事务是作为单个逻辑工作单元执行的一系列操作。一个逻辑工作单元有 4 个属性，称为 ACID 属性，即原子性、一致性、隔离性和持久性。

1. 原子性
事务必须是原子工作单元。对于其数据修改，要么全都执行，要么全都不执行。

2. 一致性
事务执行前后，数据库中的数据都应处于一致的状态。

3. 隔离性
两个事务之间不能相互干扰，事务具有独立的执行空间。

4. 持久性

事务完成之后，它对于数据库的影响是永久性的。该修改即使出现系统故障也将一直保持。这是通过备份和事务日志来完成的。

3.2　事务与 MySQL 存储引擎

MySQL 数据使用不同技术存储在文件中，每一种技术都使用不同的存储机制、索引技巧、锁定水平并最终提供不同的功能和能力，这些技术及其功能在 MySQL 中被称为存储引擎。

MySQL 常用的存储引擎有 MyISAM 和 InnoDB。

MyISAM 引擎不支持事务，也不支持外键约束，只支持全文索引，数据文件和索引文件是分开保存的。其特点是访问速度快，对事务完整性没有要求。MyISAM 适合以查询、插入为主的应用场景。

InnoDB 引擎支持事务，支持 4 个事务隔离级别。MySQL 从 5.5 版本开始，默认的存储引擎为 InnoDB，MySQL 5.5 之前的默认存储引擎为 MyISAM。

使用以下语句查看系统支持的存储引擎：

```
SHOW ENGINES;
```

在查询窗口中执行 SHOW ENGINES 语句查看当前系统支持的存储过程，如图 4.28 所示。

图 4.28　查看当前系统存储引擎

使用以下语句查看表支持的存储引擎：

```
USE database_name;
SHOW CREATE TABLE table_name;
```

查看 freshmarket 数据库中 product 表的存储引擎，如图 4.29 所示 product 表的存储引擎是 InnoDB。

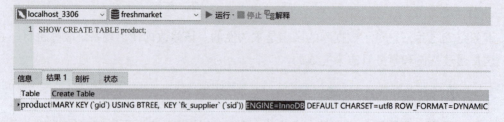

图 4.29　查看 product 表的存储引擎

若某表的存储引擎不支持事务，将该表修改为 InnoDB，可以使用以下语句：

USE database_name；

ALTER TABLE table_name ENGINE＝engine_type；

将 product 表的存储引擎修改为 InnoDB，如图 4.30 所示。

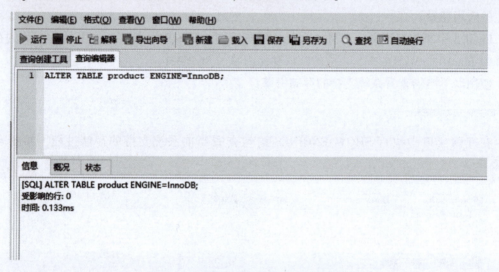

图 4.30　修改 product 表的存储引擎

3.3　管理事务

MySQL 在默认情况下，事务是自动提交的，任意一条 DML 语句都开启了一个事务，并且提交了该事务。这种自动提交机制可以关闭，当显示使用语句定义事务开始时，可以将多条 DML 语句作为事务，进行整体提交或回滚。

MySQL 对事务的操作主要有以下 3 种：

BEGIN 或 START TRANSACTION：显示地开启一个事务；

COMMIT 或 COMMIT WORK：提交事务，并将对数据库进行的修改变为永久性；

ROLLBACK 或 ROLLBACK WORK：回滚事务，并撤销正在进行的所有未提交的修改。

例 1：今日黄瓜特价 8 折优惠，请计算客户订单编号 19257622 的金额。

分析：观察 orders 表，如图 4.31 所示。该表中包含订单编号 oid，客户编号 cid，订单日期 date，总金额 total。订单编号 19257622 的订单总金额为 NULL。

图 4.31　修改前的 orders 表

观察 orderitem 表，如图 4.32 所示。该表中包含订单详情编号 did，订单编号 oid，农产品编号 gid，购买农产品数量 pcs，农产品单价 price，本项农产品总价 sum。订单编号 19257622 的订单中，黄瓜 S0297603 的总价为 NULL。

did	oid	gid	pcs	price	sum
1	19257621	S0397622	1	4.80	(Null)
2	19257621	G0365210	1	1.99	(Null)
3	19257621	G0365209	2	4.56	(Null)
4	19257622	S0297603	1	1.99	(Null)
5	19257622	G0365213	2	3.99	(Null)
6	19257622	R0376217	1	16.90	(Null)
7	19257622	G0365213	1	3.99	(Null)
8	19257623	S0397621	5	2.30	(Null)
9	19257624	S0297603	1	1.99	(Null)
10	19257624	S0297605	2	5.58	(Null)
11	19257624	S0297606	1	2.88	(Null)
12	19257624	Y0374224	1	22.80	(Null)
13	19257625	R0376216	1	13.90	(Null)
14	19257625	S0297603	1	1.99	(Null)
15	19257626	S0397622	1	4.80	(Null)
16	19257627	S0297604	1	3.99	(Null)
17	19257627	S0297603	1	1.99	(Null)
18	19257627	S0297605	1	5.58	(Null)
19	19257627	G0365214	1	5.00	(Null)
20	19257627	R0376218	1	35.80	(Null)
21	19257627	G0365212	1	6.90	(Null)
22	19257628	G0365211	1	9.90	(Null)
23	19257628	R0376219	1	9.90	(Null)
24	19257629	Q0384521	1	9.90	(Null)
25	19257629	S0397621	2	2.30	(Null)
26	19257630	S0297604	1	3.99	(Null)

图 4.32　修改前的 orderitem 表

要完成本要求，首先在 orderitem 表中，计算指定单项农产品的订单金额 * 0.8，其次在 orders 表中计算每个订单的金额。本要求需要两个 UPDATE 语句，这两个更新操作作为一个事务一起执行，如图 4.33 所示。

```
-- 开启事务
START TRANSACTION;
-- 更新 orderitem 表,计算单项农产品金额
UPDATE orderitem
SET sum=pcs * price * 0.8
WHERE gid=(SELECT gid FROM product WHERE name='黄瓜') AND oid=19257622;
-- 更新 orders 表,计算订单金额
UPDATE orders
SET total=(SELECT SUM(sum) FROM orderitem WHERE oid=19257622)
WHERE oid=19257622;
-- 提交事务
COMMIT WORK;
```

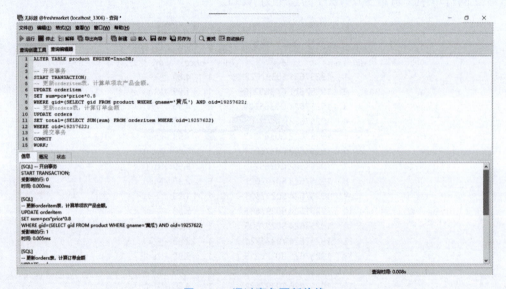

图 4.33　通过事务更新价格

再次查看 orderitem 表，如图 4.34 所示，查看 orders 表，如图 4.35 所示，两次更新一起完成了。

仍然执行以上事务，误将黄瓜价格修改为 0.1 元，执行完成修改后，发现错误，撤销修改，将最后一句的 COMMIT 语句改为 ROLLBACK 语句，如图 4.36 所示。

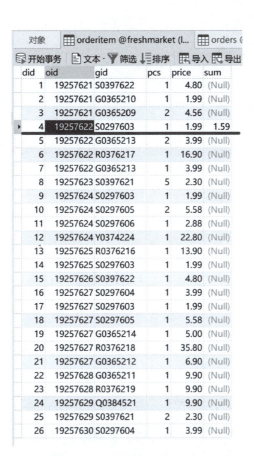

图 4.34　更新后的 orderitem 表

oid	cid	date	total
19257621	5	2023-06-16 1	(Null)
19257622	2	2023-06-16 1	1.59
19257623	3	2023-06-16 1	(Null)
19257624	1	2023-06-16 1	(Null)
19257625	5	2023-06-15 1	(Null)
19257626	3	2023-06-15 0	(Null)
19257627	2	2023-06-15 0	(Null)
19257628	5	2023-06-14 1	(Null)
19257629	2	2023-06-14 0	(Null)
19257630	5	2023-06-13 0	(Null)

图 4.35　更新后的 orders 表

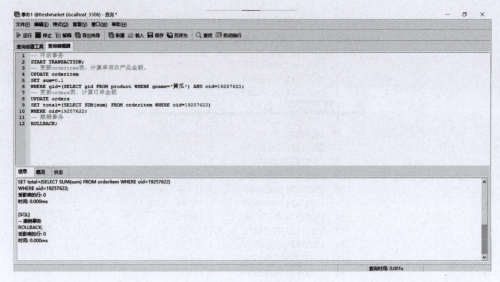

图 4.36　撤销事务

　　查询 orders 表，观察数据将发现修改操作并未提交到数据库，该客户黄瓜的价格未发生改变，如图 4.37 所示。

oid	cid	date	total
19257621	5	2023-06-16 1	(Null)
19257622	2	2023-06-16 1	1.59
19257623	3	2023-06-16 1	(Null)
19257624	1	2023-06-16 1	(Null)
19257625	5	2023-06-15 1	(Null)
19257626	3	2023-06-15 0	(Null)
19257627	2	2023-06-15 0	(Null)
19257628	5	2023-06-14 1	(Null)
19257629	2	2023-06-14 0	(Null)
19257630	5	2023-06-13 0	(Null)

图 4.37　查看 orders 表验证数据

【任务描述】

　　成都产的巨峰葡萄已断货，需要给购买该农产品的客户退单，并重新计算客户订单中其余农产品的总金额。

　　分析：该农产品被某个客户购买，首先查询购买该农产品的订单，删除该农产品购买条目后，重新计算客户其余订单总金额。以上操作骤应当作为一个事务一起完成，如果其中某个步骤出现问题不能完成，应当自动回滚。

【任务实施】

步骤 1：使用命令行工具开启事务，如图 4.38 所示。

```
--使用 freshmarket 数据库
USE freshmarket;
--开启事务
START TRANSACTION;
```

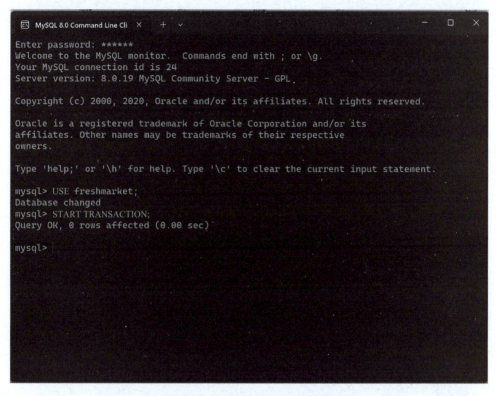

图 4.38　使用命令行工具开始事务

步骤 2：查询成都产巨峰葡萄的农产品编号，如图 4.39 所示。

```
SELECT gid FROM product WHERE name='巨峰葡萄' AND origin='成都';
```

步骤 3：查询包含农产品 G0365212 的订单编号，如图 4.40 所示。

```
SELECT oid FROM orderitem WHERE gid='G0365212';
```

步骤 4：删除 orderitem 表中包含指定农产品的订单，如图 4.41 所示。

```
DELETE FROM orderitem WHERE gid='G0365212';
```

图 4.39　查询农产品编号

图 4.40　查询包含农产品 G0365212 的订单编号

图 4.41　删除指定农产品的订单

步骤5：重新计算这个订单的总金额，如图4.42所示。

UPDATE orders SET total = (SELECT SUM (price * pcs) FROM orderitem WHERE oid = 19257627)WHERE oid = 19257627;

图 4.42　重新计算订单金额

步骤6：提交事务，如图4.43所示。

图 4.43　提交事务

查询 orders 表，查看订单金额修改情况，如图 4.44 所示，包含巨峰葡萄的订单金额已重新计算。

```
SELECT * FROM orders;
```

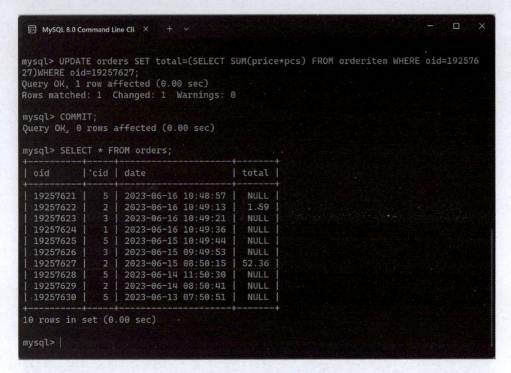

图 4.44 查询订单修改后的数据

任务 4 触发器

【知识讲解】

4.1 触发器

触发器（trigger）是数据库管理系统 MySQL 中提供给程序员和数据分析员以保证数据完整性的一种方法。它是与表事件相关的特殊存储过程，其执行不是由程序调用，也不是手工启动，而是由特定事件触发，如当对数据表执行插入（INSERT）、删除（DELETE）、更新（UPDATE）等操作时会激活它并执行。

触发器的主要作用包括：

1. 数据完整性维护

触发器可以确保数据在插入、更新或删除时满足特定的完整性条件。例如，它可以防止在库存数量为零时插入新的销售订单。

2. 业务规则实现

触发器可以自动执行复杂的业务规则，这些规则可能无法直接在数据库表结构或 SQL 语句中表达。

3. 强制引用完整性

在多个表中添加、更新或删除行时，保留在这些表之间所定义的关系。

4. 强制检验或转换数据

在写入数据表前，可以使用触发器完成强制检验或转换数据。

5. 自动计算数据值

根据系统的需要，触发器可以自动进行数据的计算。

按照触发器的操作类型可以将触发器分为 INSERT 触发器、DELETE 触发器、UPDATE 触发器。当对数据表执行相应操作时，将自动执行对应触发器。能够触发对应触发器的语句如表 4.2 所示。

表 4.2　触发器类型及触发语句

触发器类型	触发语句
INSERT 触发器	INSERT、LOAD DATA、REPLACE
UPDATE 触发器	UPDATE
DELETE 触发器	DELETE、REPLACE

使用触发器有以下限制：

（1）触发程序不能调用直接返回数据的存储过程，也不能使用包含 CALL 语句的动态 SQL 语句，但是允许存储过程或者函数通过 out 或者 inout 类型的参数将数据返回触发器。

（2）不能在触发器中使用以显示或隐式方式开始或结束事务的语句，如 START TRANSACTION、COMMIT 或 ROLLBACK。

4.2　创建触发器

创建触发器的语法为：

```
CREATE TRIGGER trigger_name [BEFORE | AFTER] [INSERT | DELETE | UPDATE]
ON tb_name FOREACH ROW
BEGIN
    trigger_stmt
END
```

其中，trigger_name：触发器的名称；tb_name：建立触发器的表名。

［BEFORE｜AFTER］参数指定触发器执行的时间，选择在触发事件发生之前或是发生之后。

［INSERT｜DELETE｜UPDATE］参数指定触发的动作，可以是 INSERT、DELETE 或 UPDATE 操作。

FOR EACH ROW 表示任何一条记录上的操作满足触发事件都会触发该触发器。

trigger_stmt：触发器的程序体，使用 BEGIN 和 END 包含的多条语句。

在 BEGIN...END 语句中也可以定义变量，但是只能在 BEGIN...END 内部使用。

```
#定义变量,可指定默认值
DECLARE var_name var_type [DEFAULT value]
#给变量赋值
SET var_name = value
```

在触发器中有两个非常重要的表，即 OLD 表和 NEW 表，如表 4.3 所示。此二表在触发器激活后出现，触发器执行完毕后消失，是在触发器执行过程中出现的临时表，表的结构与触发器所在表的结构一致，存储激发触发器的数据。OLD 表中存储修改前或删除前的数据记录，NEW 表中存储插入或修改后的数据记录。利用此二表可以方便地实现触发器的数据访问。

表 4.3　触发器 OLD 表和 NEW 表

触发器类型	OLD 表和 NEW 表的使用
INSERT 触发器	NEW 表中有将要添加或已经添加的数据
UPDATE 触发器	OLD 表中有将要删除或已经被删除的数据； NEW 表中有将要修改或已经修改的数据
DELETE 触发器	OLD 表中有将要删除或已经删除的数据

触发器不能被直接调用，当触发语句在表上发生时，自动执行。

例 1：删除订单之前删除该订单关联的订单详情。

分析：订单表 orders 与订单详情表 orderitem 之间有外键关系，如图 4.45 所示，若订单详情表 orderitem 中有相关数据，则不能删除订单表 orders 中对应记录。利用触发器实现该操作，即在删除订单之前，利用触发器删除订单详情表中对应记录。

图 4.45　查看订单详情表 orderitem 中外键约束

```
CREATE TRIGGER tri_delorder BEFORE DELETE
ON orders FOR EACH ROW
BEGIN
    DELETE FROM orderitem WHERE oid=OLD.oid;
END
```

以上语句执行后创建触发器，如图 4.46 所示。

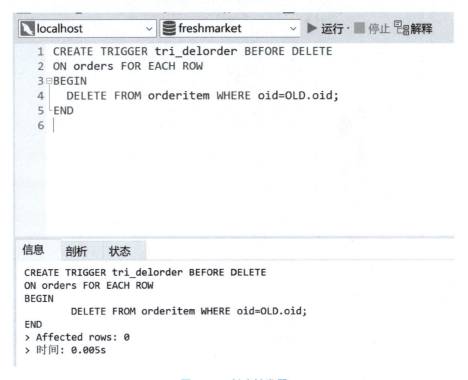

图 4.46　创建触发器

删除表 orders 中一条数据，触发上述触发器，如图 4.47 所示。

```
DELETE FROM orders WHERE oid = 19257630;
```

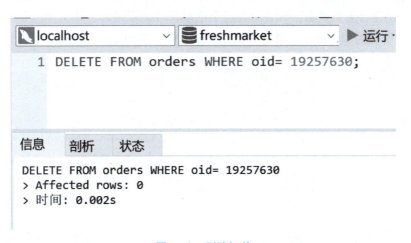

图 4.47　删除订单

查看表 orderitem，观察关联数据是否删除，如图 4.48 所示，发现订单编号为 19257630 的相关订单详情记录已全部删除，触发器正常工作。

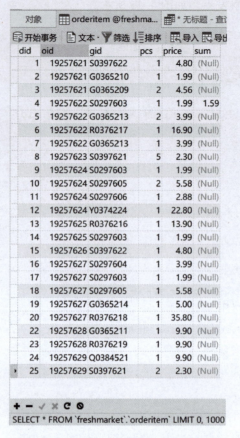

图 4.48　查看表 orderitem 验证触发器

例 2：系统中需要新增一个日志记录表，记录用户在订单详情表中所有数据操作。

步骤 1：创建日志记录表，该表中有三个字段，id 表示编号，作为主键并自动增长，log 字段记录用户所做操作，time 字段记录操作发生时间，如图 4.49 所示。

```
CREATE TABLE user_log
(id int AUTO_INCREMENT PRIMARY KEY,
log varchar(255),
time datetime);
```

步骤 2：在订单详情表中创建触发器，记录用户所作 INSERT 操作，如图 4.50 所示。

```
CREATE TRIGGER tri_loginsert AFTER INSERT
ON orderitem FOR EACH ROW
BEGIN
    INSERT INTO user_log(log,time)
    VALUES(CONCAT(new.did,"is insert"),SYSDATE());
END
```

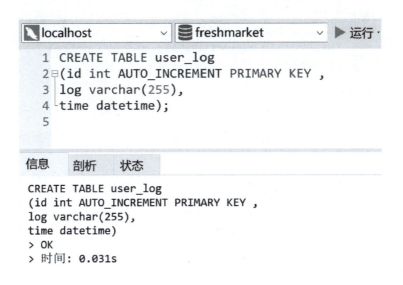

图 4.49 创建日志记录表

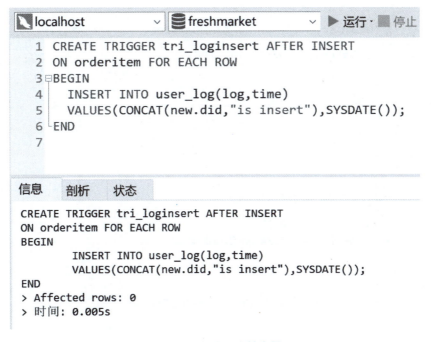

图 4.50 创建日志触发器

向表 orderitem 中添加一条记录，触发触发器，如图 4.51 所示。

查看表 user_log，有上述添加操作的记录，触发器成功执行，如图 4.52 所示。

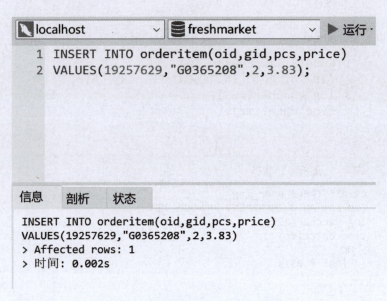

图 4.51　向表 orderitem 添加数据

图 4.52　查看表 user_log 中日志

4.3　删除触发器

MySQL 中触发器不能修改，若需要修改触发器，只能先删除该触发器，然后再次创建。
删除触发器的语法：

```
DROP TRIGGER trigger_name;
```

trigger_name 为需要删除的触发器的名称。

例 3：删除例 2 中创建的触发器 tri_loginsert，如图 4.53 所示。

```
DROP TRIGGER tri_loginsert;
```

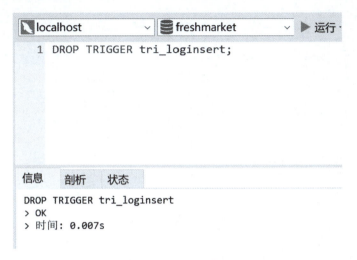

图 4.53 删除触发器

4.4 查看触发器

1. 使用 SHOW TRIGGERS 命令查看触发器信息

SHOW TRIGGERS 命令可以查看当前数据库中已存在触发器的定义、状态等相关信息。

例 4：查看当前数据库 freshmarket 中已有的触发器，如图 4.54 所示。

图 4.54 查看当前数据库中已有触发器

当前数据库中仅存在例 1 所创建触发器 tri_delorder，通过查询结果可以获得触发器的名称、触发事件、触发器所在的表、触发的时间点、创建时间等信息。该命令查看当前数据库中所有触发器信息，不能指定查看某个触发器，适用于当前数据库中触发器较少的情况。

2. 在系统表中查看触发器信息

在 MySQL 中，所有触发器的信息均存储在系统数据库 information_schema 的 TRIGGERS 表中，如图 4.55 所示，可以使用 SELECT 语句查询该表，获得触发器的信息。TRIGGERS

表中存储了触发器对象的相关信息，如图 4.56 所示。

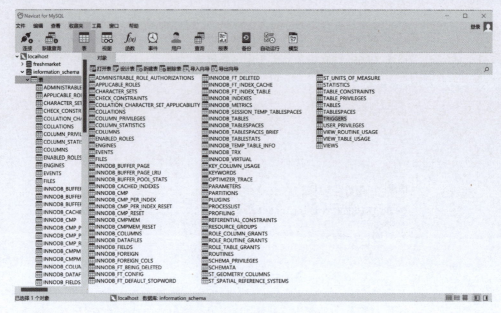

图 4.55　information_schema 数据库中的 TRIGGERS 表

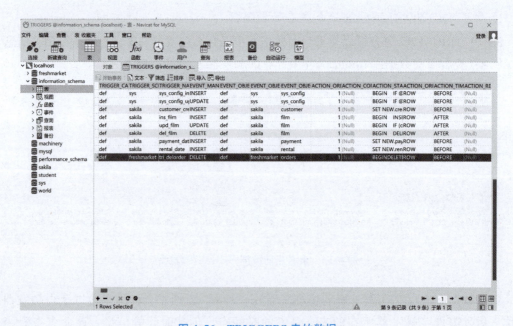

图 4.56　TRIGGERS 表的数据

例 5：通过查询 TRIGGERS 表查看 tri_delorder 触发器的信息，如图 4.57 所示。

```
SELECT * FROM information_schema.TRIGGERS WHERE trigger_name ='tri_delorder' ;
```

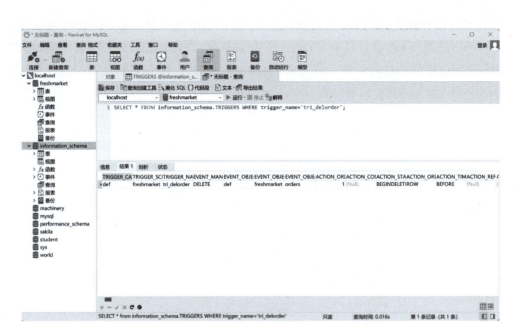

图 4.57　查看指定触发器信息

上述 SQL 语句不指定触发器名称时，也可以查看当前所有已存在的触发器，如图 4.58
所示。

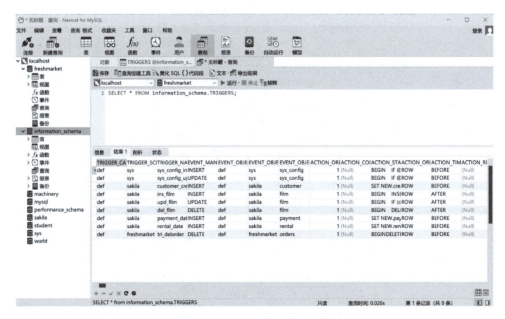

图 4.58　所有已存在的触发器

【任务描述】

在智能农商系统中，用户选择若干农产品生成订单，订单信息进入订单表 orders（见

图 4.59）和订单详情表 orderitem（见图 4.60），其中订单详情表 orderitem 中的 sum 字段的值是此农产品的数量 * 价格，订单表 orders 中的 total 字段的值是此订单中农产品价格之和。这两个字段的值由程序自动计算。请完成现有数据的计算，再编写触发器，当订单详情表 orderitem 中插入新记录时，自动计算 orderitem.sum 和 orders.total 字段的值。

oid	cid	date	total
19257621	5	2023-06-16 10:48:57	(Null)
19257622	2	2023-06-16 10:49:13	(Null)
19257623	3	2023-06-16 10:49:21	(Null)
19257624	1	2023-06-16 10:49:36	(Null)
19257625	5	2023-06-15 10:49:44	(Null)
19257626	3	2023-06-15 09:49:53	(Null)
19257627	2	2023-06-15 08:50:15	(Null)
19257628	5	2023-06-14 11:50:30	(Null)
19257629	2	2023-06-14 08:50:41	(Null)

图 4.59　订单表 orders

did	oid	gid	pcs	price	sum
1	19257621	S0397622	1	4.80	(Null)
2	19257621	G0365210	1	1.99	(Null)
3	19257621	G0365209	2	4.56	(Null)
4	19257622	S0297603	1	1.99	(Null)
5	19257622	G0365213	2	3.99	(Null)
6	19257622	R0376217	1	16.90	(Null)
7	19257622	G0365213	1	3.99	(Null)
8	19257623	S0397621	5	2.30	(Null)
9	19257624	S0297603	1	1.99	(Null)
10	19257624	S0297605	2	5.58	(Null)
11	19257624	S0297606	1	2.88	(Null)
12	19257624	Y0374224	1	22.80	(Null)
13	19257625	R0376216	1	13.90	(Null)
14	19257625	S0297603	1	1.99	(Null)
15	19257626	S0397622	1	4.80	(Null)
16	19257627	S0297604	1	3.99	(Null)
17	19257627	S0297603	1	1.99	(Null)
18	19257627	S0297605	1	5.58	(Null)
19	19257627	G0365214	1	5.00	(Null)
20	19257627	R0376218	1	35.80	(Null)
22	19257628	G0365211	1	9.90	(Null)
23	19257628	R0376219	1	9.90	(Null)
24	19257629	Q0384521	1	9.90	(Null)
25	19257629	S0397621	2	2.30	(Null)
29	19257629	G0365208	2	3.83	(Null)

图 4.60　订单详情表 orderitem

【任务实施】

步骤1：完成现有数据的计算。

（1）更新订单详情表中的金额字段，如图4.61所示。

```
UPDATE orderitem
SET sum=pcs*price;
```

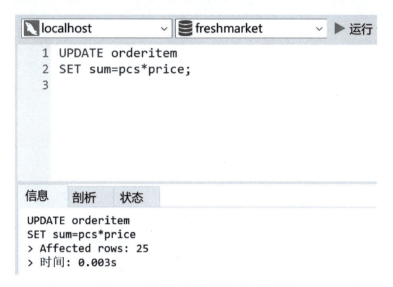

图4.61　更新订单详情表中的金额字段

（2）更新订单表中的总金额字段，如图4.62所示。

```
UPDATE orders AS o
SET total=(SELECT sum(sum) FROM orderitem AS i WHERE o.oid=i.oid);
```

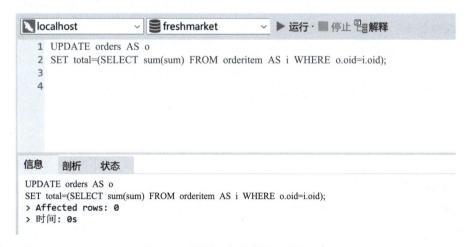

图4.62　更新订单表中的总金额字段

步骤 2：编写触发器，后续向订单详情表中添加字段，即可自动计算单项金额及订单总金额，如图 4.63、图 4.64 所示。

```
CREATE TRIGGER tri_cal1 BEFORE INSERT ON orderitem FOR EACH ROW
BEGIN
  #计算新增农产品的金额并修改 sum 的值
    SET NEW.sum=NEW.pcs * NEW.price;
END
```

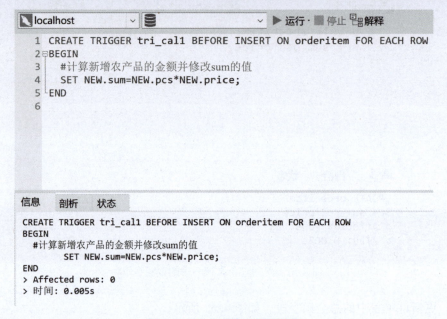

图 4.63　订单详情金额触发器

```
CREATE TRIGGER tri_cal2 AFTER INSERT ON orderitem FOR EACH ROW
BEGIN
    #计算新增农产品所在订单的总金额,并修改订单表中总金额
    UPDATE orders
    SET total=(SELECT sum(sum) FROM orderitem WHERE oid=NEW.oid)
    WHERE oid=NEW.oid;
END
```

注意：

①在触发器中不允许使用 UPDATE 语句更新触发器所在的表，避免发生循环递归触发，因为该表在触发器触发时会被锁定。

②在触发器中不允许使用 SELECT 语句，因为触发器不能返回值。因此上例中更新订单表 orders 时，使用子查询。

③在 AFTER 触发器中不允许更新一个新行。因此，在 BEFORE 触发器中计算订单详情表 orderitem 中的 sum 字段，在 AFTER 触发器中计算订单表 orders 中的 total 字段。

```
localhost              ▼  🗄            ▼  ▶运行·  ■停止 🖳解释
1  CREATE TRIGGER tri_cal2 AFTER INSERT ON orderitem FOR EACH ROW
2  BEGIN
3      #计算新增农产品所在订单的总金额，并修改订单表中总金额
4      UPDATE orders
5      SET total=(SELECT sum(sum) FROM orderitem WHERE oid=NEW.oid)
6      WHERE oid=NEW.oid;
7  END
8
9
```

信息   剖析   状态

```
CREATE TRIGGER tri_cal2 AFTER INSERT ON orderitem FOR EACH ROW
BEGIN
        #计算新增农产品所在订单的总金额，并修改订单表中总金额
        UPDATE orders
        SET total=(SELECT sum(sum) FROM orderitem WHERE oid=NEW.oid)
        WHERE oid=NEW.oid;
END
> Affected rows: 0
> 时间: 0.005s
```

图 4.64 订单总金额触发器

步骤 3：新增订单及订单详情，测试触发器，如图 4.65、图 4.66 所示。

```
#新增订单
INSERT INTO orders(cid,date)
VALUES(1,now());
```

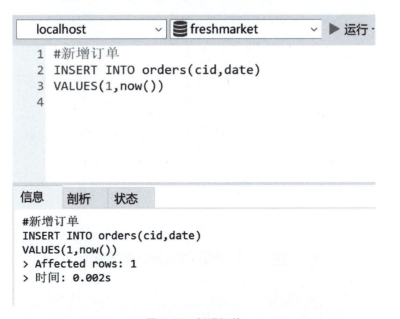

```
localhost          ▼  🗄 freshmarket    ▼  ▶运行·
1  #新增订单
2  INSERT INTO orders(cid,date)
3  VALUES(1,now())
4
```

信息   剖析   状态

```
#新增订单
INSERT INTO orders(cid,date)
VALUES(1,now())
> Affected rows: 1
> 时间: 0.002s
```

图 4.65 新增订单

```
#新增订单详情
INSERT INTO orderitem(oid,gid,pcs,price)
VALUES(192576212,'G0365208',2,3.83);
```

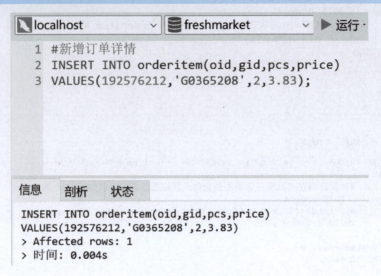

图 4.66 新增订单详情

步骤 4：查看订单详情表及订单表，验证触发器。

如图 4.67 所示，在订单详情表中订单 192576212 购买农产品 G0365208 两件，合计 7.66 元。如图 4.68 所示，在订单表中订单 192576212 仅购买一种农产品，总金额也是 7.66 元。两个触发器均正确执行。

did	oid	gid	pcs	price	sum
13	19257625	R0376216	1	13.90	13.90
14	19257625	S0297603	1	1.99	1.99
15	19257626	S0397622	1	4.80	4.80
16	19257627	S0297604	1	3.99	3.99
17	19257627	S0297603	1	1.99	1.99
18	19257627	S0297605	1	5.58	5.58
19	19257627	G0365214	1	5.00	5.00
20	19257627	R0376218	1	35.80	35.80
22	19257628	G0365211	1	9.90	9.90
23	19257628	R0376219	1	9.90	9.90
24	19257629	Q0384521	1	9.90	9.90
25	19257629	S0397621	2	2.30	4.60
29	19257629	G0365208	2	3.83	7.66
33	192576212	G0365208	2	3.83	7.66

1 Rows Selected

图 4.67 触发后的订单详情表

图 4.68　触发后的订单表

任务 5　MySQL 权限与安全

【知识讲解】

数据库管理系统中包含重要的数据，为了确保这些数据的安全和完整，必须控制不同用户对数据库中对象的访问。数据库的访问控制是给用户提供他们所需的访问权限，且仅提供他们所需的访问权限。

MySQL 数据库管理系统的安全基础是使用访问控制，确保用户对他们需要的数据具有适当的访问权限。访问控制的目的不仅仅是防止用户的恶意企图，更为常见的是防止用户无意识的错误操作。必须保证用户不能执行他们不应该执行的语句，访问控制有助于避免这些情况的发生。

为了实现 MySQL 访问控制，需要对用户账户和账户权限进行管理。

5.1　用户账户管理

MySQL 用户账户信息存储在名为 mysql 的 MySQL 数据库中。该数据库中记录的是数据库管理系统自身信息，可以查看，不可更改。mysql 数据库中有一个名为 user 的数据表，该表中存储当前数据库服务器中用户信息。

例 1：查看当前服务器中的用户账户信息，如图 4.69 所示。

```
SELECT user FROM user;
```

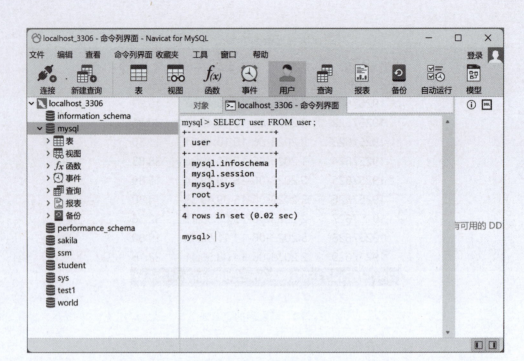

图 4.69　当前服务器中用户账户信息

MySQL 中有一个名为 root 的用户账户，它对整个 MySQL 服务具有完全的管理权限。在实际使用中，决不能多类用户共同使用 root 账户。应该创建多种不同账户，不同账户拥有不同的访问权限。

1. 创建用户账户

使用 CREATE USER 语句可以创建用户账户，其语法如下：

```
CREATE USER 'username'@'host' IDENTIFIED BY password;
```

其中，'username'@'host' 是用户账户名称，password 是该用户账户的密码。

使用该用户账户和密码可以连接数据库服务器，还可以指定用户连接的主机。MySQL 中的用户账户由用户名和使用@字符分隔的主机名组成。如 jack@localhost，则该用户账户的用户名是 jack，localhost 表示本地主机，该账户仅可登录本地主机数据库服务器。如 tom@cdnkxy，表示该账户可以在登录名为 cdnkxy 的主机上远程访问，主机名也可以是 IP 地址。如 tom@%，则该账户可以在任意主机上远程访问。

例 2：创建用户账户 jack，密码为 123，可以在任意主机上远程访问，如图 4.70 所示。

```
CREATE USER 'jack'@'%' IDENTIFIED BY '123';
```

2. 重命名用户账户

若需要修改用户账户的名称，可以使用 RENAME USER 语句，其语法格式如下：

```
RENAME USER 'username'@'host' TO 'newusername'@'host';
```

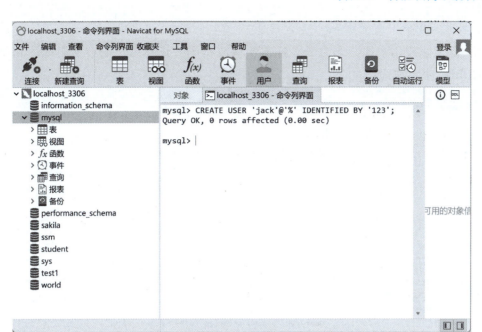

图 4.70　创建用户账户

其中，'username'@'host'是需要修改用户账户的名称，'newusername'@'host'是新的用户账户名称。

例3：将用户账户 jack@%修改为 jackChen@%，如图 4.71 所示。

```
RENAME USER 'jack'@'%' TO 'jackChen'@'%';
```

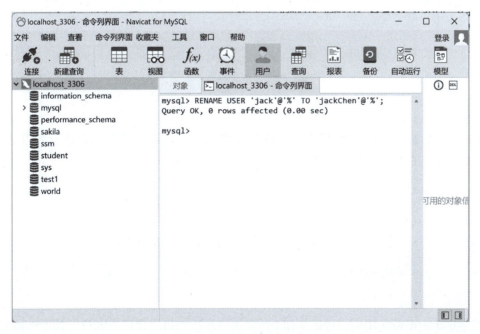

图 4.71　重命名用户账户

3. 修改当前账户自身密码

用户除了修改用户账户名之外，还需要修改密码。修改用户账户密码的语句是 SET PASSWORD，其语法为：

```
SET PASSWORD='newpassword';
```

其中，newpassword 是新的密码。

例 4：修改当前登录的用户账户的密码为 666，如图 4.72 所示。

```
SET PASSWORD ='666';
```

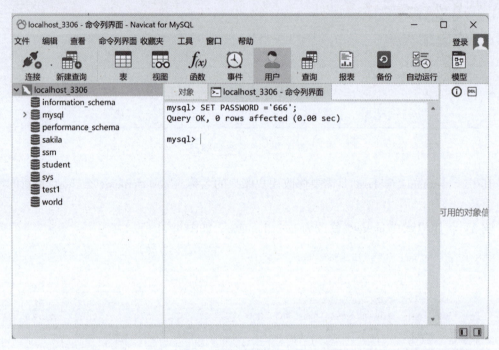

图 4.72 修改自身账户密码

4. root 修改普通用户账户密码

root 账户是 MySQL 数据库管理系统的最高级账户，具有对其他用户账户的管理权限，可以使用 root 账户修改其他用户账户的密码，其语法如下：

```
SET PASSWORD FOR 'username' @ 'host' ='new_ password';
```

其中，'username' @'host' 是用户账户，'new_ password' 是该账户的新密码。

例 5：使用 root 账户修改 jackChen@%的密码为 abc，如图 4.73 所示。

```
SET PASSWORD FOR'jackChen' @ '%' ='abc';
```

5. 删除用户账户

若用户账户不再使用后，可以使用 DROP USER 语句删除该用户账户，其语法如下：

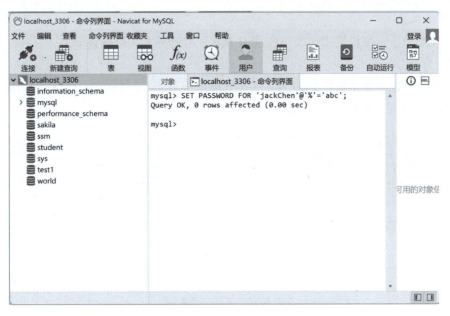

图 4.73　使用 **root** 账户修改其他账户的密码

```
DROP USER 'username' @ 'host' ;
```

其中, 'username' @'host' 是用户账户。

例 6：删除 jackChen@%用户账户，如图 4.74 所示。

```
DROP USER 'jackChen' @ ' % ' ;
```

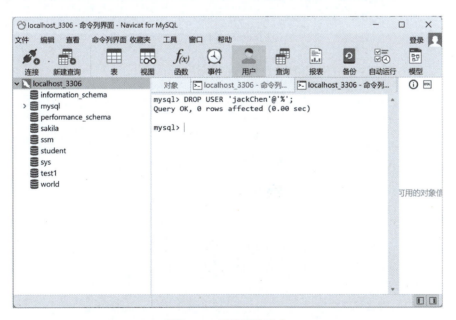

图 4.74　删除用户账户

6. 连接服务器

创建新账户后，可以使用该账户登录 MySQL，有两种方式进行登录。

方式一：使用 Navicat

测试账户权限，使用账户 jackChen 连接数据库服务器，可以打开 Navicat 软件，单击上方的"连接"按钮，新建一个连接，如图 4.75 所示。

图 4.75　新建一个连接

在弹出的"新建连接"对话框中，输入连接名 localhost_jack，该连接名在本服务器需要保证唯一；输入用户账户 jackChen，密码 abc（若前例中已删除 jackChen 账户，可再次创建）。单击左下角"测试连接"按钮，弹出"连接成功"对话框，即证明该账户可以登录本服务器，如图 4.76 所示。单击对话框上"确定"按钮，关闭对话框，单击"新建连接"对话框中的"确定"按钮，新建 jackChen 账户的连接。

图 4.76　使用 jackChen 账户新建连接

在 Navicat 软件的主界面看到该连接已新建，如图 4.77 所示。

图 4.77　jackChen 账户创建连接

方式二：使用命令提示符

除了上述方法外，还可以使用命令提示符工具测试账户连接。

打开命令提示符工具，输入 "mysql-u jackChen-p" 后，按 Enter 键，在下一行输入密码 "abc"，如图 4.78 所示，可以正常登录本地服务器。

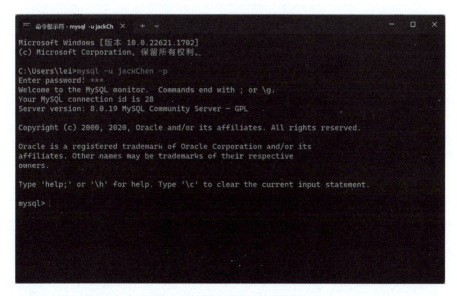

图 4.78　使用命令提示符登录

5.2 用户权限管理

使用 jackChen 账户登录 Navicat，可以看到 localhost_jack 连接与 root 账户的连接相比，只有一个 "information_schema" 系统数据库，并不能对 root 下的其他数据库进行访问。由此看见，新创建的用户账户有连接数据库服务器的权限，并没有访问服务器中数据库的权限，必须给该账户授予相应权限后，该账户才能执行对应操作。

在 MySQL 数据库中，权限可以分为全局操作权限、数据库操作权限、数据表操作权限、数据列操作权限及数据库对象操作权限。用户的权限信息分别存储在 mysql 数据库中，如表 4.4 所示。

表 4.4　mysql 数据库存储权限信息的表

mysql 数据库的表	表的作用
user	存储用户账户及其对全局（所有数据库）操作权限
db	存储用户对数据库级别的操作权限
tables_priv	存储用户对数据表级别的操作权限
columns_priv	存储用户对数据列级别的操作权限
procs_priv	存储用户对存储过程和函数的操作权限

根据不同的权限类型，介绍常见的不同类型的权限及其作用，如表 4.5~表 4.8 所示。

表 4.5　全局操作权限

权限名称	权限类型	权限作用
ALL	全局权限	具有全局或全数据库对象的操作权限
CREATE USER	全局权限	具有创建新用户的权限
PROCESS	全局权限	具有查看进程的权限
SHOW DATABASE	全局权限	具有查看数据库的权限
SHUTDOWN	全局权限	具有关闭数据库的权限

表 4.6　数据库操作权限

权限名称	权限类型	权限作用
ALTER	数据库，表权限	具有更改数据库对象的权限
CREATE	数据库，表权限	具有创建数据库或数据库对象的权限
DROP	数据库，表权限	具有删除数据库或数据库对象的权限
GRANT	数据库、对象的程序权限	能够授予其他用户权限

表 4.7　数据表操作权限

权限名称	权限类型	权限作用
SELECT	列权限	具有查询数据的权限
INSERT	列权限	具有添加数据的权限
UPDATE	列权限	具有修改数据的权限
REFERENCES	列权限	具有创建外键的权限
DELETE	列权限	具有删除数据的权限

表 4.8　数据库对象操作权限

权限名称	权限类型	权限作用
INDEX	对象权限	具有索引操作权限
CREATE VIEW	对象权限	具有创建视图的权限
SHOW VIEW	对象权限	具有执行 SHOW CREATE VIEW 命令查看视图创建语句的权限
TRIGGER	对象权限	具有创建、删除、执行、显示触发器的权限
ALTER ROUTINE	对象权限	具有更改存储过程的权限
CREATE ROUTINE	对象权限	具有创建存储过程的权限
EXECUTE	对象权限	具有执行存储过程的权限

1. 查看权限

想要获得用户当前的权限，可以使用 SHOW GRANTS 语句，其语法格式为：

```
SHOW GRANTS [ FOR user_account ];
```

其中，user_account 是用户账户，表示查看该用户账户的权限；FOR user_account 可以省略，表示查看当前用户的权限。

例 7：查看用户账户 jackChen 的权限。

使用 root 账户登录，执行以下语句：

```
SHOW GRANTS FOR 'jackChen' @ '%';
```

运行结果如图 4.79 所示，其中 USAGE 是用户账户创建后就拥有的默认权限，该权限只能连接数据库和查询 information_schema 表。

例 8：root 用户账户查看自身权限。

```
SHOW GRANTS;
```

运行结果如图 4.80 所示，root 作为 MySQL 数据库管理系统中最高权限的管理账户，它拥有众多的权限。

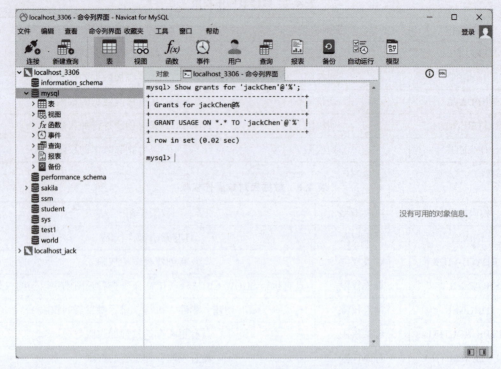

图 4.79 使用 root 账户查看 jackChen 的权限

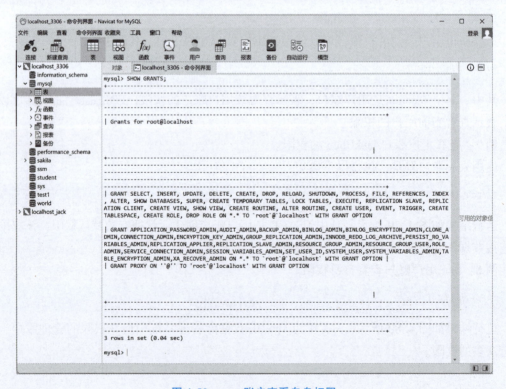

图 4.80 root 账户查看自身权限

2. 授予权限

给用户授予权限可以使用 GRANT 语句，其语法格式为：

```
GRANT privileges ON databasename.tablename TO 'username'@'host' [ WITH GRANT
OPTION];
```

其中，privileges 是操作权限，databasename.tablename 是数据库名.表名，'username'@'host' 是用户账户，WITH GRANT OPTION 为可选项，表示获得该权限的用户可以将此权限转授给其他用户，否则用户被授予的权限不能转授。

例 9：授予 jackChen@% 访问 test1 数据库的 tb_user 表的 SELECT、INSERT 权限。

```
GRANT SELECT,INSERT ON test1.tb_user TO 'jackChen'@'%';
```

运行结果如图 4.81 所示。

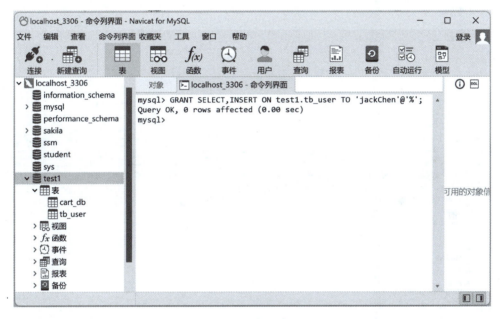

图 4.81　授予用户权限

查看 jackChen@% 现阶段的权限。

```
SHOW GRANTS FOR 'jackChen'@'%';
```

如图 4.82 所示，jackChen@% 增加了对 test1 数据库中 tb_user 表的 SELECT、INSERT 权限，授权成功。

例 10：授予用户账户 jackChen 在数据库 test1 中创建表的权限。

```
GRANT CREATE ON test1 TO 'jackChen'@'%';
```

运行结果如图 4.83 所示。

例 11：授予 jackChen 服务器上所有权限。

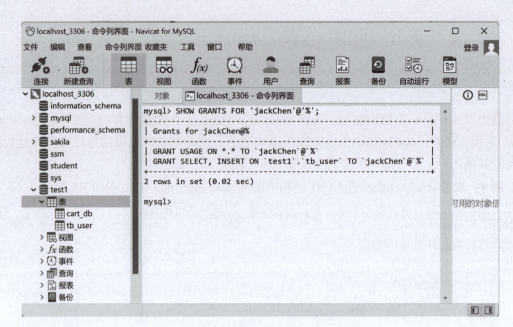

图 4.82　查看授权后的用户权限

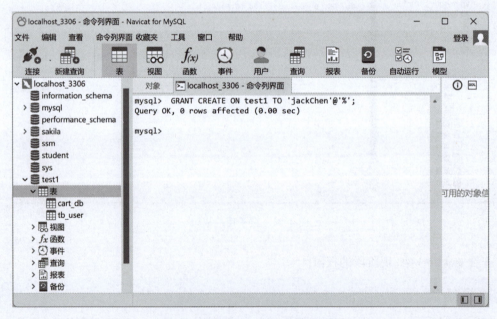

图 4.83　授予 jackChen 创建表权限

```
GRANT ALL ON *.* TO 'jackChen'@'%';
```

运行结果如图 4.84 所示。

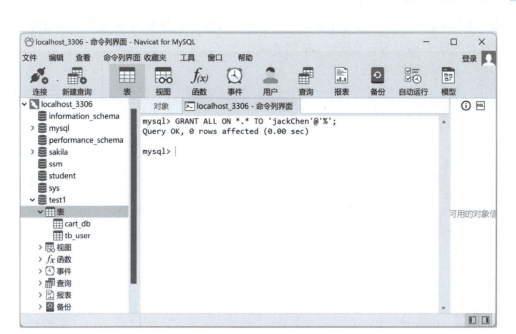

图 4.84　授予用户服务器上所有权限

例 12：用户账户 jackChen 将 root 账户授予它的 test1 数据库中 tb_user 表的 SELECT、INSERT 权限，转授于用户账户 tom@'192.168.10.1'。

步骤 1：使用 root 账户创建用户账户 tom。

```
CREATE USER 'tom'@'192.168.10.1' IDENTIFIED BY '123';
```

使用 root 账户创建新账户 tom，运行结果如图 4.85 所示。

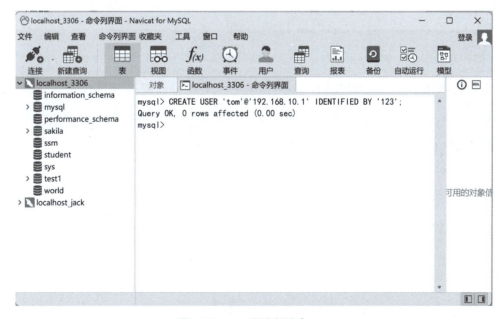

图 4.85　root 创建新账户 tom

例 9 中 root 已经给账户 jackChen 授予了查询、添加 test1 数据库 tb_user 表的权限，是否可以直接使用账户 jackChen 给账户 tom 赋值呢？

实验一下，编写授权语句如下：

```
GRANT SELECT,INSERT ON test1.tb_user TO 'tom' @ '192.168.10.1';
```

使用 jackChen 账户登录，并执行该语句，运行结果如图 4.86 所示。

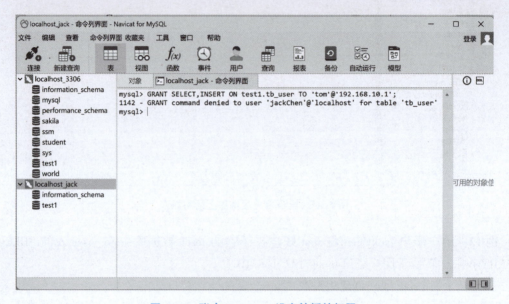

图 4.86 账户 jackChen 没有转授的权限

步骤 2：root 账户授予 jackChen 数据库 test1 中 tb_user 表的 SELECT、INSERT 权限，并允许转授。

使用 root 账户登录，授予 jackChen 转授的权限，如图 4.87 所示。

```
GRANT SELECT,INSERT ON test1.tb_user TO 'jackChen' @ '%' WITH GRANT OPTION;
```

步骤 3：使用 jackChen 账户授予 tom 数据库 test1 中 tb_user 表的 SELECT、INSERT 权限。

```
GRANT SELECT,INSERT ON test1.tb_user TO 'tom' @ '192.168.10.1';
```

使用 jackChen 账户转授权限给 tom，如图 4.88 所示。

例 13：root 授予 tom 查询 world 数据库 city 数据表的 name、countryCode 列的权限。

```
GRANT SELECT(name,countryCode) ON world.city TO 'tom' @ '192.168.10.1';
```

运行结果如图 4.89 所示。

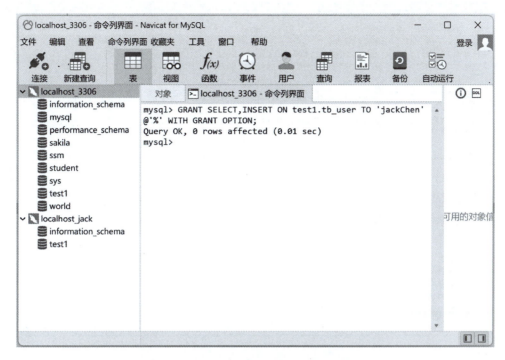

图 4.87　root 账户授予 jackChen 转授的权限

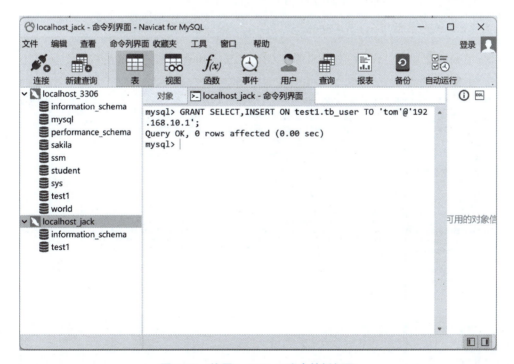

图 4.88　使用 jackChen 账户转授权限

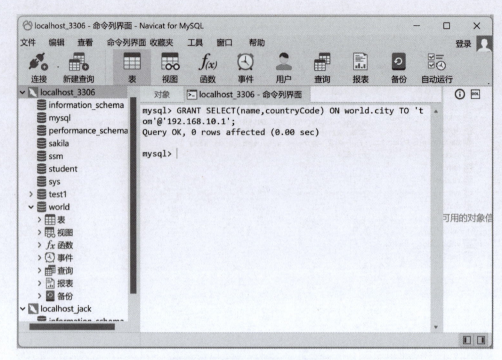

图 4.89　授予账户 tom 列权限

例 14：授予账户 tom 执行存储过程 pro_stuscore 的权限。

```
GRANT execute ON procedure student.pro_stuscore TO 'tom' @ '192.168.10.1';
```

运行结果如图 4.90 所示，使用 SHOW GRANTS 语句查看账户 tom 的权限。

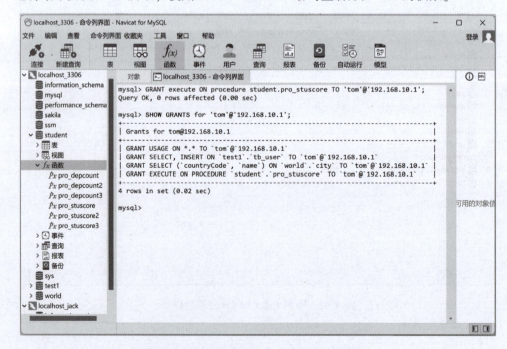

图 4.90　授予账户 tom 执行存储过程的权限

3. 撤销权限

授予用户的权限也可以撤销，使用 REVOKE 语句撤销已授予的权限。REVOKE 语句的语法如下：

```
REVOKE privilege ON databasename.tablename FROM 'username'@'host';
```

其中，privilege 是各类权限，databasename 是数据库名称，tablename 是数据表名称，'username'@'host' 是用户账户。

例 15：撤销账户 tom 查询，插入 test1 数据库 tb_user 表的权限。

```
REVOKE select,insert ON test1.tb_user FROM 'tom'@'192.168.10.1';
```

运行结果如图 4.91 所示，通过 SHOW GRANTS 语句查看账户 tom 的权限，其中 USAGE 权限是用户创建后具有的默认权限，不能使用 REVOKE 语句撤销。

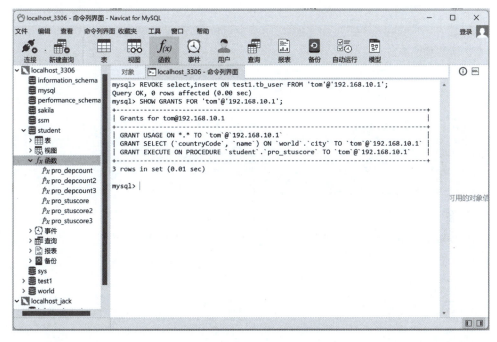

图 4.91　撤销账户 tom 语句权限

例 16：撤销账户 tom 对 world 数据库 city 表中 name、countryCode 字段的查询权限。

```
REVOKE SELECT(name,countryCode) ON world.city FROM 'tom'@'192.168.10.1';
```

运行结果如图 4.92 所示，使用 SHOW GRANTS 语句查看账户 tom 的权限情况。

例 17：查看账户 jackChen 的权限，撤销账户 jackChen 在 test1 数据库中所有表的权限。

```
SHOW GRANTS FOR 'jackChen'@'%';
```

运行结果如图 4.93 所示。

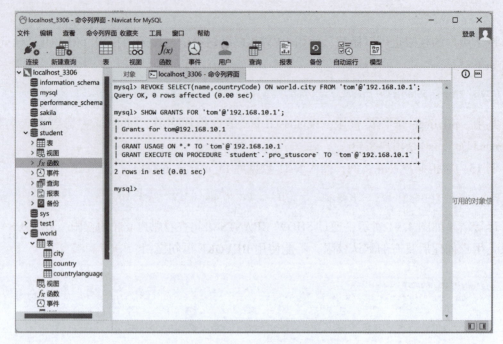

图 4.92　撤销账户 tom 的列权限

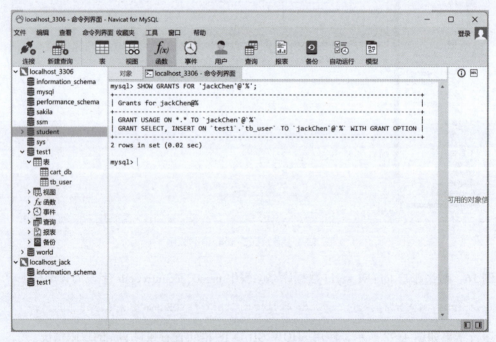

图 4.93　账户 jackChen 当前的权限

```
REVOKE SELECT,INSERT ON test1.tb_user FROM 'jackChen'@'%';
```

　　运行结果如图 4.94 所示，使用 SHOW GRANTS 语句查看账户 jackChen 当前的权限，jackChen 在 test1 数据库中仅有 USAGE 权限。

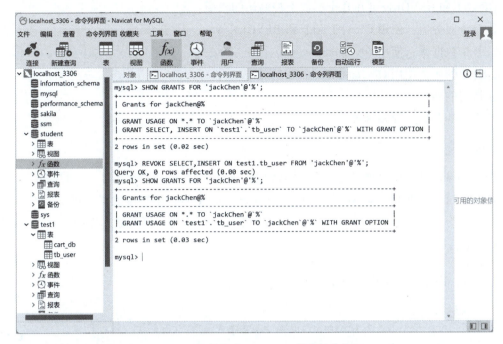

图 4.94　撤销账户 **jackChen** 拥有的表权限

注意：使用 REVOKE ALL ON test1.* FROM 'jackChen' @'%' 语句可以撤销用户账户在数据库 test1 中的所有权限，但不能撤销 jackChen 在数据库 test1 中所有表的权限，如图 4.95 所示。撤销时只能撤销该用户账户所拥有的权限。

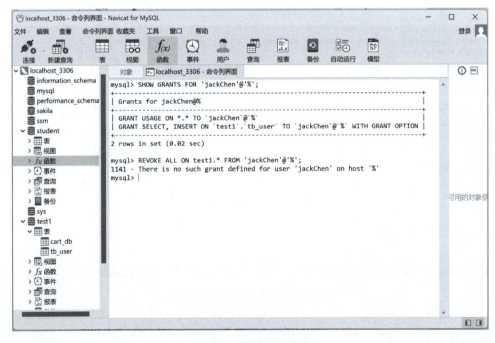

图 4.95　撤销权限失败

GRANT 和 REVOKE 可在几个层次上控制访问权限：

①整个服务器，使用 GRANT ALL 和 REVOKE ALL；

②整个数据库，使用 ON database.＊；

③特定的表，使用 ON database.table；

④特定的列；

⑤特定的存储过程和函数。

【任务描述】

根据 freshmarket 生鲜电商平台项目的管理，需要创建一个售后账户，用户名：sale01，密码：sale111，该账户可以查看 product、orders、orderitem 表中的数据。创建一个主管账户，用户名为 saleManager，密码为 sale999，授予该账户查看、修改数据库中所有表的权限。

【任务实施】

步骤 1：创建售后账户并授予权限。

```
-- 创建账户
CREATE USER 'sale01'@'%' IDENTIFIED BY 'sale111';
-- 授予账户权限
GRANT SELECT ON product TO 'sale01'@'%';
GRANT SELECT ON orders TO 'sale01'@'%';
GRANT SELECT ON orderitem TO 'sale01'@'%';
```

运行结果如图 4.96 所示。

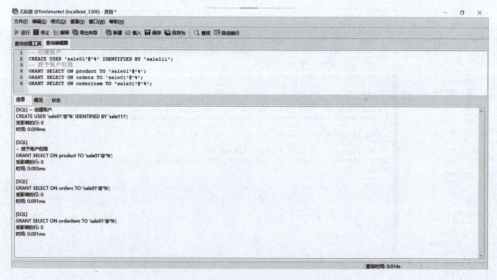

图 4.96　创建售后账户及授予权限

步骤2：创建售后主管账户并授予权限。

```
-- 创建账户
CREATE USER 'saleManager'@'%' IDENTIFIED BY 'sale999';
-- 授予账户权限
GRANT SELECT,UPDATE ON freshmarket.* TO 'sale01'@'%';
```

运行结果如图 4.97 所示。

```
1  -- 创建账户
2  CREATE USER 'saleManager'@'%' IDENTIFIED BY 'sale999';
3  -- 授予账户权限
4  GRANT SELECT,UPDATE ON freshmarket.* TO 'sale01'@'%';
5
```

信息 | 剖析 | 状态

```
-- 创建账户
CREATE USER 'saleManager'@'%' IDENTIFIED BY 'sale999'
> OK
> 时间: 0.002s

-- 授予账户权限
GRANT SELECT,UPDATE ON freshmarket.* TO 'sale01'@'%'
> Affected rows: 0
> 时间: 0.002s
```

查询时间: 0.019s

图 4.97　创建售后主管账户及授予权限

【知识拓展】

"Bug" 是什么？从哪里来？

定义：中文常称 Bug 为"缺陷"。而且，"缺陷"一词更能反映事情的本质。因为"臭虫"是从外面飞进去的，并非程序本身有问题。而程序本身存在的问题，是程序原来就具有的。因此，在这里将 Bug 翻译为"系统漏洞"更合适。

由来：Bug 一词的原意是"臭虫"或"虫子"。但是现在，在计算机系统或程序中，如果隐藏着的一些未被发现的缺陷或问题，人们也叫它"Bug"，这是怎么回事呢？

原来，第一代计算机由许多庞大且昂贵的真空管组成，并利用大量的电力来使真空管发光。可能正是由于计算机运行产生的光和热，引得一只小虫子（Bug）钻进了一支真空管内，导致整个计算机无法正常工作。研究人员费了半天时间，总算发现原因所在，把这只小虫子从真空管中取出后，计算机又恢复正常。后来，Bug 这个名词就沿用下来，用来表示计算机系统或程序中隐藏的错误、缺陷、漏洞等问题。

1945 年，计算机还是由机械式继电器和真空管驱动的，机器有房间那么大，而体现当时技术水平的 Mark Ⅱ，是由哈佛大学制造的一个庞然大物。当技术人员正在进行不整机运行时，它突然停止了工作。他们爬上去找原因，发现这台巨大的计算机内部一组继电器的触点之间有一只飞蛾，这显然是由于飞蛾受光和热的吸引，飞到了触点上，然后被高电压击死。

与 Bug 相对应，人们将发现 Bug 并加以纠正的过程叫做 "Debug"（中文称作 "调试"），意即 "捉虫子" 或 "杀虫子"。

后来直接在很多软件测试中用 Bug 来说明那些问题。

《中华人民共和国网络安全法》

《中华人民共和国网络安全法》是为了保障网络安全，维护网络空间主权和国家安全、社会公共利益，保护公民、法人和其他组织的合法权益，促进经济社会信息化健康发展制定的法律，对中国网络空间法治化建设具有重要意义。

2016 年 11 月 7 日，第十二届全国人民代表大会常务委员会第二十四次会议通过《中华人民共和国网络安全法》，自 2017 年 6 月 1 日起施行。

要点：

1. 增强个人信息保护意识。

2. 知法、懂法、守法。

3. 懂得防患于未然。

【思考与练习】

一、单选题

1. 不可对视图执行的操作有（　　）。

A. SELECT　　　　　　B. INSERT　　　　　　C. DELETE　　　　　　D. CREATE INDEX

2. 在 MySQL 创建视图时，WITH CHECK OPTION 子句的作用是（　　）。

A. 防止通过视图插入或更新行

B. 使用户能从多种角度看待同一数据

C. 对于可更新视图，保证更新、插入或删除的行要满足视图定义中的谓词条件

D. 去掉基本表的某些行和某些列

3. 下列不能使用 ALTER 命令进行修改的数据库对象是（　　）。

A. 存储过程　　　　　B. 事件　　　　　　C. 触发器　　　　　　D. 存储过程

4. 在 MySQL 中，激活触发器的命令有（　　）。

A. CREATE、DROP、INSERT

B. SELECT、CREATE、UPDATE

C. INSERT、DELETE、UPDATE

D. CREATE、DELETE、UPDATE

5. 在 MySQL 中，用户账户信息存储在（　　）。

A. mysql. host　　　　　　　　　　　　B. mysql. account

C. mysql. user　　　　　　　　　　　　D. information_schema. user

6. 用户刚创建后，只能登录服务器，而无法执行任何数据库操作的原因是（　　）。

A. 用户还需要修改密码

B. 用户尚未激活

C. 用户还没有任何数据库对象的操作权限

D. 以上皆有可能

7. 对于索引，正确的描述是（　　）。

A. 索引的数据无须存储，仅保存在内存中

B. 一个表上可以有多个聚集索引

C. 索引通常可以减少表扫描，从而提高检索效率

D. 所有索引都是唯一性的索引

8. 在存储过程的定义中，其参数的输入输出类型包括（　　）。

A. in、out

B. in、out、inout

C. in

D. out

9. 现有如下语句，能够直接调用过程 p，并能得到正确返回结果的语句是（　　）。

```
CREATE PROCEDURE p( in no1 INT,out pname varchar(10))
BEGIN
SELECT sname INTO pname
FROM student WHERE sno=no1;
END;
```

A. CALL p(100,@x)；

B. CALL p(100,"张红")；

C. CALL p(@a,@b)；

D. CALL p(@a,"张红")；

10. 事务是数据库运行的基本工作单位。如果一个事务执行成功，则全部更新提交；如果一个事务执行失败，则已做过的更新被恢复原状，好像整个事务从未有过这些更新，这样就保持了数据库处于（　　）状态。

A. 安全性　　　　B. 一致性　　　　C. 完整性　　　　D. 可靠性

二、填空题

1. 在 MySQL 中，可以使用＿＿＿＿＿语句创建视图。

2. 提交事务的命令是＿＿＿＿，回滚事务的命令是＿＿＿＿。

3. MySQL 中预设的拥有最高权限的超级用户名是＿＿＿＿。

4. 激活触发器的语句有＿＿＿＿、＿＿＿＿、＿＿＿＿。

三、实践操作题

参考项目四作业的数据库和表，完成以下操作题：

1. 创建名为 View_commodity 的视图，视图包括 Product 表中 PID、P_Name 和 Price 三个字段。

2. 创建名为 v_commodity 的视图，包含 product 表中所有产品编号（P_ID）、产品类别编号（C_ID）、产品名称（p_name）和产品单价（price），并查看 v_commodity 视图。

3. 查询 v_commodity 视图中数据。

4. 通过 v_commodity 视图向 Product 表插入一件产品的记录，编号为 12，价格为 1 899，名称为 "vivoS18"，类别为 4。

5. 通过 v_commodity 视图，将刚才添加的 vivoS18 的单价更新为 1700。

6. 通过 v_commodity 视图，将 vivoS18 从 Product 表中删除。

7. 创建存储过程 proc1，计算 10 的阶乘。（10! = 10×9×8×……1）

8. 创建存储过程 proc2，统计员工表中女生的人数，并通过 CALL 调用该存储过程查看结果。

9. 创建存储过程 proc3，通过部门名称统计部门人数。

10. 创建存储过程 proc4，通过商品名称（输入参数）查询商品价格（输出参数）。

11. 创建存储过程 proc5，通过商品名称查询该商品的所有订单信息。

12. 创建一个事务，当删除某类商品时，同时删除该类中的商品信息，两个操作要么全部执行，要么全部不执行。

13. 创建一个事务，更新指定商品的价格，采用事务进行提交。

14. 在商品类别表中创建一个触发器，当修改类别编号时，同步修改商品表中的类别编号。

15. 在部门表中创建一个触发器，当删除部门时，同步删除该部门的员工信息，删除该员工的订单信息。

16. 添加一个 "ks" 用户，并设置相应的密码为 "abc123"。

17. 授予 "ks" 用户对 xscjgl 数据库中的所有表具有 SELECT 和 DELETE 权限。

18. 撤销 "ks" 用户对 xscjgl 数据库的 SELECT 权限。

19. 修改 "ks" 用户的密码为 "hello"。

20. 删除用户 "ks"。

项目五

PHP+MySQL综合项目开发

学生信息管理平台是一个动态网站，通过该平台，实现用户登录、注册和学生基本信息的增加、删除、修改、查询以及分页等功能。学生信息管理平台动态网站技术使用 PHP 实现，数据库采用 MySQL。通过 PHP 对 MySQL 的操作，不仅要求会搭建 PHP 开发及运行环境，而且要求在前期的 MySQL 学习中，将 MySQL 与其他课程一起协调开发项目，以便对 MySQL 的常用 SQL 语句有更深入的理解。

项目目标

知识目标：

1. 了解 PHP 的概念。

2. 理解 PHP 操作 MySQL 的方法。

3. 掌握 PHP 中的 MySQL 函数应用的方法。

能力目标：

1. 具备 MySQL 建库、建表的能力。

2. 具备使用 PHP 连接 MySQL 进行开发的能力。

3. 具备 PHP+MySQL 进行网站后端开发的能力。

素质目标：

1. 具备规范化、标准化的代码编写习惯。

2. 具备学习和总结的能力。

3. 具备良好的沟通能力。

4. 具备持久的自学能力。

5. 具备不断专研、精益求精的精神。

任务 1 PHP 环境搭建

PHP 的全名是 Hypertext Preprocessor，即超文本预处理器，是一种开源的脚本语言。PHP 主要用于 WEB 开发，语法混合了 C 语言、JAVA 语言和 Perl 语言的特点。PHP 易于学习，使用广泛。使用 PHP 可以生成动态网页，一般用于中小型网站，如 WEB 办公管理系统、电子商务应用开发和 WEB 应用系统开发。PHP 是目前最流行的 WEB 开发语言之一，与 JSP 和 ASP 相比，PHP 具有执行效率快、开源免费并跨平台的优点。

PHP 主要进行网站后端开发，可以与 MySQL、SQL Server、Oracle 等数据库协作完成 PHP 对数据库的操作。

【知识讲解】

1.1 PHP 环境搭建步骤

PHP 的环境搭建有两种方式，一是独立手动安装各个软件，这种方式在开始安装之前，首先需要下载所需要的软件，分别是：

```
Apache: HTTPD-2.4.23-win64-VC14;
PHP: php-7.0.10-Win32-VC14-x64;
MySQL: mysql-5.7.15-winx64;
```

另一种是一键安装集成环境，一般有 WampServer、XAMPP、PHPStudy 等。这种方式可以快速搭建 PHP 运行环境。本书主要采用 PHPStudy 2019 集成运行环境，安装简单，使用方便。下载网址：https://www.xp.cn/download.html。

【任务内容】

PHP 环境搭建：

1. 安装 PHPStudy 2019。
2. 安装代码编辑环境 Sublime Text。
3. 测试环境。

【任务实施】

步骤 1：下载完毕后，双击 exe 文件，进入图 5.1 所示的界面。

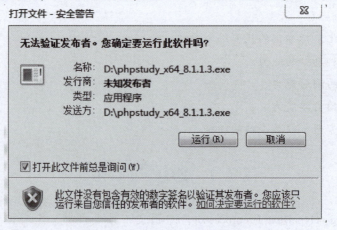

图 5.1 PHPStudy 安装界面 1

步骤 2：单击"运行"按钮，进入立即安装界面，如图 5.2 所示。

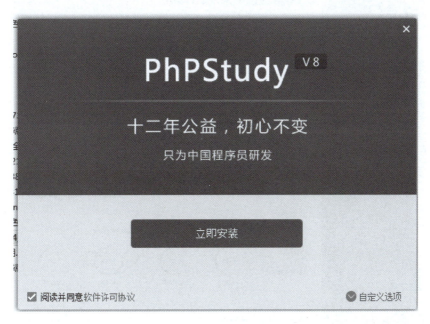

图 5.2　PHPStudy 安装界面 2

步骤 3：单击"立即安装"按钮，则进入安装界面，并等待安装完成，如图 5.3 所示。

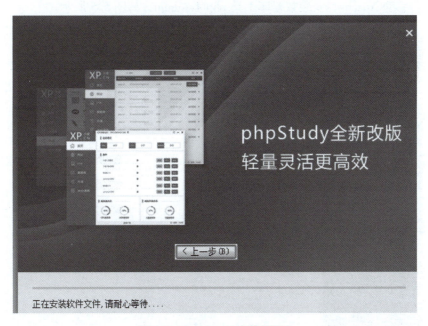

图 5.3　PHPStudy 安装界面 3

步骤 4：安装完成，双击桌面 PHPStudy 快捷图标，进入 PHPStudy 面板，如图 5.4 所示。

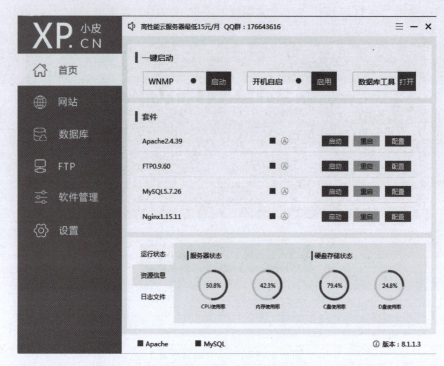

图 5.4　**PHPStudy** 面板

步骤 5：启动 Apache，安装数据库工具 phpMyAdmin，如图 5.5 所示。

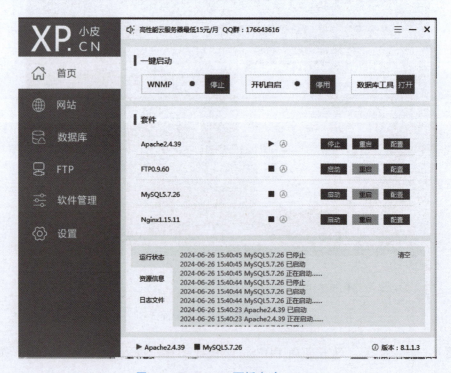

图 5.5　**PHPStudy** 面板启动 **Apache**

步骤 6：下载 Sublime Text 并安装，如图 5.6 所示。

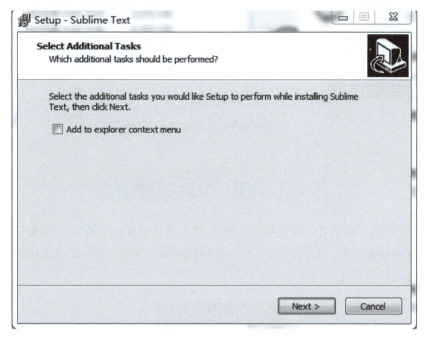

图 5.6　Sublime 安装

步骤 7：启动 Sublime Text，导入 PHPStudy 安装目录 www 下的测试文件夹 test，新建文件并保存为 demo1.php，如图 5.7 所示。

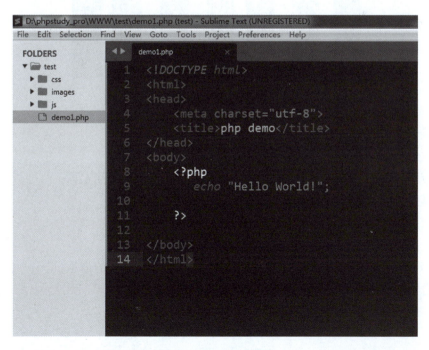

图 5.7　PHP 环境测试

步骤 8：启动 PHPStudy，左边选择网站，右边单击"管理"按钮，选择网站根目录，在浏览器中输入网址 http://localhost/test/demo1.php，显示内容如图 5.8 所示。

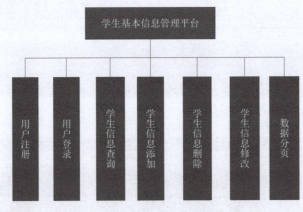

← → C ⓘ localhost/test/demo1.php

Hello World!

图 5.8　PHP 程序运行

任务 2　PHP 操作 MySQL

PHP 操作 MySQL 的学习主要通过一个简易的小型项目——学生基本信息管理平台，从分析需求、创建数据库表、设计界面、编写代码到测试，展示 PHP 如何连接数据库及对表进行操作。该项目的功能结构图如图 5.9 所示。

图 5.9　功能结构图

功能描述：

用户注册：用户在登录时，如果没有用户名，则进行注册；

用户登录：用户输入正确的用户名、密码和验证码则进入访问主页；

学生信息查询：通过输入用户名进行模糊查询；

学生信息添加：通过页面数据输入，将信息添加到数据表中；

学生信息删除：传递编号进行单条或多条记录删除；

学生信息修改：通过修改页面改变字段信息，从而改变记录的信息；

数据分页：每页按照 4 条记录进行显示。

【知识讲解】

2.1　PHP 操作 MySQL

PHP 操作 MySQL 数据库可以进行增、删、改、查。不管是做哪种操作，都需要连接数据库。PHP 操作 MySQL 数据库通过五步完成。

（1）使用 mysqli_connect( ) 函数建立与 MySQL 服务器的连接。

（2）使用 mysqli_select_db( ) 函数选择 MySQL 服务器上的数据库，并与数据库建立连接。

（3）在选择的数据库中使用 mysqli_query( ) 函数执行 SQL 语句。

（4）数据库操作完成后，需要使用函数 mysqli_free_result( ) 关闭结果集，以释放系统资源。

（5）使用 mysqli_close( ) 函数关闭先前打开的与 MySQL 服务器的连接，以节省系统资源。

PHP 操作 MySQL 主要用到的函数详情如下：

mysqli_connect( ) 函数的作用：与 MySQL 服务器建立连接。

语法格式如下：

```
mysqli_connect([string $ hostname [,string $ username[,string password[,string $ dbname]]]]);
```

其中，hostname 定义 MySQL 服务器的主机名或 IP 地址；username 定义 MySQL 服务器的用户名；password 定义 MySQL 服务器的用户密码；dbname 可选，用于定义默认使用的数据库文件名。该函数的返回值用于表示到 MySQL 服务器连接的对象。如果连接成功，则返回一个资源，为以后执行 SQL 指令做准备。

mysqli_select_db( ) 的作用：修改连接 MySQL 服务器时定义的默认 MySQL 数据库，或者选择服务器上的数据库。

语法格式如下：

```
bool mysqli_select_db (mysqli $ link, string $ dbname)
```

其中的 link 定义要使用的 MySQL 连接，dbname 定义传入 MySQL 服务器的数据库名称。成功则返回 true，失败则返回 false。

mysqli_query( ) 的作用：执行各种 SQL 语句。

语法格式如下：

```
mixed mysqli_query (mysqli $ con, string $ query [, int $ resultmode] )
```

该函数针对成功的 SELECT、SHOW、DESCRIBE 或 EXPLAIN 查询，将返回一个 mysqli_result 对象。针对其他成功的查询，将返回 true；如果失败，则返回 false。

mysqli_fetch_array( ) 的作用：使用 mysqli_fetch_array( ) 函数可以从查询结果集中取得一

行作为关联数组、数字数组，或二者兼有。

语法格式如下：

```
mixed mysqli_fetch_array (mysqli_result $ result [ ,int $ resulttype])
```

mysqli_num_rows( )的作用：获取查询结果集中的记录数。

语法格式如下：

```
int mysqli_num_rows(mysqli_result $ result)
```

表 5.1 所示为 PHP 操作 MySQL 的相关函数。

表 5.1 PHP 操作 MySQL 的相关函数

函数	描述
mysqli_connect( )	连接 MySQL 服务器，连接成功返回连接对象，失败返回 false
mysqli_connect_error( )	获取连接时错误信息，返回带有错误描述的字符串
mysqli_select_db( )	选择数据库，成功返回 true，失败返回 false
mysqli_set_charset( )	设置客户端字符集，成功返回 true，失败返回 false
mysqli_query( )	执行数据库查询，写操作返回 true，读操作返回结果集对象，失败返回 false
mysqli_insert_id( )	获取上一次插入操作时产生的 ID
mysqli_affected_rows( )	获取上一次操作时受影响的行数
mysqli_num_rows( )	获取结果中行的数量
mysqli_fetch_assoc( )	获取一行结果并以关联数组返回
mysqli_fetch_row( )	获取一行结果并以索引数组返回
mysqli_fetch_all( )	获取所有的结果，并以数组方式返回
mysqli_free_result( )	释放结果集
mysqli_errno( )	返回最近函数的错误编号
mysqli_error( )	返回最近函数调用的错误信息
mysqli_close( )	关闭数据库连接

【任务内容】

学生基本信息管理平台需要完成：

1. 使用 MySQL 建立用户表和学生表。

2. 完成登录页面设计及编码。

3. 完成注册页面设计及编码。

4. 完成首页页面设计及编码。

5. 完成模糊查询页面设计及编码。

6. 完成记录添加页面设计及编码。

7. 完成分页页面设计及编码。

8. 完成修改页面设计及编码。

9. 完成删除页面设计及编码。

【任务实施】

步骤 1：数据库及表的建立。

在前面 MySQL 的学习中，我们已经会建立数据库和数据表了。要完成学生基本信息管理系统，我们需要建立数据库 mydb，在 mydb 下建立表 user 用于登录和注册。建立表 student 用于学生基本信息的增加、删除、修改和查询操作。表 user 包含字段编号 userId、姓名 name、密码 password、性别 sex、年龄 age、专业 major、地址 address。

表 student 包含字段编号 stuid、姓名 stuname、性别 stusex、年龄 age、专业 major、地址 address 和照片 picture。使用 MySQL 建立表 user 和表 student，截图如图 5.10 和图 5.11 所示。

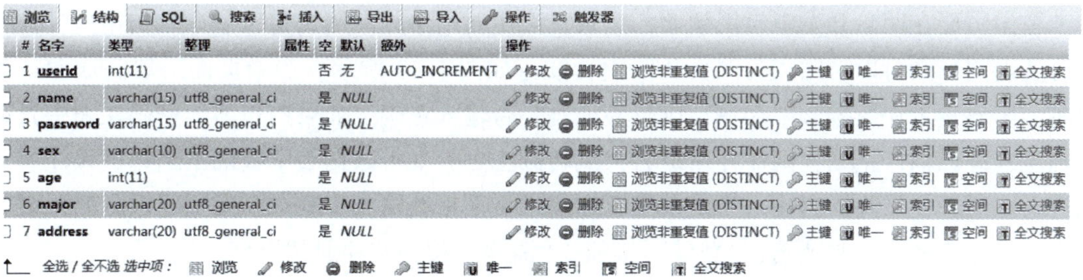

图 5.10　表 user 截图

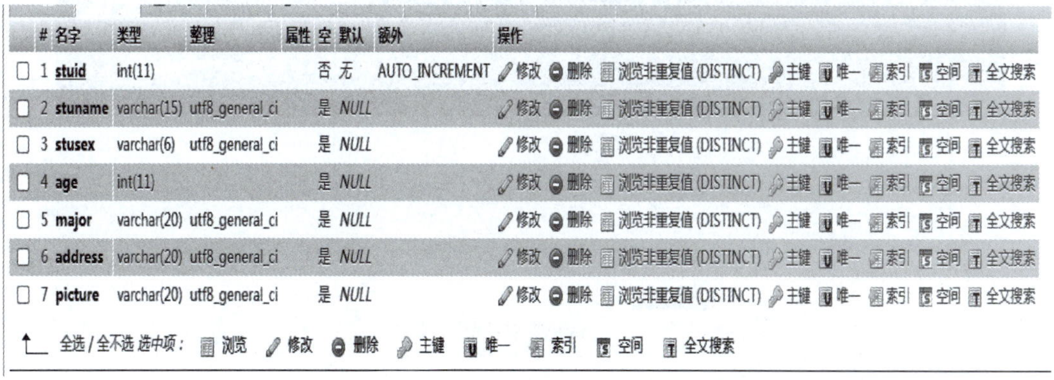

图 5.11　表 student 截图

步骤 2：登录页面设计与编码。

在编写登录页面前，先在 PHPStudy 的网站根目录下建立文件夹 studentInformation，在此文件夹下建立 images、js 和 css 文件夹，使用 Sublime Text 的 project→add folder to project 菜单项将 studentInforamtion 文件夹加入项目中。在 Sublime Text 中使用 File→New File 命令创建新文件，保存为 login. php。项目文件结构如图 5.12 所示。

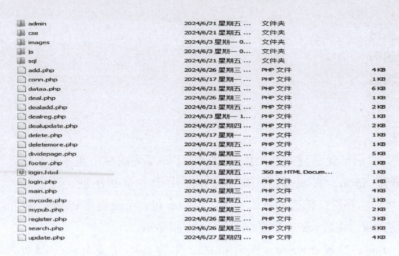

admin	2024/6/21 星期五 …	文件夹	
css	2024/6/21 星期五 …	文件夹	
images	2024/6/3 星期一 0…	文件夹	
js	2024/6/3 星期一 0…	文件夹	
sql	2024/6/21 星期五 …	文件夹	
add.php	2024/6/26 星期三 …	PHP 文件	4 KB
conn.php	2024/6/17 星期一 …	PHP 文件	1 KB
dataa.php	2024/6/21 星期五 …	PHP 文件	6 KB
deal.php	2024/6/26 星期三 …	PHP 文件	1 KB
dealadd.php	2024/6/21 星期五 …	PHP 文件	2 KB
dealreg.php	2024/6/3 星期一 1…	PHP 文件	1 KB
dealupdate.php	2024/6/27 星期四 …	PHP 文件	2 KB
delete.php	2024/6/17 星期一 …	PHP 文件	1 KB
deletemore.php	2024/6/21 星期五 …	PHP 文件	1 KB
dividepage.php	2024/6/26 星期三 …	PHP 文件	5 KB
footer.php	2024/6/21 星期五 …	PHP 文件	1 KB
login.html	2024/6/21 星期五 …	360 se HTML Docum…	1 KB
login.php	2024/6/21 星期五 …	PHP 文件	1 KD
main.php	2024/6/26 星期三 …	PHP 文件	4 KB
mycode.php	2024/6/21 星期五 …	PHP 文件	1 KB
mypub.php	2024/6/26 星期三 …	PHP 文件	2 KB
register.php	2024/6/26 星期三 …	PHP 文件	3 KB
search.php	2024/6/26 星期三 …	PHP 文件	5 KB
update.php	2024/6/27 星期四 …	PHP 文件	4 KB

图 5.12　项目文件结构

　　登录页面在网站开发中使用频繁，登录页面主要用于判断用户是否是合法的用户，如果是合法的用户则可以访问相关网页及使用功能，如图 5.13 所示。登录页面一般完成验证用户名、密码是否在数据表中存在，以及验证码是否输入正确。如果用户名、密码在表中查询正确且验证码输入正确，则保存用户名，跳转到主页；如果数据表中查询不到则进入注册页面进行注册；如果验证码输入错误则停留在登录页面重新输入。登录页面主要包含的元素有用户名、用户密码、验证码、"登录"按钮、"清除"按钮和注册超链接。

用户登录

用户名	Alice
用户密码	······
验证码	
	ADKis7

登录　清除

没有用户名?注册

图 5.13　登录页面

login. php 核心代码如图 5.14 所示。

```
<!DOCTYPE html>
<html>
<head>
    <meta charset="utf-8">
    <title>login</title>
    <link rel="stylesheet" href="https://cdn.staticfile.net/twitter-bootstrap/3.3.7/css/bootstrap.min.css">
    <script src="https://cdn.staticfile.net/jquery/2.1.1/jquery.min.js"></script>
    <script src="https://cdn.staticfile.net/twitter-bootstrap/3.3.7/js/bootstrap.min.js"></script>
</head>
<body>
    <div class="container">
        <div class="row">
            <img src="images/picture1.jpg" width="1150" height="200">
        </div>
        <div class="row">
            <div class="col-sm-4"></div>
            <div class="col-sm-4">
                <p><h2>用户登录</h2></p>
            </div>
            <div class="col-sm-4"></div>
        </div>
        <div class="row">
            <?php readfile("login.html"); ?>
        </div>
    </div>

</body>
</html>
```

图 5.14　login. php 核心代码

login. html 主要完成登录中表单的设计，表单设计完后，在 login. php 中使用文件读取或包含函数将 login. html 载入。login. html 核心代码如图 5. 15 所示。

```
<h4>
<form name="form1" action="deal.php" method="post">
    <table class="table table-bordered">
        <tr class="info">
            <td>用户名</td>
            <td><input type="text" name="uname" class="form-control"></td>
        </tr>
        <tr class="danger">
            <td>用户密码</td>
            <td><input type="password" name="upass" class="form-control"></td>
        </tr>
        <tr class="primary">
            <td>验证码</td>
            <td><input type="text" name="ucode" class="form-control"><img src="../mycode.php" onclick="javascript:this.src='
                mycode.php?id='+Math.random()"></td>
        </tr>
        <tr class="success">
            <td colspan="2" align="center">
                <button type="submit" class="btn btn-lg btn-primary">登录</button>
                <button type="reset" class="btn btn-lg btn-primary">清除</button>
            </td>
        </tr>

    </table>
    <a href="register.php">没有用户名?注册</a>
</form>
</h4>
```

图 5.15　login. html 核心代码

处理登录页面的核心代码 deal. php：

在 Sublime Text 中使用 File→New File 命令创建新文件，保存为 deal. php。

登录处理页面中，分别获取登录页面中的用户名、密码和验证码，连接数据库，执行带条件的查询并根据查询结果进行跳转。关键 SQL 语句如下：

```
$ sql = "select * from user where name =' $ name' and password =' $ password' ";
```

在 deal. php 中处理登录页面的所有逻辑，代码如图 5.16 所示。

```php
<?php session_start(); ?>
<?php
$myvcode="";
$name=$password="";
if (isset($_POST['uname'])) {
    $name=$_POST['uname'];
    $_SESSION['myname']=$name;
}
if (isset($_POST['upass'])) {
    $password=$_POST['upass'];
}
if (isset($_POST['ucode'])) {
    $myvcode=$_POST['ucode'];
}
if ($myvcode!=$_SESSION['mynum']) {
    echo "<script>alert('the code is wrong');location.href='register.php';</script>";
    die();
}
include "conn.php";
mysqli_select_db($con,"mydb");
$sql="select * from user where name='$name' and password='$password'";
//echo "sql=".$sql;
$result=mysqli_query($con,$sql);
if (mysqli_num_rows($result)>0) {
    echo "<script>alert('logn successfully！');location.href='main.php';</script>";
    // code...
}else
{
    echo "<script>alert('login failed！');location.href='login.php';</script>";
}
?>
```

图 5.16　deal. php 代码

由于所有的数据库操作都需要用到连接，为此，将连接代码单独放在 conn. php 文件中，其他页面使用的时候用 include 函数操作。在 Sublime Text 中使用 File→New File 命令，保存为 conn. php，代码如图 5.17 所示。

```php
<?php
$con=mysqli_connect("localhost","root","root");
if (!$con) {
    die("connection failed:".mysqli_connect_error());
}
mysqli_select_db($con,"mydb");

?>
```

图 5.17　conn. php 连接 MySQL 的代码

步骤 3：注册页面的设计及编码。

注册页面在网页中经常使用，当用户在登录页面中登录时，如果在数据表中查询不到用户信息则跳转到注册页面进行注册，也就是新增用户名和密码，并将信息添加到数据表中。根据表 user 的字段，注册页面包含的表单元素有用户名、用户密码、用户性别、用户年龄、用户专业和地址以及"注册"按钮和"清除"按钮。在 Sublime Text 中单击 File→New File 命令创建文件并保存为 register. php。注册页面如图 5.18 所示。

图 5.18　注册页面

注册页面 register. php 所有代码如图 5.19 所示。

注册处理页面 dealreg. php：

注册处理的实现步骤是使用!_POST[ ]数组在注册页面中分别获取用户名、密码、性别、年龄、专业、地址信息并赋值给变量。然后连接数据库，执行 INSERT 语句并根据执行情况进行跳转。如果添加成功，则转入登录页面进行登录，如果添加失败，则跳转到注册页面继续注册。在 Sublime Text 中单击 File→New File 命令创建文件并保存为 dealreg. php。

核心 SQL 语句：

```
$ sql = "INSERT INTO user(name,password,sex,age,major,address) values(' $ myname',' $ mypass',' $ mygender', $ myage,' $ mymajor',' $ myaddress')";
```

注册处理页面 dealreg. php 的所有代码如图 5.20 所示。

```
<!DOCTYPE html>
<html>
<head>
    <meta charset="utf-8">
    <title>register</title>
    <link rel="stylesheet" href="https://cdn.staticfile.net/twitter-bootstrap/3.3.7/css/bootstrap.min.css">
    <script src="https://cdn.staticfile.net/jquery/2.1.1/jquery.min.js"></script>
    <script src="https://cdn.staticfile.net/twitter-bootstrap/3.3.7/js/bootstrap.min.js"></script>
</head>
<body>
    <div class="container">
        <div class="row">
            <img src="images/picture2.jpg" width="1170" height="200">
            <p><h2>用户注册</h2></p>
            <h4>
<form name="form1" action="dealreg.php" method="post">
    <table class="table table-bordered">
        <tr class="info">
            <td>用户名</td>
            <td><input type="text" name="sname" class="form-control"></td>
        </tr>
        <tr class="danger">
            <td>用户密码</td>
            <td><input type="password" name="spass" class="form-control"></td>
        </tr>
        <tr class="primary">
            <td>用户性别</td>
            <td><input type="radio" name="sgender" value="男">男
                <input type="radio" name="sgender" value="女">女
            </td>
        </tr>
        <tr class="info">
            <td>用户年龄</td>
            <td><input type="text" name="sage" class="form-control"></td>
        </tr>
        <tr class="warning">
            <td>用户专业</td>
            <td><select name="smajor">
                <option value="软件技术">软件技术</option>
                <option value="人工智能">人工智能</option>

                <option value="机器人">机器人</option>
                <option value="计算机应用">计算机应用</option>
            </select></td>
        </tr>
        <tr class="info">
            <td>用户来自于</td>
            <td><select name="saddress">
                <option value="成都">成都</option>
                <option value="上海">上海</option>

                <option value="西安">西安</option>
                <option value="长沙">长沙</option>
            </select></td>
        </tr>
        <tr class="success">
            <td colspan="2" align="center">
                <button type="submit" class="btn btn-lg btn-primary">注册</button>
                <button type="reset" class="btn btn-lg btn-primary">清除</button>
            </td>
        </tr>

    </table>

</form>
</h4>
    </div>
    </div>
</body>
</html>
```

图 5. 19   register. php 代码

```php
<?php
$myname= $mypass=$mygender=$mymajor=$myaddress="";
$myage=0;
if (isset($_POST['sname'])) {
    $myname=$_POST['sname'];
}
if (isset($_POST['spass'])) {
    $mypass=$_POST['spass'];
}
if (isset($_POST['sgender'])) {
    $mygender=$_POST['sgender'];
}
if (isset($_POST['smajor'])) {
$mymajor=$_POST['smajor'];
}
if (isset($_POST['saddress'])) {
    $myaddress=$_POST['saddress'];
}
if (isset($_POST['sage'])) {
    $myage=$_POST['sage'];
}
$con=mysqli_connect("localhost","root","root","mydb");
if (!$con) {
    die("connection failed:".mysqli_connect_error());
}
$sql="insert into user(name,password,sex,age,major,address) values('$myname','$mypass','$mygender','$myage','$mymajor','$myaddress')";
$result=mysqli_query($con,$sql);
if ($result) {
    echo "<script>alert('register successfully!');location.href='login.php';</script>";
}else
{
    echo "<script>alert('failed!');location.href='register.php';</script>";
}
?>
```

图 5.20　dealreg. php 代码

步骤 4：完成首页设计及编码。

首页主要包含的元素有页面头部、导航栏、表格数据展示、修改记录按钮和删除记录按钮。在首页中，中间部分使用查询显示出所有学生的基本信息，同时为了可以删除多条记录，在表格中添加复选框，值为编号。在 Sublime Text 中单击 File→New File 命令创建文件并保存为 main. php。首页如图 5.21 所示。

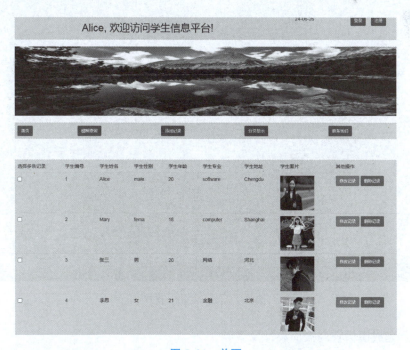

图 5.21　首页

首页 main. php 的所有代码如图 5. 22 所示。

```php
<div class="row">
    <?php
    if (isset($_SESSION['myname'])) {
    ?>
        <table class="table">
        <tr class="info">
            <td align="center"><h2><?php echo $_SESSION['myname']; ?>, 欢迎访问学生信息平台!</h2></td>
            <td align="center"><?php date_default_timezone_set("Asia/Shanghai");echo date("y-m-d"); ?></td>
            <td align="center"><a href="login.php" class="btn btn-sm btn-primary">登录</a>    <a href="register.php" class="btn btn-sm btn-primary">注册</a></td>
        </tr>
    </table>

    <img src="images/picture2.jpg" width="1150" height="200">
    <Br>
    <br>
    <table class="table">
        <tr class="info">
            <td><a href="main.php" class="btn btn-sm btn-primary">首页 </a></td>
            <td><a href="search.php" class="btn btn-sm btn-primary">模糊查询 </a></td>
            <td><a href="add.php" class="btn btn-sm btn-primary">添加记录 </a></td>
            <td><a href="dividepage.php" class="btn btn-sm btn-primary">分页显示 </a></td>
            <td><a href="contact.php" class="btn btn-sm btn-primary">联系我们 </a></td>
        </tr>
    </table>
    <br>
    <br>
    <form name="form1" action="deletemore.php" method="post">
    <table class="table">
        <tr class="success">
            <td>选择多条记录</td>
            <td>学生编号</td>
            <td>学生姓名</td>

            <td>学生性别</td>
            <td>学生年龄</td>

            <td>学生专业</td>
            <td>学生地址</td>
            <td>学生图片</td>
            <td>其他操作</td>
        </tr>
        <?php
        intlude "conn.php";
        $sql="select * from student";
        mysqli_set_charset($con,"utf8");
        $result=mysqli_query($con,$sql);
        if (mysqli_num_rows($result)>0) {
            while ($row=mysqli_fetch_array($result)) {
        ?>
            <tr class="info">
            <td><input type="checkbox" name="mycheck[]" value="<?php echo $row['stuid']; ?>"></td>
            <td><?php echo $row['stuid']; ?></td>
            <td><?php echo $row['stuname']; ?></td>

            <td><?php echo $row[2]; ?></td>
            <td><?php echo $row[3]; ?></td>

            <td><?php echo $row[4]; ?></td>
            <td><?php echo $row[5]; ?></td>
            <td><img src="<?php echo $row[6]; ?>" width="100" height="100"></td>
            <td><a href="update.php?id=<?php echo $row['stuid']; ?>" class="btn btn-sm btn-success" >修改记录</a>
                <a href="delete.php?id=<?php echo $row['stuid']; ?>" class="btn btn-sm btn-danger" onclick="return confirm('Are you sure to delete it?')">删除记录
                </a>
            </td>
            </tr>
            <?php
                }
            }
        ?>
    </table>
    <button type="submit" class="btn btn-sm btn-primary">删除多条记录</button>
    </form>
    <?php
```

图 5. 22　main. php 代码

步骤 5：完成模糊查询页面设计及编码。

模糊查询的关键是页面中添加文本框用于输入姓名，添加按钮进行查询。首先获取文本框的数据，如果有值则使用查询语句及关键字 LIKE 查询满足条件的记录，如果没有值则查询所有记录，连接数据库，执行查询，并根据查询结果显示数据。在 Sublime Text 中单击 File→New File 命令创建文件并保存为 query. php。

核心 SQL 语句如下：

```php
$sql = $mykey = "";
    if (isset($_POST['mysearch'])) {
        $mykey = $_POST['mysearch'];
        $sql = "select * from student where stuname like '%$mykey%'";
    }else
    {
        $sql = "select * from student";
    }
```

模糊查询页面如图 5.23 所示。

图 5.23　模糊查询页面

模糊查询页面 query. php 的所有代码如图 5.24 所示。

```
<div class="container">
    <div class="row">
<?php
    if (isset($_SESSION['myname'])) {
        include "mypub.php";
    ?>
    <div class="row">
        <form name="form1" action="" method=post>
        <div class="col-sm-2"><h4>按姓名查询：</h4></div>
        <div class="col-sm-8"><input type="text" name="mysearch" class="form-control"></div>
        <div class="col-sm-2"><button type="submit" class="btn btn-lg btn-success">查询</button></div>
        </form>
        <table class="table">
    <tr class="success">

        <td>学生编号</td>
        <td>学生姓名</td>

        <td>学生性别</td>
        <td>学生年龄</td>

        <td>学生专业</td>
        <td>学生地址</td>
        <td>学生图片</td>
    </tr>
    <?php
     $sql=$mykey="";
    if (isset($_POST['mysearch'])) {
    $mykey=$_POST['mysearch'];
    $sql="select * from student where stuname like '%$mykey%'";
    }else
    {
    $sql="select * from student";
    }
    include "conn.php";
    mysqli_set_charset($con,"utf8");
    $result=mysqli_query($con,$sql);
    if (mysqli_num_rows($result)>0) {
        while ($row=mysqli_fetch_array($result)) {
        ?>
        <tr class="info">
    <td><?php echo $row['stuid']; ?></td>
        <td><?php echo $row['stuname']; ?></td>

        <td><?php echo $row[2]; ?></td>
        <td><?php echo $row[3]; ?></td>

        <td><?php echo $row[4]; ?></td>
        <td><?php echo $row[5]; ?></td>
        <td><img src="<?php echo $row[6]; ?>" width="200" height="100"></td>
    </tr>
        <?php

        }
    }

    ?>
    </table>
```

图 5.24　query. php 代码

步骤6：完成记录添加页面设计及编码。

记录添加页面 add. php 主要将学生基本信息添加到表 student 中。该界面包含的表单元素有学生姓名、学生性别、学生年龄、学生专业、学生地址、学生图片以及"登录"按钮和"清除"按钮，如图5.25所示。在 Sublime Text 中单击 File→New File 命令创建文件并保存为 add. php。

图 5.25　记录添加页面

add. php 代码如图 5.26 所示。

添加处理页面 dealadd. php：

添加处理页面从添加页面中使用 $ _POST ［ ］ 数组获取学生姓名、性别、年龄、专业、地址、图片，并赋值给变量，连接数据库，执行 INSERT 语句。在 Sublime Text 中单击 File→New File 命令创建文件并保存为 dealadd. php。

核心 INSERT 语句如下：

```
$ sql = "INSERT INTO student(stuname,stusex,age,major,address,picture) values('$ myname',' $ mygender', $ myage,' $ mymajor',' $ myaddress',' $ mypicture')";
```

dealadd. php 代码如图 5.27 所示。

步骤 7：完成分页页面设计及编码。

分页设计的核心是先查询表格，求出总的记录数，然后设置每页显示的记录数，根据记录总数和每页显示的记录数，得出显示页数，并计算出每页记录的起始位置。连接数据库，SQL 语句中使用 LIMIT 关键字限制每页显示的开始位置和记录数。执行查询语句并将记录显示在页面中，然后根据超链接分别设置第一页、上一页、下一页和最后一页。在 Sublime Text 中单击 File→New File 命令创建文件并保存为 dividepage. php。

```
            <h3><p>用户添加</p></h3>
            <form name="form1" action="dealadd.php" method="post">
    <table class="table table-bordered">
        <tr class="info">
            <td>学生姓名</td>
            <td><input type="text" name="stuname" class="form-control"></td>
        </tr>

        <tr class="primary">
            <td>学生性别</td>
            <td><input type="radio" name="stugender" value="男">男
                <input type="radio" name="stugender" value="女">女
            </td>
        </tr>
        <tr class="info">
            <td>学生年龄</td>
            <td><input type="text" name="stuage" class="form-control"></td>
        </tr>
        <tr class="warning">
            <td>学生专业</td>
            <td><select name="stumajor">
                <option value="软件技术">软件技术</option>
                <option value="人工智能">人工智能</option>

                <option value="机器人">机器人</option>
                <option value="计算机应用">计算机应用</option>
            </select></td>
        </tr>
        <tr class="info">
            <td>学生地址 </td>
            <td><select name="stuaddress">
                <option value="成都">成都</option>
                <option value="上海">上海</option>

                <option value="西安">西安</option>
                <option value="长沙">长沙</option>
            </select></td>
        </tr>
        <tr class="info">
        <td>学生图片</td>
        <td><input type="text" name="stupicture" class="form-control"></td>
        </tr>
        <tr class="success">
            <td colspan="2" align="center">
            <button type="submit" class="btn btn-lg btn-primary">添加</button>
            <button type="reset" class="btn btn-lg btn-primary">清除</button>
            </td>
        </tr>
    </table>
</form>
        <?php
```

图 5. 26   add. php 代码

```
<meta charset="utf-8">
<?php
$myname=$mygender=$mymajor=$myaddress=$mypicture="";
$myage=0;
if (isset($_POST['stuname'])) {
    $myname=$_POST['stuname'];
    }
if (isset($_POST['stugender'])) {
    $mygender=$_POST['stugender'];
    }
if (isset($_POST['stumajor'])) {
    $mymajor=$_POST['stumajor'];
    }
if (isset($_POST['stuaddress'])) {
    $myaddress=$_POST['stuaddress'];
    }

if (isset($_POST['stupicture'])) {
    $mypicture=$_POST['stupicture'];
    }

if (isset($_POST['stuage'])) {
    $myage=$_POST['stuage'];
}
include "conn.php";
$sql="insert into student(stuname,stusex,age,major,address,picture) values('$myname','$mygender','$myage','$mymajor','$myaddress','$mypicture')";
echo "sql=".$sql;
mysqli_set_charset($con,"utf8");
$result=mysqli_query($con,$sql);
if ($result) {
    echo "<script>alert('insert successfully');location.href='main.php';</script>";
}else
{
    echo "<script>alert('insert failed');location.href='add.php';</script>";

}
?>
```

图 5.27　dealadd. php 代码

核心 SQL 语句如下：

```
$pagesize=4;
    $sql="SELECT * FROM student";
    $result=mysqli_query($con,$sql);
    $total=mysqli_num_rows($result);
    if($total%$pagesize==0){
        $total=(int)($total/$pagesize);
            }else{
            $total=(int)($total/$pagesize)+1;}
    $mysql="SELECT * FROM student LIMIT $start,$pagesize
```

分页页面如图 5.28 所示。

dividepage. php 代码如图 5.29 所示。

步骤 8：完成修改页面设计及编码。

在主页面单击"修改记录"按钮，跳转到修改页面，并传递参数 id。在修改页面有表单元素学生姓名、学生性别、学生年龄、学生专业、学生地址、学生图片，以及"修改"按钮和"清除"按钮。修改页面主要通过传过来的 id 进行查询，将数据赋值给各个表单元素，并且将 id 的值存入 $_SESSION [] 数组中以便在修改处理程序中作为修改的条件。在 Sublime Text 中单击 File→New File 命令创建文件并保存为 update. php。

记录修改页面如图 5.30 所示。

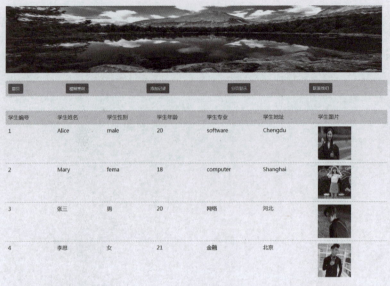

图 5.28　分页页面

```php
<?php
include "conn.php";
$pagesize=4;
$sql="select * from student";
$result=mysqli_query($con,$sql);
$total=mysqli_num_rows($result);
if ($total%$pagesize==0) {
    $total=(int)($total/$pagesize);
    # code...
}else
{
    $total=(int)($total/$pagesize)+1;
}

if (isset($_GET["page"])) {
    $page=$_GET["page"];
    $start=($page-1)*$pagesize;
    # code...
}else
{
    $page=1;
    $start=0;
}
$mysql="select * from student limit $start,$pagesize";
mysqli_set_charset($con,"utf8");
$result=mysqli_query($con,$mysql);
while ($row=mysqli_fetch_array($result)) {
    ?>
    <tr><td><?php echo $row[0];  ?></td>
    <td><?php echo $row[1];  ?></td>
    <td><?php echo $row[2];  ?></td>
    <td><?php echo $row[3];  ?></td>
    <td><?php echo $row[4];  ?></td>
    <td><?php echo $row[5];  ?></td>
    <td><img src="<?php echo $row[6];  ?>" width="100" height="100"></td>
    </tr>
        <?php
    }
?>
</table>
<div>
<?php
echo "共".$total."页-当前是第".$page."页";
    if ($page>1 and $total>1) {
    echo "<a href=?page=1>第一页  </a>";
    }
    if ($page>1 and $total>1)
    {
    echo "<a href=?page=".($page-1).">上一页  </a>";
    }
    if ($page>=1 and $total>$page) {
    echo "<a href=?page=".($page+1).">下一页  </a>";
    }
    if ($page>=1 and $total>1) {
    echo "<a href=?page=".$total.">最后一页</a>";
    }
?>
        <div class="row">
    <div id="footer" style="height:90px;background-color: blue;color: #fff;podding-top: 20px;margin-top: 20px;font-
    15px;">
<center>
    <p>
```

图 5.29　dividepage.php 代码

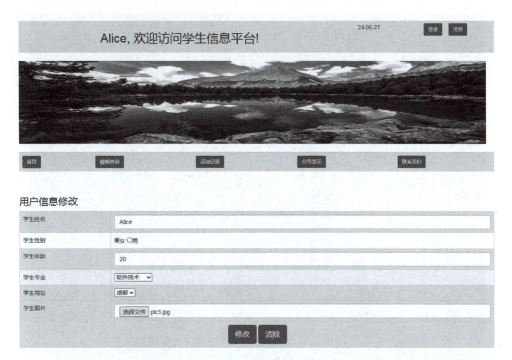

图 5.30　记录修改页面

修改页面相关代码如图 5.31 所示。

修改处理页面 dealupdate. php：

修改处理页面首先从修改页面获取学生姓名、性别、年龄、专业、地址、图片数据，并获取 $\$$_SESSION［］数组中 id 的值，使用带条件的 UPDATE 的 SQL 语句，连接数据库，执行 SQL 语句，并根据执行结果进行跳转。在 Sublime Text 中单击 File→New File 命令创建文件并保存为 dealupdate. php。修改处理的 SQL：

```
$ sql = "UPDATE student SET stuname =' $ stname', stusex =' $ stgender', age = $ stage,
major =' $ stmajor', address =' $ staddress', picture =' $ stpicture' WHERE stuid =
$ myid";
```

修改处理代码如图 5.32 所示。

步骤 9：完成删除页面设计及编码

删除界面中单条记录或多条记录都需要提醒用户是否删除。删除单条记录根据超链接传递的编号进行获取，链接数据库，进行带条件删除。在 Sublime Text 中单击 File→New File 命令创建文件并保存为 delete. php。

```
<div class="container">
    <div class="row">
        <?php
        if (isset($_SESSION['myname'])) {
            include "mypub.php";
            include "conn.php";
            $myid=0;
            if (isset($_GET['id'])) {
                $myid=$_GET['id'];
                $_SESSION['id1']=$myid;
            }
            $sql="select * from student where stuid=$myid";
            $result=mysqli_query($con,$sql);
            if (mysqli_num_rows($result)>0) {
                $row=mysqli_fetch_array($result);
            ?>
            <h3><p>用户信息修改</p></h3>
            <form name="form1" action="dealupdate.php" method="post">
<table class="table table-bordered">
<tr class="info">
    <td>学生姓名</td>
    <td><input type="text" name="stuname" value="<?php echo $row[1]; ?>"class="form-control"></td>
</tr>
<tr class="primary">
    <td>学生性别</td>
    <td>
        <?php
        $gender="";
        $gender=$row[2];
        if ($row[1]=="男") {
        ?>
            <input type="radio" name="stugender" value="男" checked="true">男
            <input type="radio" name="stugender" value="女" >女
        <?php
        }else{
        ?>
            <input type="radio" name="stugender" value="女" chetked="true">女
            <input type="radio" name="stugender" value="男" >男

        <?php
        }
        ?>
    </td>
</tr>
<tr class="info">
    <td>学生年龄</td>
    <td><input type="text" name="stuage" class="form-control" value="<?php echo $row[3]; ?>"></td>
</tr>
<tr class="warning">
    <td>学生专业</td>
    <td><select name="stumajor">
        <option value="软件技术">软件技术</option>
        <option value="人工智能">人工智能</option>

        <option value="机器人">机器人</option>
        <option value="计算机应用">计算机应用</option>
    </select></td>
</tr>
<tr class="info">
    <td>学生地址 </td>
    <td><select name="stuaddress">
        <option value="成都">成都</option>
        <option value="上海">上海</option>

        <option value="西安">西安</option>
        <option value="长沙">长沙</option>
    </select></td>
</tr>
<tr class="info">
    <td>学生图片</td>
    <td><input type="file" name="stupicture" value="<?php echo $row[6]; ?>"class="form-control"></td>
</tr>
<tr class="success">
    <td colspan="2" align="center">
        <button type="submit" class="btn btn-lg btn-primary">修改</button>
        <button type="reset" class="btn btn-lg btn-primary">清除</button>
    </td>
</tr>

</table>
```

图 5.31　update. php 代码

```php
<?php
session_start();
if ($_SESSION['myname']) {
    $stname=$stgender=$stmajor=$staddress=$stpicture="";
$stage=0;
$myid=0;
if (isset($_SESSION['id1'])) {
    $myid=$_SESSION['id1'];
}
if (isset($_POST['stuname'])) {
    $stname=$_POST['stuname'];
}
if (isset($_POST['stugender'])) {
    $stgender=$_POST['stugender'];
}
if (isset($_POST['stuage'])) {
    $stage=$_POST['stuage'];
}
if (isset($_POST['stumajor'])) {
    $stmajor=$_POST['stumajor'];
}
if (isset($_POST['stuaddress'])) {
    $staddress=$_POST['stuaddress'];
}
if (isset($_POST['stupicture'])) {
    $stpicture=$_POST['stupicture'];
    $stpicture="images/".$stpicture;
}
include "conn.php";
$sql="update student set stuname='$stname',stusex='$stgender',age=$stage,major='$stmajor',address='$staddress',pictu
    stpicture' where stuid=$myid";
mysqli_set_charset($con,"utf8");
$result=mysqli_query($con,$sql);
if ($result) {
    echo "<script>alert('update successfully');location.href='main.php';</script>";
}else
{
    echo "<script>alert('update failed');location.href='update.php';</script>";
}
}else
{
    die("you can't access this");
}
?>
```

图 5.32　dealupdate. php 代码

单条记录删除 SQL 语句如下：

```
$ sql = "DELETE FROM student WHERE stuid= $ myid";
```

delete. php 代码如图 5.33 所示。

```php
<?php
$myid=0;
if (isset($_GET['id'])) {
    $myid=$_GET['id'];
}
include "conn.php";
$sql="delete from student where stuid=$myid";
$result=mysqli_query($con,$sql);
if ($result) {
    echo "<script>alert('delete successfully');location.href='main.php';</script>";
}else
{
    echo "<script>alert('delete failed');location.href='main.php';</script>";
}
?>
```

图 5.33　delete. php 代码

删除多条记录的代码 delmore.php：

删除多条记录页面的核心是在删除页面使用复选框，多条记录选择当成数组并获取，然后进行循环删除即可。在 Sublime Text 中单击 File→New File 命令创建文件并保存为 delmore.php，其代码如图 5.34 所示。

```php
<?php
session_start();
if (isset($_SESSION['myname'])) {
    $checkdelete=array();
    if"(isset($_POST['mycheck'])) {
    $checkdelete=$_POST['mycheck'];
    //print_r($checkdelete);
    }
    $con=mysqli_connect("localhost","root","root");
    if (!$con) {
        die("connection failed:".mysqli_connect_error());
    }
    $result=0;
    mysqli_select_db($con,"mydb");
    for ($i=0; $i < count($checkdelete); $i++) {
        $sql="delete from student where stuid=$checkdelete[$i]";
        $result=mysqli_query($con,$sql);
    }
    if ($result) {
    echo "<script>alert('delete successfully');location.href='main.php';</script>";
    }else
    {
    echo "<script>alert('delete failed');location.href='main.php';</script>";
    }
    }
?>
```

图 5.34　delmore.php 代码

【知识拓展】

纪录片《大数据时代》

《大数据时代》是国内首部大数据产业题材纪录片，节目细致而生动地讲述了大数据技术在政府治理、民生服务、数据安全、工业转型、未来生活等方面给我们带来的改变和影响。

大数据时代（第一集）：数据时代

本期节目主要内容：人类是数据的创造者和使用者，自结绳记事起，它就已慢慢产生。随着计算机和互联网的广泛应用，人类产生、创造的数据量呈爆炸式增长。中国，已成为全球数据总量最大、数据类型最丰富的国家之一。

大数据时代（第二集）：转型之路

本期节目主要内容：全球正在开启新一轮工业革命，回首过去，那些我们曾经认为难以解决的问题正被破解，大数据驱动传统工业向前发展，助力工业提质增效，实现转型升级，从设计到生产，从运维到管理，大数据正在重新定义工业的未来。

大数据时代（第三集）：决策之智

本期节目主要内容：这是一个令人振奋的时代，也是一个迎接空前挑战的时代，大数据时代的大门已经开启，数据智慧，已成为政府决策的科学依据。新兴行业如雨后春笋般涌现，同时也引发了新的问题。大数据如何提升政府治理能力的现代化，大数据如何为服务型政府的转型带来新思想、新理念、新方法成为人类进一步钻研的课题。

大数据时代（第四集）：商业之变

本期节目主要内容：大数据的开发和利用，源源不断地释放着数字红利，从生产到生活，从制造到服务，从工业到金融商贸，商业生态也在悄然发生改变。站在数字之巅，凝望整个世界，蓦然发现，这一切的改变已经到来。

大数据时代（第五集）：未来已来

本期节目主要内容：这是一个数据大国对未来的畅想，以大数据为基础的智能时代正在来临。从传统到前卫，从辗转突围到涅槃复兴，大数据将引导整个社会全方位升级和变迁。未来已来到我们中间，它时刻丰富着我们的生活。数据激起的波澜，已经在时代的时光之河里发出铿锵声响。大数据已经成为人类追逐梦想的强大引擎。

团结就是力量

实际工作中，大多项目都需要团队协作共同完成，这就要求团队内部人员团结一心，保持良好的沟通，遇到问题及时沟通解决。在这一过程中，我们需要注意端正自己的态度，不能轻视其他人员，而是要扬长避短，相互合作，有困难及时请教有经验的人员，加强彼此的沟通，协力合作，让工作事半功倍。

《吕氏春秋·用众》中曾描述"物固莫不有长，莫不有短。人亦然。故善学者，假人之长以补其短。"说的正是取长补短的道理。我们每个人都有长处，也有自己的不足，在为人、处事、学习、生活上，学会和别人配合，优势互补，形成一个整体和团队，可能会获得更好的效果。为此，本项目尤其需要学生做到：

1. 增强团队协作能力；

2. 不断创新，不断学习新技术。

【思考与练习】

一、单选题

1. MySQL 数据库在本机，用户名为"admin"，密码为"123456"，数据库名为"student"，构建连接语句如下 $conn = mysqli_connect（"_____","_____","_____","_____"）;

2. 请在下划线位置补充相应关键字，构造删除确认超链接。

<a href = javascript:if(_____('确定要删除吗？'))location = 'stuDelete. php？stu_no = $row[stu_no]'>

3. 请填写下划线位置的函数。

$pageSize = 20;//每页显示条数

$result = mysqli_query（$conn, $sql）; //获得记录集

$allNum = _____（$result）; //获得记录条数

$endPage = _____（$allNum/ $pageSize）; //获得最大页号

二、实践操作题

1. 使用 MySQL 创建表 dish，包含字段编号（id）、菜单号（dish_id）、菜名（dish_name）、菜的省份（dish_province）、菜的口味（dish_taste）、菜的材料（dish_material）、菜的图片（dish_picture），页面展示如图 5.35 所示。

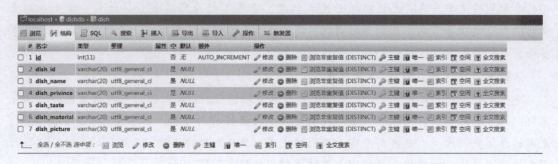

图 5.35　实践题 1

2. 使用 PHP 操作 MySQL，建立网站，完成对 dish 表进行增加、删除、修改和查询，参考页面（部分截图）如图 5.36 所示。

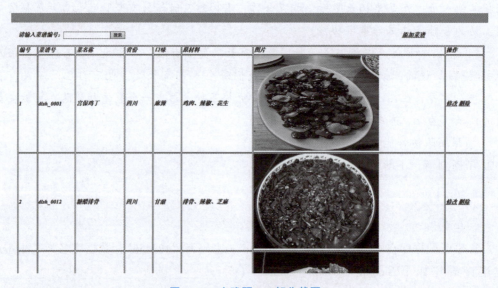

图 5.36　实践题 2（部分截图）

参 考 文 献

［1］叶欣 . MySQL 数据库项目式教程（双色版）　［M］. 哈尔滨：东北林业大学出版社，2019.

［2］梁丽莎，林声伟，卢来 . PHP+MySQL 动态网站开发基础教程（微课版）［M］. 北京：清华大学出版社，2023.

［3］刘春茂 . MySQL 数据库应用案例课堂［M］. 北京：清华大学出版社，2023.